한국어로 내려온
New Bible

새로운
성 경

제96권

6부 | 총10부

하얀마음

하나님 말씀 중에서

1. 사랑의 하나님

- 세상을 창조하신 하나님은 모두를 사랑하신다. 인간만 특별히 더 사랑하지 않고, 우주 만물을 다 똑같이 사랑하신다. 그러니 하나님이 창조하신 천지 만물과 화친하고, 미물까지도 소중히 대하라.

- 하나님은 특정 종파나 민족만을 더 사랑하지 않으신다. 자기 자신만 구원받겠다는 욕심을 버리고, 자기 종파만 구원받는다는 편협한 교리에서 벗어나야 한다. 종파를 초월해서, 모두를 사랑하라.

- 원수까지 사랑하라 했으니, 이 세상에 사랑하지 못할 자가 누가 있겠는가? 종파가 다르다고 해서 부모 형제와 원수처럼 지내는 자는 인간의 근본을 모르는 자다. 가장 가까운 가족부터 사랑할 때 남도 진심으로 사랑할 수 있다.

- 한 사람을 원수같이 생각하던 마음에서 사랑하는 마음으로 돌리면, 자기 자신의 마음이 가장 기쁘고 행복하다. 하나님께서는 인간의 마음속에 무거움이 없이 기쁘고 행복한 삶을 살기를 바라신다.

- 이웃을 "내 몸처럼" 사랑하라 했으니, 마지막 한 장 남은 천국의 티켓도 이웃에게 양보하라. 자기 중심적인 신앙에서 벗어나서 남을 위해 살아야 한다.

- 독초도, 약초도, 이단도 사탄도 천사도 다 필요하기에 존재한다. 독초일지라도 극소량을 사용해서 생명을 살릴 수 있고, 약초라 하더라도 남용하면 생명을 잃을 수 있다.

- 세상 모든 것을 명약으로 활용하는 것은 인간의 지혜에 달렸다. 어떤 것이든 어떤 사람이든 적재적소에 꼭 필요한 명약으로 승화시키라.

- 사탄도 이단도 천사도 모두 하나님의 주관하에 존재한다. 진정한 하나님의 백성은 사탄과 마귀까지도 감화시켜서 천사로 거듭나게 한다.

2. 기도

- 하나님은 인간의 생각까지 모두를 다 알고 계신다. 우리의 소원도 이미 알고 계시기에, 소원의 기도를 할 필요가 없다. 우리가 받을 자격이 되면 내려 주신다.

- 죄를 짓고 아무리 회개를 해도 용서받지 못한다. 도둑질한 자는 용서해 달라고 기도하고, 도둑맞은 자는 도둑을 잡게 해 달라고 기도하면, 공의의 하나님은 누구의 편에 서시겠는가?

- 자기가 잘못한 것은 그 사람에게 직접 갚고 용서를 구하라. 그가 용서하면 하나님도 용서하신다. 땅에서 매면 하늘에서도 매이고, 땅에서 풀리면 하늘에서도 풀리는 이치다.

- "회당에서 기도하지 말고 골방에서 기도하라" 했다. 눈에 보이는 골방이 아니라, 골방과 같이 고요한 마음이다. 잡념을 버리고 하나님을 향해 마음을 집중하며, 사랑하고 용서하는 아름다운 생각만 나오도록 하라.

- "두드리면 열릴 것이다." 하는 것은 육의 소원을 위해 두드리라는 것이 아니라, 진리의 깨달음을 얻기 위해 두드리라는 것이다.

- 기도하는 방법: 생활 속에서 수시로 기도하는 삶을 살아야 한다.

- "저의 죄를 용서하여 주옵소서." 하는 회개의 기도를 하라.
- 범사에 "하나님! 감사합니다." 하라. 현재 가진 것에 감사하며, 과욕하지 말라. 자기 노력 이상의 것을 더 갖고자 기도하는 것은 도둑놈심보다. 공의의 하나님은 각자 노력한 만큼 주신다.
- "하나님 뜻대로 살아가겠나이다." 하며 마음의 각오를 다지라.

- 기도는 하나님의 말씀을 받아서 "행하는 것"이다. 하나님이 계심을 굳건히 믿고, 하늘을 향하여 한 점 부끄럼 없이 사는 삶 자체가 가장 위대한 기도이며, 삶이 곧 예배다.

3. 지도자

- 똑같이 사랑한다는 말을 해도, 순수하게 하는 말은 천사의 말이지만, 사기 쳐서 재산을 가로채려고 하는 말은 사탄의 말이다.

- 종교 지도자가 아무리 훌륭한 설교를 해도, 신도의 재물을 거둬서 더 큰 교회를 짓고 자기의 부귀영화를 바라며 설교하면 사탄의 가르침이 된다.

- "저희 교회는 만원사례요, 믿음은 다 같으니 이웃의 개척 교회에 가서 예배를 드리시오." 하며, 이웃 교회의 부흥을 먼저 생각하여 제 신도를 보내는 종교 지도자가 있다면 그를 따르라. 그가 하나님의 사랑을 실천하는 자다.

- "부자가 천국에 들어가는 것은 낙타가 바늘구멍을 통과하는 것보다 더 힘들다" 하였거늘, 지금의 교회에서는 부자가 되기만을 기도하고 소원하니, 이는 곧 천국을 포기하고 지옥 행 열차의 티켓을 사는 것과 같다.

- 예수는 빈손이었다. 종교 지도자가 예수보다 더 호화롭고 편안하게 살아간다면 잘못된 것이다. 부귀영화와 명예를 바라는 자는 절대로 갈 수 없는 좁고 협착한 길이 종교 지도자의 길이다.

- 종교 지도자는 유리로 비춰 봐 한 점의 부끄러움이 없이 살아야 한다. 의식주도 직접 일해서 해결하고, 예수의 가르침과 행함을 그대로 따라야 한다.

- 종말은 없다. 지금의 잘못 가는 종교 집단에게만 종말이 있다. 보이지 않는 하나님은 보이는 육의 종말은 관여하지 않으신다. 환경 파괴로 인간이 스스로 멸망을 자초하는 것이다. 종파끼리 싸우기 전에, 무너진 인성을 바로잡고 지구의 몸살을 해결하는 데 뜻을 모으는 게 급선무다.

4. 성전이란

- 이 세상 자체가 하나님께서 만드신 성전이다. 자연보다 더 아름다운 성전이 있는가? 보이는 건물이 성전이 아니라, 성스러운 마음가짐이 성전이다.

- 반석 위에 교회를 지으라 했다. 지상의 단단한 돌은 인간이 쪼갤 수 있으나, 마음속의 굳은 결의는 세상 무엇으로도 쪼갤 수 없다. 바르고 굳건한 믿음으로 성경의 가르침을 실천하는 것이 마음의 반석 위에 교회를 짓는 것이다.

- 손으로 지은 건물의 교회에 모여서 복음을 전하는 것이 아니라, 교회를 개인과 가정에 심어 주어야 한다. 무너지고 부서지는 건물을 짓지 말고, 마음속에 영원히 불변하는 참진리의 교회를 지으라.

5. 십계명

- 십계명은 인간이 죽어서 반드시 통과해야만 하는 열 개의 관문이다.

- 부모를 공경하지 아니한 자는 "네 부모를 공경하라." 하는 제5계명의 관문이 열리지 않으니 구원받을 수 없다.
- 살인, 간음, 거짓, 우상 등의 나머지 계명도 마찬가지다.

- 십계명은 하나님의 친필이다. 모기소리만 한 하나님의 음성이라도 들어 보겠다고 여기저기 찾아 헤매지 말고, 십계명부터 암송하고 지키라.

- 십계명은 영혼을 구원하는 양식이며, 십계명을 지키는 것이 구원을 받는 길이다. 인간이기에 지키고자 노력하고 또 노력한다면 지킬 수 있다.

- 십계명을 지키고 천사처럼 아름답게 살아가는 그 마음 하나면 세상에 이루어지지 않는 것이 없다.

6. 보물

- 하나님은 재물이 아니라 우리의 마음을 받으신다. 사랑을 실천하며 천사처럼 변하는 마음이 하나님께 바치는 보물이다.

- 보이지 않는 하나님께 재물을 바치려 하지 말고, 너희를 길러 준 부모에게 용돈 드리고, 찾아뵙고, 효성을 다하라. 그것이 하나님께 효도하는 것이다.

- 하늘에는 선과 악의 창고가 있다. 자기 창고에 선이 많으면 천국으로 구원을 받고, 악이 많으면 심판받아 지옥으로 간다. 그것이 바로 "선한 일을 행한 자는 생명의 부활로, 악한 일을 행한 자는 심판의 부활로" 나오는 것이다.

- "선악과를 따먹지 말라"는 것은 양심을 지키라는 것이다. 선과 악을 구분할 수 있는 양심을 최초에 인간에게 주셨다. 선한 열매는 취하고, 악한 열매는 버리며, 양심에 비추어 부끄럼 없는 삶을 살아가라.

- 가장 작은 거짓말을 하지 않고, 가장 작은 죄를 짓지 않으며, 가장 작은 선행을 하고, 가장 작은 악행을 멀리하는 것이 율법의 일점 일획도 빠뜨리지 말고 다 지키는 삶을 사는 것이다.

7. 우상

- 박물관에 있는 불상은 하나의 예술품이다. 그 조각품에 대고 제 소원을 빌 때 우상숭배가 된다. 십자가라 하여도 그 앞에서 소원을 빈다면 우상숭배하는 것이며, 하나님께 소원을 빈다면 하나님을 우상으로 전락시키는 것이다.

- 지금 기복신앙에 젖어 있는 모든 사람이 우상 앞에 절을 하고 있다. 조각품을 우상이라며 파괴하지 말고, 네 마음속에 있는 욕심의 우상을 무너트리라.

- 생수를 약초가 먹으면 약을 만들고 독사가 먹으면 독을 만든다. 같은 성경을 봐도 선한 지도자는 신도를 천사로 만드는 데 활용한다. 그러나 욕심이 가득한 지도자는 재물을 거두어들여 제가 부귀영화를 누리는 데 악용한다. 그가 바로 성경을 우상숭배의 도구로 전락시키는 거짓 선지자다.

- 성경을 한 획도 빼거나 더하지 말라는 것은, 그 가르침을 빠트리지 말고 온전히 지키라는 것이다. 성경 속에서 자기에게 유리한 구절만 보는 것은, 자기에게 불리한 구절들을 빼 버리는 것이다. 믿음이 제일이요, 행함은 구원과는 관계없다는 것은 자신에게 유리한 쪽으로 성경을 악용하는 것이다.

- 진정한 종교 지도자는 종파에 관계없이 어떤 종파든 어떤 책이든 접하고 보고 깨우쳐 견문을 넓히도록 인도한다. 참진리를 모르고 자신이 없는 자가 남을 이단이라며 배척하고, 신도들의 눈과 귀를 가린다.

8. 예수

- 예수의 재림은 없다. 예수가 다시 온다 해도, 과연 누가 그를 예수라고 믿겠는가? 예수와 같은 삶의 행함이 곧 예수의 재림이다. 각자 모두가 "재림 예수"가 되는, 차원 높은 믿음으로 가야 한다.

- 예수는 "주여 주여 하지 말고, 아버지의 뜻대로 행하라"고 했다. 예수가 전한 하나님의 뜻이 곧 "길이요, 진리요, 생명"이며, 그 가르침이 예수의 보혈처럼 소중한 것이다. 예수를 믿는 것은, 예수의 가르침을 믿고 따르는 것이다.

- 예수는 낮은 자로서 만백성을 섬기고자 했다. 만나는 모든 사람을 다 하나님이라 생각하라. 돈을 벌수록 겸손하고, 높은 지위를 얻을수록 낮아지라.

- 예수는 종파를 만들지 않았다. 인간이 만든 종교와 인간의 교리를 따르지 말고, 예수를 통해 전한 하나님의 참진리를 연구하고 따르라.

- 예수가 2천 년 전에 만백성을 위해 죽었으니, 지금 이 땅에는 예수의 가르침대로 사는 천사만 존재해야 한다. 예수가 죽어 가면서 바란 것은 만백성이 천사가 되어 예수의 자리를 채워 주는 것이지, 지금과 같이 재물을 바치면서 중언부언 제 소원만을 비는 백성들을 바란 것이 아니다.

9. 구원

- 천사가 사는 천국에는 천사만 갈 수 있으니, 천사 같은 마음을 길러야 한다.

- "천국 열쇠를 네게 주리니 땅에서 무엇이든지 매면 하늘에서도 매일 것이라" 했다. 땅에서 천사같이 사는 자가 하늘에서도 천사가 되어 천국에 들어간다. 모든 사람에게 천사같다는 말을 듣는 삶을 살아야 한다.

- 천사의 곱고 아름다운 마음은 부모를 공경하고 어른을 어른으로 대접하는 데에서 출발한다. 효도하는 자는 형제와 화목하게 지내기에 가정이 화목해지고, 이웃과 화목해지고, 국가가 화목해지고, 온 인류가 화목해진다.

- 그러므로 지상의 아름다운 소왕국은 가정에서부터 이루어야 한다.

- 선택된 14만 명만 구원받는 것이 아니라, 천사처럼 변하고자 하는 14만 명을 기초로 온 인류가 천사처럼 거듭나는 영적인 개혁이 시작되는 것이다.

- 천 년에 걸쳐서 하늘에서 이루어진 것같이 이 세상을 낙원으로 만들어, 만백성이 지상의 천국에서 살다가 죽어서 그대로 하늘의 천국으로 들어가는, 영원한 지상 낙원을 건설하는 것이 하나님의 계획이다.

- **이것이 구약과 신약에 이어 "새로운 성경"으로 역사하시는 하나님의 창조의 완성이다.**

- 지금의 믿음으로 구원받을 수 있다면 그 길을 가라. 그러나 자신이 없다면 하나님께서 직접 내리신 160권의 "새로운 성경"을 읽고 구원의 길을 보라!

하나님 머리말씀

이 새로운 성경을 읽는 너희 모두는
이 율법에 따라 행하면 영원히 구원받을 것이니라.

너희 인간이 수년, 수십 년, 평생
성서를 공부하고 기도하는 것은
하늘나라 나의 곁으로 오고 싶은 소망일진대,

몇천 년 전의 너희 인성과 생각이
지금의 너희와는 판이하게 다르니,

꺾여 가고 병들어 가는 너희를 고칠 수 있는 길은,
오늘 내가 선지자에게 내리는 새로운 성경과 같이
너희가 변화되는 것뿐이니라.

나의 예수가 태어난 것처럼
내가 아들 선지자를 선택하여
나의 새로운 성경을 온 세계에 전하고자 하니,

묵은 것은 버리고 새로운 것은 취하여,
너희 모두는
'여호와 하나님! 저의 죄를 용서하여 주옵소서.'
하는 기도문으로 기도하고, 죄를 뉘우치라.

이 새로운 성경은
수천 년간 내려온 성서를 요약한 것이니,
너희는 이 책을 정독하여 쉽게 깨달음을 얻고,
이대로 실천하여 하늘에 오르라.

대역자 머리말

■ 하나님의 율법을 지키는 선지자로 선택을 받도다.

저는 남들처럼 그저 열심히 살아온 평범한 사람이었습니다. 그러나 50대 중반에 사업에 실패하여 많은 부채에 시달렸으며, 건강도 악화되어 눈이 잘 안 보이고, 걷기도 어렵고, 두통이 심해서 잠을 이룰 수 없는 고통의 나날을 보냈습니다. 그때 제가 선택할 수 있는 것은 육의 삶을 끝내는 길뿐이었습니다.

죽기 직전에 그동안에 죄를 지은 이들에게 용서를 빌고 인생을 끝내기로 작정하였습니다. 어려서부터 지은 죄를 빌고 빌다 보니 끝이 없었고, 죽음으로도 그 많은 죄를 용서받을 길이 없다는 생각에 하염없이 눈물이 흘렀습니다. 그 순간 '재래식 화장실의 구더기는 죄를 짓지 않는데, 나는 인간으로서 구더기만도 못한 삶을 살았구나.' 하는 생각이 들면서 괴로움에 몸부림칠 때, 갑자기 하나님의 음성이 들렸습니다.

"나는 여호와 하나님이니라. 너는 십계명을 암송하고 내가 내려 주는 메시지를 받아 책으로 만들어 만백성을 구하라." 하시며, 제 눈을 손으로 문지르게 하시고, 아픈 머리와 다리를 손으로 두드리게 하셨습니다. 그러고 나니 눈도 잘 보이고 걸을 수 있었으며 머리의 통증도 말끔히 낫게 되었습니다. 그때부터 십계명을 암송하고 나면 들려주시는 말씀을 기록하였고, 1999년 8월부터 2004년 7월까지 권당 288쪽, 총 160권을 받아서 "새로운 성경"이라는 책으로 펴내게 되었습니다.

그러한 저에게 죽기보다도 힘든 길이 시작되었습니다. 모든 교인들이 저에게 사탄이요, 이단이요, 악마요, 마지막 시대에 온 거짓 선지자라 하면서 공격하였고, 저를 짐승을 보듯이 대하는가 하면, 편협한 종교 지도자들의 선동으로 신도들이 이 책을 직접 읽어 보고 평가할 기회마저 막아 버렸습니다. 그래서 하나님의 말씀을 세상에 내는 데 많은 어려움을 겪으며, 피를 토하는 심정으로 책을 전하고 있습니다.

그러나 아무리 인간의 힘으로 막으려 해도, 하나님의 뜻이 세상에 전해지는 위대한 역사는 계속될 것입니다. 책으로 전해지는 "하나님의 말씀"은 세상 끝날까지 항상 우리와 함께하실 것입니다. 사람은 죽어도, 책에 기록된 말씀은 영원히 남으니까요.

■ 따뜻한 실천

하나님께서는 어려운 사람들에게 삶의 터전을 마련해 주고, 미래를 열어 주는 것을 기뻐하십니다. 어려운 이웃이 스스로 자립할 수 있도록 이끌어 주는 것이 진정으로 이웃을 돕는 것이라고 말씀하셨습니다. 그래서 일자리가 없는 제자들에게 작은 사업장을 만들어 주는 "달란트 사업"을 하고 있습니다. 식당, 반찬 가게 등을 차려 주고, 기존의 어려운 사업장이 자립할 수 있도록 돕고 있습니다(커피숍, 미용실, 의상실 등).

하나님께서는 교회에 나와서 모든 시간과 재물을 쏟기를 원하지 않으시고, 그 시간과 재물을 교육에 투자하여 스스로 미래를 열어 가기를 원하십니다. 그래서 제때 공부하지 못한 제자들에게 학업을 이어 가도록 하였습니다. 중화요리 주방장을 하며 초등학교 검정고시부터 공부하여 2012년에 방통대를 졸업한 36세 남성, 만학도들의 2년제 중학교에 입학해서 2007년에 명지대학을 졸업한 38세 여성, 중학교 검정고시를 시작으로 숭의여자대학을 졸업한 47세 여성 등이 있습니다. 그밖에도 많은 제자들에게 나이를 초월하여 배우고 깨우쳐서 사회 속의 당당한 일원이 되도록 인도하고 있습니다.

학자금 대출로 힘겨워하는 젊은이들을 위해 "따뜻한 바람 장학회"를 발족하여(2016년 12월) 대출받은 학자금 전액을 매월 갚아 주고 있습니다. 또한, 다문화 가정을 위해 "다문화 가족 랜드"를 조성하여, 각종 시설을 무료로 활용하도록 하고 있습니다.

이러한 따뜻한 실천이 아직은 미약합니다. 그러나 책의 수입이 늘고, 저와 뜻을 같이하는 분들이 늘어나면 계속 확대할 것입니다. 지도자로서 신도의 재물을 헌금으로 거둬들여 착복하는 것이 아니라, 하나님께서 기뻐하시는 일에 사용하도록 중매 역할만 하며 살아가고자 합니다. 이런 제가 과연 사탄이고 이단인가요? 하나님께서 기뻐하시는 일이라면, 저에게 사탄이라 하든 거짓 선지자라 하든 굽히지 않고 실천해 나갈 것입니다.

끝으로, 일상의 삶 속에서 "지금 내가 하는 행동이 과연 하나님께서 기뻐하실까, 슬퍼하실까?" 생각하고, 매사에 하나님께서 기뻐하시는 길을 택하기 바랍니다. 교회에 모여서 집단적으로 예배 드리는 것이 아니라, 개인이나 가정 단위로 새로운 성경을 읽어 스스로 깨우치고 그대로 행하면 충분합니다. 그것이 마음속에 성전을 짓고, 신령과 진정으로 예배 드리는 길입니다. 그러면 천국의 문에 들어서게 됩니다.

2017. 2. 1.

하나님 말씀 대역자 김용철

차 례

십 계 명

이 책은 십계명을 암송하고 나면 내려 주시는 "하나님의 음성"을 듣고 그대로 받아쓴 기록입니다. 하나님께서 십계명을 모세에게 내려 주셨지만, 그것은 만백성에게 내려 주신 것입니다. 마찬가지로 이 책의 모든 말씀도 저에게 내려 주셨지만, 만백성 각자에게 들려주시는 말씀입니다. 여러분도 이 책을 접할 때마다 십계명을 암송하고 나서 정독해 주시기 바랍니다.

제일은, 너는 나 외에는 다른 신들을 네게 있게 말지니라.
제이는, 너를 위하여 새긴 우상을 만들지 말고, 또 위로 하늘에 있는 것이나, 아래로 땅에 있는 것이나, 땅 아래 물 속에 있는 것의 아무 형상이든지 만들지 말며, 그것들에게 절하지 말며, 그것들을 섬기지 말라.
제삼은, 너는 너의 하나님 여호와의 이름을 망령되이 일컫지 말라.
제사는, 안식일을 기억하여 거룩히 지키라.
제오는, 네 부모를 공경하라.
제육은, 살인하지 말지니라.
제칠은, 간음하지 말지니라.
제팔은, 도적질하지 말지니라.
제구는, 네 이웃에 대하여 거짓 증거하지 말지니라.
제십은, 네 이웃의 집을 탐내지 말지니라.

나 여호와가 존재함을 믿는 그 자체가 구원의 길에 들어서는 기본이요, 근본이며, 나의 새로운 성경을 가슴에 안고 정독하는 자, 반석 위에 서서 하늘에 오르는 찬란한 빛을 보게 되는 영광을 얻게 됨이니라. 진정 나를 따르고 믿는 자는 감히 사탄이나 마귀도 근접하지 못하느니라.

〈하나님 말씀〉

2003년 8월

6,950 번째 하나님 말씀

2003년 8월 1일 23시 47분

1 사랑하는 나의 아들아!
2 **"네, 아버님! 말씀하옵소서."**
3 2천 년의 세월이 내가 손을 놓은 암흑
의 세월이었으며 내가 관여하지 아니
한 세월이라 그리 말하였음이니라.
4 내가 눈을 감고 관여하지 아니한 그 2
천 년 동안에 나의 피조물 만백성이
하늘에 오르며 나에게 구원을 받으며
은혜를 받았다며 그와 같은 수없는
말들을 함이니라.
5 그리고 기적의 역사를 이루었다 하여
종교 집단들이 단상에서 간증한다 하
며 그리고 만백성들이 눈물을 흘려 그
와 같은 이야기를 하나 내가 너희를
위해 내린 것이 없음이니, 내가 손을
놓았다 함을 너희는 알아야 할 것이
니라.
6 나는 나의 아들을 그리 가르쳤음이니
라.
7 그리고 내가 나의 아들을 세상에 내려
보내면서 내가 나의 아들을 따르는 제
자 너희에게 뭐라 가르쳤더냐?
8 내가 그리 말하였음이니라.
9 이 세상이 혼탁하고 썩어져 갔음이니,
이 세상을 바로잡기 위하여 내가 하나
의 겨자씨를 세상에 내려보내어 그를
땅에 심으니, 그 제자들 너희가 잘 가
꾸고 결실을 맺도록 하라 그리 말하
였음이니라.
10 그리하여 그 겨자씨가 자라서 만백성
에게 그 겨자씨로써 세상을 덮어 나갈
수 있도록 너의 제자들이 버팀목이 되
어 주며 토양이 되고 물을 주고 잘 가
꾸어 그 나무가 크도록 그리하라 하였
음이니, 이는 곧 나의 법전을 의미함
이니라.
11 나의 법전이 세상에 나가 잘 성장할
수 있도록 그를 너희에게 잘 가꾸도
록 한 것이 나의 아들을 가꾸는 것이
며 나의 아들을 도와 가는 것이니라.
12 내가 겨자씨를 뿌렸음이니, 겨자의 결
실을 얻고자 함이니 나의 뜻이 그것이
아니던가?
13 내가 겨자를 세상에 뿌렸으니, 겨자로
부터 그 씨를 받아 그 겨자의 씨가 세
상을 덮는 그와 같은 역사를 이루고자
하여 내가 너희에게 잘 가꾸고 다스
리라 하였음이니 곧 이는 무엇이더냐?
14 나의 법전이니라.
15 2천 년 전 나의 아들을 세상에 내려보
낸 것은 무엇이더냐?
16 나의 아들을 세상에 내려보낸 것은
내가 하나의 밀알을 심었음이니라.
17 밀알을 심어 그가 자라 양식이 되어
만백성에게 다 잘 먹고 잘 살 수 있도
록 내가 밀알을 세상에 내려보내어
그를 가꾸고자 하였음이니라.
18 그러나 지금 너의 제자들처럼 그리
잘 가꾸고 노력한 것이 아니요, 그를
듣고 가꾸어야 할 종교의 대제사장이
요, 지도자라는 그와 같은 백성이 그

밀알이 결실을 보기도 전에 그를 썩
게 하였으며 그를 자라지 못하도록 그
리 만들었음이니라.
19 내가 내린 그 밀알을 잘 가꾸고 관리
할 그 농부와 같은 책임을 진 그 대제
사장이요, 믿음의 종교 집단이요, 지
도자라는 그 백성이 그를 썩게 하였
으며 그가 성장하지 못하도록 그를 짓
밟았음이니라.
20 그러니 지금쯤 너희가 그와 같은 행
위를 하지 아니했더라면 그 밀알은 그
자신을 썩혀 또 밀알이 밀알을 얻고,
그리하여 지금은 곡식이 되어서 수없
이 나의 피조물 만백성들이 바로 그
곡식을 구원하며 너희가 편안하게 살
아갈 수 있는 그와 같은 역사이거늘,
그 밀알을 썩게 하였음이니라.
21 그리하여 너희가 그 결실을 거두지
못한 것이 오늘의 너희의 형국이 아
니더냐?
22 내가 내려보낸 그 밀알을 농부가 잘
가꾸어 길러 썩지 않게 만들었더라면
바로 그 밀알은 자기 자신을 썩혀 그
열매를 맺게 하였을 것이며,
23 그리고 그 농부는 그다음에 또한 그
밀알로써 많은 밀알을 썩게 하여 더
많은 것을 얻을 수 있었거늘, 그 농부
가 게을러 제대로 가꾸지 아니하며 다
듬지 아니한 것이 너희니라.
24 그리하여 그 밀알을 너희가 썩게 했
음이니라.
25 내가 내려보내는 그 생명수의 밀알을
썩게 한 것이 내가 다시 한 번 말하지
만, 하늘에 오르는 그 종교 집단을 이
끄는 대제사장이라는 선지자라는 자
들 그리고 선택된 자들이요, 믿음의
길을 간다는 그 백성이 그를 가꾸지
아니하며 그를 썩게 하였음이니라.
26 그리하여 세월이 흐르며 나의 밀알은
썩어서 성장하지 못하고 다 버려졌음
이니,
27 그리고 너희가 나의 밀알을 죽게 하
여 그 양식을 구하지 못함이니, 지금
어떠한 형국으로써 퍼져 나가는지 아
느냐?
28 너희는 지금 콩을 심어 놓고 그리고
팥을 심어 놓고 보리를 심어 놓고 감
자를 심어 놓고 땅콩을 심어 놓고 벼
이삭을 뿌려 놓고 밀알이라 그리 말함
이니라.
29 그를 심어 가꾸면서 나를 향하여 '주
여, 아버님이여! 당신이 내린 밀알을
우리가 잘 가꾸고 이렇게 다듬었사옵
나이다.' 그리 말하고 부르짖고 있으
며, 울고불고 그리 나에게 구원을 받
는다 말하니,
30 너희가 감히 나를 속이며 하늘을 속이
는 죄의 두렵고 무서움을 모르느니라.
31 내가 보낸 그 밀알은 썩었음이니 나와
관계없으며, 내가 내린 그 밀알은 이
세상에 존재하지 못하며 그는 가장 고
통스럽게 썩어져 죽어 갔음이니라.
32 그러니 내가 이루고자 하며 농사지어
가꾸고자 하던 내 곡식의 밀은 이 세
상에 뿌리를 내리지 못하고 너희가
감자요, 콩이요, 팥을 심어 놓고 밀알
이라 그리 소리 지름이니,
33 그것은 내가 심고자 하는 밀알이 아니
요, 너희는 나와 관계없는 백성이니
당연히 너희와 내가 인연이 없다는 그

무서운 말을 알겠는가?
34 2천 년 동안 너희가 과연 나의 밀알을
찾아 그를 심어서 가꾸고자 한 백성이
있는가?
35 모든 종교 집단이요, 지도자들은 수천
수만의 종교 집단의 이름을 만들어 붙
여 놓고 하늘에 오르는 길이라 소리
지르니,
36 너희가 선택하여 그저 심어 놓은 그
곡식을 가지고 내가 내려보낸 밀알이
라 지금 하고 있음이니,
37 너희는 나에게 오르는 길이 아니요,
지옥으로 가는 것은 당연한 것이 아니
던가?
38 오늘의 모든 종교 집단이요, 너희가
가는 형태가 그러니라.
39 거기에 너희가 할 말이 있으며 나에
게 질문할 말이 있으며 나에게 거부할
수 있는 말이 있거든 직접 나에게 물
어보라.
40 2천 년의 세월이 지난 지금 밀알이 세
상에 뿌리를 내리지 아니하고 심어지
지 아니하였음이니,
41 내가 가꾸어서 나의 사랑하는 백성의
양식이 되며 편안히 배불리 먹고살
수 있는 것, 곧 하늘나라에 올 수 있는
그 양식을 너희가 썩게 하여 가꾸지
아니하였음이니,
42 그리하여 오늘날 이와 같이 험악한
세상이 되었으며 나와 관계없는 2천
년의 세월이 지금 흘렀음이니라.
43 그리하여 지금 나의 아들을 통하여 겨
자씨를 다시 내려보내어 그를 성장하
게 함이니, 이게 곧 나의 법전이니라.
44 그러니 나의 아들을 따르는 제자들이
요, 나의 법전을 읽고 깨우친 백성 너
희는 겨자씨를 심어서 그 열매가 뿌리
를 내리며 또 그가 성장하여 뿌리를
내리며 자신이 썩어 하나의 겨자를 키
울 수 있는 그와 같은 역사의 겨자만
이 세상을 덮어야 함을 알라.
45 너희가 여기서 또 겨자를 썩게 하며
잘라내고 다른 나무를 수없이 갖다 심
어 놓고 이것이 내가 내린 겨자라는
그와 같은 사악한 행위를 하는 자들이
이 세상을 덮고자 할 것이니,
46 그들을 대적하며 가라지를 다 뽑아 버
리며 오로지 너희가 겨자만이 클 수
있도록 하는 것이 나의 아들을 따르는
제자 너희가 하는 그 역사임을 알라.
47 두 번 다시 내가 겨자를 심고 너희가
다른 나무를 갖다 놓고 겨자라는 그와
같은 자들을 용서치 아니하니, 그것이
심판의 역사며 그와 같은 뿌리가 존재
할 수 없는 시대가 열림을 알라.
48 내가 하늘의 뜻이요, 세상의 이치를
이와 같이 기록하여 너희에게 전해
주거늘, 이를 읽고 깨우치는 백성 너
희 마음이 흔들리며 믿음이 흔들리며
나의 법전을 가슴에 안고 정독하면서
의심하는 마음과 미혹하는 마음을 갖
는다면 이를 접하지 못한 백성보다
너희가 더 잘못된 백성이라는 것을
잊지 말라.

6,951 번째 하나님 말씀

2003년 8월 1일 23시 55분

1 사랑하는 나의 아들아!
2 "네, 아버님! 말씀하옵소서."

3 수천 년 동안 흘러오는 나의 많은 백
성이 어떠한 그 믿음의 길을 갔느냐?
4 인간은 아무리 선하고 아름다운 행위
를 한다 해도 인간의 노력의 한계로써
는 구원을 받을 수 없으며 나에게 오
를 수 없다고 그리 가르침이니,
5 그것이 얼마나 무지에서 오는 것이며
하늘의 이치와 뜻을 모르는 백성이
하는 말이더냐?
6 너희는 이제 나의 법전에 기록하는 그
뜻을 읽고 깨우쳐 너의 제자들이 변해
야 할 것이며 만백성이 깨우치도록 그
리 가야 함을 잊지 말라.
7 나의 백성 너희는 스스로 너희 자신
을 구할 수 없는 것이 당연한 말이니
라.
8 너희는 나로부터 제한을 받아 세상에
나가니 그 모든 것을 거둘 때 너희는
죽음이라는 그것을 맞이하며 그리고
너희 영혼은 나에게 와서 심판을 받음
이니 곧 무엇이더냐?
9 인간인 너희는 스스로 구원할 수 있
는 능력이 당연히 없음이니라.
10 그러나 그를 가지고 그들이 잘못 깨달
았기 때문에 인간은 인간의 노력으로
써 구원을 받지 못한다고 그리 가르
치는 형국이니, 이게 얼마나 불쌍하고
가련한 자들이 하는 행위라 말하느냐?
11 너희는 그들의 그 행동을 알아야 할
것이니라.
12 너희 인간은 제한된 삶이니라.
13 그리고 너희가 구원할 수 없다는 것
은 너희 스스로 알 수 있을 것이니라.
14 너희가 너희를 구원할 수 있으며 영
원히 죽지 않는 그와 같은 삶을 산다
면 믿음의 길이요, 신앙의 길은 너희
에게 필요 없으며, 오늘의 그 어렵고
힘든 길을 갈 필요가 없는 것이 아니
더냐?
15 그러나 너희는 자신이 자신을 구할 수
없다는 것을 스스로 알고 또한 그를
깨달아야 할 것이니라.
16 그러니 이와 같은 뜻을 두고 너희는
뭐라 말하느냐?
17 모든 종교 집단이 아무리 인간은 선하
고 아름다운 일을 한다 해도 구원과는
관계없다 그리 깨우치고 그리 깨닫고
있다는 것을 알아야 할 것이니라.
18 너희 자신이 구원할 수 없는 그 길은
너희가 제한된 삶을 받아 살기 때문이
지,
19 선행을 베풀고 안 베푸는 것으로써 구
원을 받고 못 받는 것을 거기에다 비
유하여 나의 백성을 현혹하여 가르쳐
재물을 거둬들이는 그와 같은 사악한
행위를 해서는 아니 됨을 알아야 할
것이니라.
20 그리하여 나의 아들 예수를 찬양하며
그를 믿으며 '주여!', '구세주'라 그리
부르짖으며 나 여호와를 찾는 것만이
구원의 길이요, 나에게 오르는 길이라
그리 말함이니라.
21 그러나 너희는 알아야 할 것이니라.
22 너희가 말하는 그 길이요, 믿음 또한
맞다 말할 수 있음이니라.
23 그러나 너희는 그 믿음으로써 내가
너희를 기억할 수 있는 그와 같은 현
실의 삶을 바르게 살아야 할 것이며,
24 현실의 실행하는 삶에서 죄를 짓고 사
는 자는 나의 아들이라 나를 아무리

부르고 울부짖는다 해도 나 여호와는
너희를 구원하지 아니하며, 또한 너희
를 구원하는 데 내가 관여치 아니한다
는 것을 알라.
25 나로부터 너희가 구원을 받을 수 있
도록 오늘의 삶에서 죄를 짓지 아니
하고 사는 자, 그와 같은 자는 나의 아
들 예수를 찾으며 나를 찾고 부르짖음
으로써 구원을 받을 수 있으나,
26 구원을 받을 자격이 없는 자는 아무리
울고불고한다 해도 나는 그와 같은 자
를 모른다는 대답밖에 내릴 수 없음을
너희는 알라.
27 내가 뭐라 말하였느냐?
28 변화되는 삶이요, 십계명을 지키며 천
사와 같이 살지 아니하는 자는 죽어
나에게 와서 모두를 다 바쳐 나의 뜻
을 역사했으며 나를 기쁘게 하려고
살았다 해도,
29 나의 대답은 너희를 모른다는 그 한
마디로써 모든 그 대답은 변하지 않는
다고 그리 말한 그 무서운 뜻을 너희
는 알아야 할 것이니라.
30 그리고 너희는 믿음의 길이요, 진정한
진리의 길이 아님을 알아야 할 것이
며, 지금의 너희가 가고 있는 것이 잘
못되었음이니라.
31 잘못 가는 그 길을 가면서 너희가 나
의 아들이요, 나를 부르고 찬양한다
하여 구원을 받는다는 그와 같은 생각
을 버려야 함을 알라.
32 너희 스스로 변화되지 못하는 삶이요,
변화되는 역사를 가지 못하는 백성 너
희는 정녕 나와는 관계없음을 알아야
할 것이니라.
33 변화되지 아니하는 백성이요, 변화되
지 않는 삶을 사는 것은 오늘의 삶에
서 너희 죄만이 가중되는 그와 같은
삶을 살게 되어 있으며 그와 같은 삶
속에서 너희는 하루하루 나에게 오는
내가 내린 그 소중한 시간을 잠식해
가면서 깨우침을 멀리하며,
34 그저 육의 즐거움이요, 행복을 위해서
모두를 투자하는 불쌍한 백성으로서
살아가는 것이 너희니라.
35 아름답게 변화되지 아니하는 삶은 죽
음의 삶이라는 것을 잊지 말라.
36 그 삶은 결국 죽음이요, 지옥으로 가
기 때문이니라.
37 최선의 노력을 다하는 백성, 나의 진
리를 깨우쳐 몸부림치는 백성, 그리고
나의 계명을 지키고 살 수 있는 것이
나에게 오르는 길이라 하여 깨닫는
자, 그리고 그 계명 하나도 제대로 지
키지 못하고 사는 것이 너희라는 그
진정한 회개의 눈물을 흘리고 살아가
는 백성, 그리고 그를 지키고자 하여
변화되는 백성,
38 나의 법전을 가슴에 안고 정독하며 그
뜻대로 살아가고자 노력하는 백성, 그
들만 내가 기억함을 절대 잊지 말라,
사랑하는 나의 아들딸들아!

6,952 번째 하나님 말씀

2003년 8월 2일 0시 12분

1 사랑하는 나의 아들아!
2 "네, 아버님! 말씀하옵소서."
3 너희는 인간은 죄를 짓지 아니하고 살
수 없다고 말하며 그와 같이 가르치느

니라.
4 그러니 너희가 그와 같은 뜻이 무엇
인 줄 알겠느냐?
5 그리 가르치는 자는 나의 뜻을 거역하
는 것이며 십계명을 부정하는 행위라
는 것을 너희는 알고 있는가?
6 너희가 구세주라 찬양하며 구원받는
다고 그리 말하는 나의 아들 예수는
왜 세상에 내려갔는가?
7 과연 나의 아들이 구세주요, 그리고
너희를 영원히 하늘에 오르는 길로 인
도하며 나의 아들 예수를 부르기만 하
면 구원을 받는다 하며 '주여', '예수
찬양'을 그리 부르짖는 너희가 나의
아들 예수가 세상에 왜 내려갔는가 그
의미를 아는가?
8 너희는 그 자체도 알지 못하는 자가
지금 나의 아들 예수를 찬양하며 '주
여! 주여!' 그리 부르짖고 있는 자들
이 너희가 아니냐?
9 그러면서 십계명대로 죄를 짓지 아니
하고 살 수 없는 것이 인간이라 그리
말하는 너희가 아니더냐?
10 너희는 나의 아들 예수가 세상에 내려
간 것이 무엇인 줄 알겠는가?
11 너희가 죄짓지 말고 살도록 너희를
깨우치기 위하여 나의 아들이 세상에
내려갔음이니, 그게 바로 무엇이더냐?
12 죄를 짓지 아니하고 살 수 있다고 말
하는 자들이 나의 아들 예수가 세상
에 내려간 그 의미를 같이하는 자가
아니던가?
13 나의 아들 예수가 세상에 내려간 그
뜻은 죄를 짓지 말고 살며 죄를 짓지
않고 살 수 있다는 것을 너희에게 전
하고자 내려갔거늘,
14 그를 찬양하며 그를 구세주라 부르는
그 백성은 인간이 죄를 짓지 않고 살
수 없다 함이니,
15 그는 나의 아들 예수를 욕되게 하는
것이며 그 뜻을 거역하는 자이며 그
뜻대로 행할 수 없다고 그리 말하며,
16 위로는 나 여호와의 뜻을 거역하는 자
들이며 나를 능멸하는 행위를 하고 있
다는 것을 알아야 할 것이니라.
17 너희가 구세주라 찬양하는 나의 아들
이 왜 세상에 내려갔는가 너희는 그를
알아야 할 것이니라.
18 그 의미를 안다면 너희가 죄를 짓지
아니하고 살 수 없다고 말할 수 없을
것이니라.
19 나의 아들은 죄를 짓지 않고 살 수 있
는 너희를 만들기 위해 세상에 내려
갔음을 너희는 알아야 할 것이니라.
20 그의 죽음을 욕되게 하는 자들이니 너
희가 얼마나 사악한 자들인가를 스스
로 알아야 할 것이니라.
21 인간은 죄를 짓지 아니하고 살 수 없
기에 예수의 이름만 부르면 구원을 받
는다고 그리 말하는 자들은 어떠한 자
들인가?
22 그들의 상태와 그들의 속내의 마음,
그들이 가진 믿음의 깊이를 샅샅이 그
들로부터 파헤쳐 봐야 하는 것이 너
희임을 이제는 잊지 말라.
23 너희가 구원을 받고 못 받는 것, 너희
가 다시 태어나고 태어나지 못하는 것
이 거기에 달렸으며 너희의 문제이기
때문이니라.
24 나의 아들 예수가 왜 나로부터 보내진

자며 그리고 무슨 명을 받고 세상에
내려갔는지 그 자체도 모르는 자들이
어찌 나의 피조물 만백성을 하늘에 오
르는 백성으로 인도할 수 있다고 말
하는가?
25 내가 일찍이 다시 한 번 말했듯이 내
가 너희에게 또 강조함이니,
26 나의 아들을 세상에 내려보내는 것은
너희를 죄를 없게 하고자 함이 나, 여
호와의 뜻이며 나의 아들 예수가 세상
에 내려간 것이라는 것을 잊지 말라.
27 죄를 없게 하고자 하여 나의 아들이
그 뜻을 역사하고자 하여 세상에 내
려간 것이니, 너희는 그 자체를 부정
하는 자들이니라.
28 그러니 너희가 얼마나 지금 찬양 예
수요, 구세주요, 그 예수로 하여금 너
희가 구원을 받는다 하며 그저 너희
가 예수 찬양을 하다 하다 부족하여
나와 똑같다 하며 그가 나요, 내가 그
라 그리 말하며, 나 여호와가 한 여인
의 몸을 빌려 세상에 나온 것처럼 말
하는 그와 같은 행위를 하고 있는 자
들이니,
29 너희는 나의 아들 예수를 찬양한다면
서 나의 아들이 이루고자 했던 것, 그
가 내려간 그 자체의 의미도 모르며,
그가 또한 그리 죽음의 길을 가면서까
지 죄 없는 세상을 만들려 한 그 고통
을 욕되게 하지 말라.
30 그가 왜 그 죽음을 당했으며, 그 어려
운 길을 가면서도 순종하고 지켰는가
그것을 너희가 알라.
31 그건 두말할 것 없이 죄 없는 세상을
만들고자 했다는 것을 알라.
32 죄짓지 않고 살 수 있는 너희를 만들
기 위하여 그와 같은 역사를 이루었다
는 것,
33 그런데 너희는 인간이기 때문에 죄를
짓지 아니하고 살 수 없다 그리 말함
이니, 인간의 죄요, 인간이 잘못되는
것이 얼마나 무서운 것인가를 내가 성
경에 이리 기록하여 전하지 아니하였
던가?
34 '형제에게 노하는 그와 같은 행위를
하는 자는 반드시 심판을 받게 되며,
형제에 대하여 라가라 하며 핍박하는
자는 공회에 잡혀간다고 내가 그리
말하였으며, 형제를 미련한 놈이라 하
는 그와 같은 자는 지옥 불로 간다' 내
가 그리 말하여 상세히 가르쳐 전했음
이니,
35 그것이 너희가 육의 세상에서 짓는 죄
가 두려움이니라.
36 그러니 너희가 육의 세상에서 죄를 짓
지 아니하고 사는 것이 구원을 받는다
는 것을 내가 단계적으로 전한 내용을
정녕 그대로 읽고 깨우친다면, 감히
인간은 죄를 짓지 아니하고 살 수 없
다는 말을 하지 말라.
37 너희가 형제에게 미련한 놈이라 말하
는 그 죄로써 지옥 불에 떨어진다고
내가 기록하였거늘, 너희는 인간은 죄
를 짓지 아니할 수 없으며 인간은 죄
를 짓지 아니하고 살 수 없다고 그리
말함이니,
38 이것이 어떤 백성이 하는 짓이며, 이
게 하늘에 오르는 길을 인도하는 백성
이요, 진리의 길을 가는 백성이요, 믿
음을 깨우치는 백성이더냐?

39 너희는 나의 아들을 능멸하며 나 여호와를 욕되게 하는 사탄의 자식으로 전락하였기 때문에, 감히 그와 같은 말을 함부로 하면서 지금 나의 피조물 만백성에게 재물을 거둬 하늘에 오르는 길을 인도한다 하여 장사하고 있는 것이라 함을 잊지 말라.

6,953 번째 하나님 말씀

2003년 8월 2일 0시 43분

1 사랑하는 나의 아들아!

2 "네, 아버님! 말씀하옵소서."

3 육의 삶이 잘못되었을 때 지옥으로 간다고 가르치지 아니하고, 육의 삶의 그 형태는 별것이 아니라 그리 가르치니, 그리하여 너희가 뭐라 말하는가?

4 믿음만 강하면 되며, 구세주 나의 아들 예수를 찬양하고 부르면 되며, 나를 찾기만 하면 너희가 구원을 받는다 그리 말하며,

5 너희 손으로 지은 그 교회에 나오기만 하면 그 순간에 나 여호와를 아버지라 부를 수 있다고 그리 가르치는 것이 아니던가?

6 나의 아들 예수의 그 가르침을 거부하는 자들이 바로 성경을 거부하는 자들이라는 것을 너희는 알아야 할 것이니라.

7 나의 아들 예수가 가르치는 것을 거부하며, 너희가 죄를 짓지 아니하도록 죄짓지 않는 백성을 만들고자 나의 아들 예수가 세상에 내려가 그 모두를 전하였음이니,

8 그를 거부하는 자는 바로 나의 성경을 거부하는 자들이라는 것을 잊지 말라.

9 나의 계명과 율법에 따라 가르치며 그 죄에서 벗어나 살아야 한다는 것을 가르치는 것이 아니니요,

10 나의 율법과 계명을 벗어나서는 절대 되지 아니한다고 그리 가르치며, 그대로 지키고 사는 것이 하늘에 오르는 길이라 그리 가르치지 아니하는 그와 같은 자들은 다 나와 관계없는 자들이라는 것을 너희는 알아야 할 것이니라.

11 그들은 지금 어떠한 것으로써 나의 피조물 만백성을 가르치는 줄 아는가?

12 너희는 나의 계명이요, 율법대로 가르치지 아니하고 인간의 교리로써 가르침이니,

13 지금 지옥 불에 가도록 인도하는 자들이라는 것을 잊지 말아야 할 것이며,

14 지옥 불로 가는 길을 구원의 길이라 하여 아우성치고 서로 앞에 가고자 달려가는 자들의 형국이니라.

15 그러니 바로 그것이 무엇이던가?

16 지금 모든 종교 집단이요, 지도자들이 하늘에 오르는 나의 백성을 육성하는 것이 아니요, 사탄의 자식으로 만들어 지옥으로 보내는 그 일을 역사하고 있다는 것을 잊어서는 아니 될 것이니라.

17 그리하여 2천 년이 지난 지금 죄가 없어진 것이 아니요, 이 세상이 이렇게 험악해졌으며, 도둑이 들끓으며 인간이 인간을 무서워하며, 마지막 시대라는 그와 같은 말을 함에 있어서 주저 없이 그저 종말의 시대라 말을 하는 그 시대가 되었음이니라.

18 너희의 죄로써 이 지상과 너희의 삶
이 피멍이 들어 있는 것을 바라 보는
나 여호와의 마음을 아는가?
19 진정한 믿음의 길을 가는 백성은 없으
며 진정한 진리로써 나에게 오르고자
하는 백성은 없으며,
20 오로지 지옥에 가는 데만 연연하고 있
으며, 지옥에 가는 삶을 살아가는 것
그리고 그리 사는 길을 가르치는 종교
집단과 지도자요, 그를 듣고 따라가는
신도들만 이 세상에 우글거리는 그와
같은 형국이 되어 있음이니,
21 이를 보는 나 여호와의 마음이 얼마나
아프고 쓰린지 너희는 알겠느냐?
22 너희는 교인을 하나 얻기 위하여 바
다로 육지로 두루 다니다가 교인이 하
나가 생기면 너희가 짓는 죄보다도
배나 더 지옥 불로 가도록 인도하는
그와 같은 자요, 그와 같이 가르치는
자들이라 내가 성경에 한 구절을 기록
하여 전했으니, 너희는 그 뜻을 어찌
보는가?
23 지금 너희가 가고 있는 내용이요, 너
희가 역사하는 그것을 내가 오늘에 대
비하여 그리 기록하여 전한 것을 너희
는 알아야 할 것이니라.
24 지금 너희가 구원한다는 백성, 인도하
는 백성, 그와 같은 자들이 너희가 인
도하여 너희 손으로 지은 교회에 가
자마자 나를 아버지요, 어머니라 부르
도록 그리 말하며,
25 재물을 바치면 구원을 받는 자요, 그
들이 십계명대로 사는 것이 아니요,
인간의 삶은 그저 대충 살아도 나의
아들 예수를 찬양하며 나를 부르며 믿
음만 가면 구원을 받는다 말함이니,
26 부모의 은혜를 알며 형제의 은혜를 알
며 형제의 정을 알며, 이웃과 나눔으
로 사는 백성을 너희가 바다 건너 강
건너 그들을 유혹하여 한두 사람을 데
리고 가는 그 순간에 그들이 배로 더
사악한 자요, 그와 같은 삶을 살도록
변화된다 하였음이니,
27 부모의 은혜를 모르며 형제의 소중함
을 모르며, 이웃의 소중함이며 제 자
식과 가정의 소중함을 모르는 그와 같
은 형국으로 변화되며, 배나 더 나쁜
백성으로 만든다고 기록하였음이니
라.
28 오늘의 종교 집단이요, 지도자들이 이
끌어 가는 형국을 미리 예언하여 기록
한 내용이라는 것을 너희는 알아야
할 것이니라.
29 오늘날 그와 같은 시대가 왔음이니,
30 내가 이제 너희를 다스려 바로잡고자
하는 것이며, 내가 나의 법전으로써
만백성이 읽고 깨우치는 자, 깨우치지
못하는 자를 심판하는 시대를 지금 열
어 감을 너희는 알아야 할 것이니라.
31 내가 일찍이 기록하여 전했듯이, 너희
가 바다요, 육지를 건너 한 사람을 만
나 교인을 만들었을 때,
32 그들을 배로 더 나쁘게 만드는 그와
같은 형국으로 하지 아니하고 살았더
라면 나의 법전이 이 세상에 나올 필
요가 없음이니라.
33 너희가 오늘과 같은 사악한 자로 종교
집단이요, 지도자가 변할 것을 내가
미리 기록하였으며,
34 그 시대가 왔을 때 내가 새로운 역사

를 이룬다는 그와 같은 뜻에서 내가 예언하여 기록한 내용을 알라.
35 성경에 너희가 기록하지 아니하였으
며 그를 기록하지 아니하고 전하지 아
니하였음이니,
36 그와 같은 내용이 반드시 이 뒤에 붙
어 있음을 너희는 알아야 할 것이니
라.
37 너희가 평범한 백성을 두 배로 사악
한 자로 만드는 그 시점이 되었을 때,
너희는 새로운 시대요, 새로운 법전이
요, 나의 성령이요, 성경이 세상에 내
려가 새 역사를 이룬다는 그와 같은
내용을 내가 기록하여 전했거늘,
38 너희는 그를 기록하지 아니하며 그를
삭제 했으니, 너희가 마음대로 가감한
내용이 여기에 있다는 것을 알라.
39 거기에는 반드시 기록되어 있음이니
라.
40 너희가 한 사람의 교인을 얻으려고
바다와 육지를 건너 그 수고스러움으
로 하여 나의 피조물 만백성을 하늘에
오르는 길로 인도한다 하며 너희 손
으로 지은 그 죄의 온상에 인도하는
그 순간에, 그들은 지금의 살아가는
삶에서 배로 지옥 불로 가는 그와 같
은 백성으로 변함이니,
41 그와 같은 시대가 왔을 때, 그와 같은
역사가 이루어지는 변천의 시대가 왔
을 때, 내가 다른 새로운 성경이요, 새
로운 법전이요, 그를 가지고 너희를
다시 심판하는 역사가 이루어진다는
것을 예고하고 기록하였으나,
42 그와 같은 내용을 너희는 가감하는
과정에서 모두 다 빼 버렸음이니,
43 내가 이 시대에 법전이 내려오는 것을
미리 예고하였음이니라.
44 그리하여 내가 나의 아들을 통하여
160권의 대장정의 법전으로써 너희를
바로잡고자 하는 것이 여기 있음을 알
라고 미리 예언한 내용을 너희가 뺐음
이니라.

6,954 번째 하나님 말씀

2003년 8월 2일 0시 48분

1 사랑하는 나의 아들아!
2 "네, 아버님! 말씀하옵소서."
3 너희는 천국과 지옥이 있음을 성경에
기록된 그 내용을 앎으로써 그것이 있
음을 확실히 알게 되었을 것이니라.
4 그와 같은 내용을 나의 성경의 많은
곳에 기록하여 지옥이 있으며 천국이
있음을 내가 가르쳐 주고자 했으며,
5 나의 법전을 정독하여 읽는다면 너희
는 분명히 지옥과 천국은 확실히 있
다는 것을 깨달을 수 있을 것이니라.
6 그러나 지옥과 천당에서 너희가 죽어
지옥으로 가는 삶이 어떠한 삶이며 어
떠한 형태로 이루어지는가를 모르는
것이니라.
7 너희가 나로부터 모든 것을 받아 나가
살다 육은 한 줌의 흙으로 돌아가며
영혼은 나에게 오름이니,
8 그와 같이 너희의 영혼이 지옥으로
가고 천국으로 갈 때, 영원히 지옥으
로 내려가는 것은 육에서 너희가 뜨겁
고 춥고 매운 느낌을 죽은 지옥에서는
전혀 느끼지 못할 것이라 그리 위안의
마음을 가지고 있으나, 너희는 그와

같은 생각을 버려야 할 것이니라.
9 너희가 육의 세상에서 느끼는 그 감각이 지옥에는 없다 생각하나, 너희가 느끼는 그 감정이요, 감각이 그대로 지옥에서 그것을 겪는다는 것을 잊지 말라.
10 너희의 영혼은 육의 감각 그대로 지옥에서 죄의 대가를 치른다는 것을 절대 잊지 말라.
11 끓는 물에 육이 들어갔을 때 고통이 얼마나 심하며, 바늘방석을 걸어가는 육은 고통스럽고 견딜 수 없을 것이니라.
12 그러니 너희 육은 죽어 영혼만이 지옥으로 간다 해도 너희가 육에서 받는 그 고통을 그대로 느끼며 그대로 치러야 한다는 것을 잊지 말라.
13 너희는 지옥에 가면 영원히 존재하며 그곳에서 헤어날 수 없으며 정녕 그곳에서는 희망이 없다는 것을 알아야 할 것이니라.
14 육의 세상에서는 사업에 실패하면 미래의 계획을 세우며 다시 재기할 수 있으며, 너희의 육의 삶은 또한 그다음을 대비할 수 있는 그와 같은 삶을 사느니라.
15 너희가 병이 들어 있는 자 또 고달프고 힘든 그와 같은 시련의 삶을 사는 자도 그 고비를 이기며 병마를 이기며 건전한 모습으로써 고통의 시간이 지나면 부귀와 영광을 누리는 그와 같은 삶을 살 수 있는 것이며,
16 그것이 육이 세상에서는 기대가 있으며 희망이 있는 것이며 기다림이 있는 것이니라.
17 그러나 너희가 죽어 가서는 희망이 없으며 기다려 줄 수가 없으며 아무리 너희가 애원하고 고통의 시간을 겪고 인내한다 해도 너희에게 돌아오는 희망이 없는 것이 지옥의 삶이니라.
18 지옥에서는 정녕 희망이라는 것이 없으며 미래가 없음을 너희는 알라.
19 희망이 없고 미래가 없는 그 고통이 영원히 계속되는 그 지옥의 형벌을 받는다 생각해 보라, 과연 그 고통이 얼마나 무섭고 두려운 것인지를.
20 지금 너희가 천국으로 가고 지옥으로 가는 그 길을 선택할 수 있는 오늘의 육의 삶에서, 인간은 죄를 짓지 아니하고 살 수 없다는 그와 같은 안일한 생각이요, 편안한 생각에 젖어 있다가 그저 말로 믿음을 행하면 구원을 받는다는 그 감언이설에 속아 정녕 얼마나 무서운 고통의 시련을 가게 되는가, 이를 너희가 깨우쳐야 함을 절대 잊지 말라, 사랑하는 나의 아들딸들아!

6,955 번째 하나님 말씀

2003년 8월 2일 0시 54분

1 사랑하는 나의 아들아!
2 "네, 아버님! 말씀하옵소서."
3 너희가 지옥이 있다는 것을 알며 천국이 있다는 것을 아는 백성이 어찌하여 육의 세상에 사는 삶에서는 지옥에 가지 아니하며 지옥으로 갈 수 없으며 육의 삶은 죄가 되지 아니한다는 그와 같은 무서운 말을 할 수 있단 말이던가?
4 너희는 이를 알아야 할 것이니라.

5 육의 삶에서 죄를 짓지 아니하며 육의
삶에서 죄가 없는 자만이 구원의 길에
들어설 수 있으며 구원에 오를 수 있
다는 것을 너희는 알아야 할 것이니,
6 어떠한 백성이 뭐라 해도 그 말에 대
하여 너희는 시시비비하지 말며 그들
과 갑론을박하지 말라.
7 육의 세상에서 짓는 죄는 구원과 관계
없으니, 육의 세상에서 짓는 죄는 그
저 너희가 살아 있을 때 용서를 빌고
구하면 용서가 되며, 그리고 천사와
같이 깨끗해진다는 그와 같은 자들의
말에 시시비비하지 말라.
8 뭐라 말해도 그 죄의 대가는 반드시
치르는 것이니라.
9 죄를 짓지 않는 삶을 사는 데 너희가
최선을 다할 것이지, 그와 같은 말에
시시비비하는 그 시간을 낭비하지도
말며, 그와 같은 자들의 말을 듣거든
귀를 씻어 너희 귀를 청결하게 그리
하도록 하라, 사랑하는 나의 아들딸들
아!
10 믿음으로 죄가 사해지는 것이며 믿음
만으로써 너희가 구원을 받으며 나의
아들 예수를 부르며 나에게 눈물 흘려
경배하는 것만으로서 말로써 하는 그
기도로서 다 이루어지고 구원을 받는
것처럼 하는 그 백성, 너희는 사탄의
자식으로서 전락하였으며,
11 그들이 내리는 사악한 양식으로 하여
너희는 지옥으로 가는 길을 모르고 달
려가는 것이며, 천국으로 가는 길이
아님을 알라.
12 믿음으로써 모든 죄를 다 사해 준다는
그와 같은 생각이 바로 너희가 사탄
의 자식으로서 사탄이 이끄는 지옥으
로 가는 길이라는 것을 절대 잊지 말
라.
13 너희는 알라.
14 선행을 하며 선한 행위를 하고 사는
것, 내가 너희에게 말하였느니라.
15 고무신으로써 바닷물을 다 퍼내어 고
기를 잡는다는 그 노인의 행동은 결코
바닷물을 퍼낼 수 없는 것을 알 수 있
으며, 바닷물을 마르게 할 수 없다는
것을 너희는 안다 그리 말하였음이니
라.
16 노인이 바닷물을 퍼낼 수 없듯이, 하
나의 물새가 그 물을 다 물어 내어 바
다를 말린다는 그와 같은 새의 그 행
동을 보며 너희는 그것은 말이 안 되
며 어처구니없다 그리 말하나,
17 너희는 여기서 하나 깨달아야 할 것
이니라.
18 나는 새가 바닷물을 퍼낸다 하며, 노
인이 고무신으로 바닷물을 퍼낸다 할
때, 그 말은 물이 마르지 아니함같이
너희가 선을 행하며 사랑을 나누며 살
아가는 것이 그와 같이 끝이 없으며
그 한이 없는 것이 선행을 베푸는 길
이요, 아름다운 일을 역사하는 것이며
사랑을 베풀며 나누며 사는 것이니,
19 노인이 바닷물을 퍼내도 마르지 않는
것처럼 새가 물을 입으로 물어 냄으로
써 바닷물을 말릴 수 없는 그와 같은
형국에 이르듯이,
20 너희가 선행이요, 아름다운 것은 해도
해도 끝이 없으니, 선행이 그리도 많
이 있으며 그 길은 넓고도 풍족하거
늘, 어찌하여 너희가 죄를 짓지 아니

하고 살 수 없다는 그와 같은 말을 감
히 할 수 있단 말이던가?
21 선행의 길이요, 선행하며 아름다운 마
음으로 사는 것, 사랑하는 마음으로
사는 것, 나눔으로 사는 것은 정신이
나갔다는 노인이 고무신으로 바닷물
을 퍼내어 고기를 잡는다 해도 퍼낼
수 없듯이,
22 물을 먹고 사는 물새가 그 물을 입으
로 날라 다 퍼낸다 해도 퍼낼 수 없고
마르지 않듯이,
23 하늘에 오르는 그 선행이요, 나에게
오르는 그 길의 선행이라는 것은 그보
다 더 몇 배 그득히 세상에 널려 있으
며 준비되어 있거늘,
24 어찌하여 너희는 그 속에서 선행을
베풀고 살지 못하며 죄를 짓지 아니하
고 살 수 없다 그리 말하는가?
25 끝없는 선행이 널려 있는 그곳을 보라.
26 너희가 그를 다하기도 바쁘거늘, 악한
죄를 짓는 그와 같은 행위를 할 시간
이 어디 있으며, 몸 바쳐 그 악을 행할
수 없거늘,
27 어찌하여 죄를 짓지 아니하고 살 수
없다고 모든 종교 집단이요, 지도자들
이 그리 가르치는가?
28 세상에 끝이 없는 그 선행을 보고 살
도록 그리하라, 사랑하는 나의 아들딸
들아!

6,956 번째 하나님 말씀

2003년 8월 2일 08시 24분

1 사랑하는 나의 아들아!
2 "네, 아버님! 말씀하옵소서."
3 내가 법전에 기록하여 너에게 전하기
를, 나의 아들 예수가 먼저 이 세상에
내려온 것이 무엇이라 말하였더냐?
4 이 세상에 죄가 없게 하고자 함이요,
나의 사랑하는 피조물 만백성이 죄를
짓지 아니하고 살도록 하기 위하여 나
의 아들 예수가 세상에 내려왔다 하였
음이니라.
5 그리하여 또한 내가 미리 너희에게 십
계명이라는 것을 내려보내, 세상에 살
면서 그를 지키고 사는 것이 기본이
요, 근본이라 내가 내려보냈거늘,
6 너희가 그를 시행하지 아니하고 지키
지 아니하기에 나의 아들 예수를 세상
에 내려보냈음이니라.
7 죄 없는 세상을 완성하게 하려고, 죄
를 짓지 않는 백성이 완성하게 하려
고 내가 내려보냈음이니라.
8 그러나 그 의미를 너희는 모르고 있
음이니라.
9 그리하여 너희는 감히 인간은 죄를
안 지을 수 없으며, 죄짓지 아니하고
살 수 없다 하여 수없이 짓는 그 죄를
빌고 빌면 다 지워지고 용서받는다고
가르침이니,
10 그게 바로 나의 아들 예수의 죽음을
욕되게 하는 것이며 나를 욕되게 하는
삶이라 내가 그리 너희에게 말한 그
의미를 너의 제자들은 깊이 알아 새겨
야 할 것이니라.
11 너희가 무엇이든지 역사하는 것은 쉽
지 않으니라.
12 너희가 걸어서 목적지까지 갈 때도 피
땀 나는 노력이요, 발이 부르트고 고
생스러운 그 길이 없이는 어떠한 목적

도 이룰 수도 없으며 그것을 달성 할
수 없는 것이 아니더냐?
13 죄를 짓지 아니하고 살 수 없다고 말
하는 너희가 얼마나 안일한 자들이며
편안한 것을 요구하는 백성인 줄 알
겠는가?
14 내가 세상에 아름다운 모습으로 너희
를 내보냈으니,
15 내가 너희가 각자 알아서 하늘나라
나에게 오라 각자 임무를 똑같이 주었
음이니라.
16 너희가 나에게 올 때까지 먹고살 수
있는 모든 능력을 내가 다 너희에게
내려 주어 각자 노력해서 하늘에 오르
라 그리하였으며 나에게 오르라 하였
음이니라.
17 그러나 너희가 그 길을 가는 것이 얼
마나 힘들고 어려운 것인지를 알겠는
가?
18 그러나 지금의 모든 믿음의 길을 가는
백성이요, 나의 백성을 인도하는 자들
그 모두가 말로써 하늘에 오르고자 하
며 말로써 갈 수 있다고 말하며,
19 더러는 하늘에 오르는 그 길을 말로써
하다 하다 안되니까 재물을 사서 많이
바치면 그것으로써 너희가 하늘에 올
수 있는 길이라 지금 가르치고 있는
것이 모든 종파의 복음을 전하는 그것
이 아니더냐?
20 그러나 너희는 지금 어찌하더냐?
21 십계명을 지켜야 하며 법전대로 지켜
야 하며 너희가 사는 삶을 아름답게
산다 하여 피나는 노력의 그 길을 가
고 있지 않은가?
22 어제의 잘못이 열이 있으면 오늘은 하
나를 죽이며, 내일은 또 하나를 죽여
줄여 가며 그 죽음의 고통스러운 길을
가지 않느냐?
23 즐겁고 향락이라는 것은 많을수록 좋
은 것이니라.
24 그러나 그 즐겁고 향락의 인간의 삶이
요, 인간의 행복을 하나하나 줄여 가
면서 진리의 그 길을 오는 것이 얼마
나 어렵고 힘들더냐?
25 노력하지 아니하면 이루어지지 아니
하지 않더냐?
26 그와 같이 노력하고 이루어지면서 너
희가 그 속에서 깨달음이 있지 않더냐?
27 너희는 하나를 변하면서 얻으면 두 개
세 개를 얻음이니라.
28 남이 잘못했을 때 그 탓하지 아니하고
조용히 네가 그를 만들어 놓으며 그를
고쳐 놓으며 네가 조용히 아름다운 쪽
으로 손을 내놓을 수 있는 그와 같은
믿음의 마음을 깨우치며,
29 가장 낮은 곳에 진리가 있으며 가장
낮은 곳에서 깨우침이 있으며, 남들이
어렵고 힘든 것을 자청해서 하는 그
변화가 너희는 하나를 얻음으로 열
개 백 개를 깨우쳐 가니,
30 이 세상의 깨달음이요, 선이라는 것은
끝이 없고 한이 없다 하지 아니하느냐?
31 물새가 물을 퍼서 바닷물을 없앤다고
하나 그 물새가 그 물을 없앨 수 없듯
이, 그와 같이 없앨 수 없는 바닷물처
럼 선을 행하는 것은 넓고 끝이 없으
며 한이 없는 것이라 비유하여 내가
가르쳤음이니,
32 오늘의 모든 종교 집단이요, 그들이
말로써 역사함이니, 말로써 이루어지

는 것이 무엇이 있느냐?
33 너희가 말로써 이루어질 수 있다면 나
여호와가 뭐하러 오늘날 이 고통스럽
고 이 힘든 길을 가라 하겠는가?
34 말로써 역사하는 것은 아무것도 없으
며 말로써 하는 것은 이루어짐이 없음
이니라.
35 이제 내가 너희에게 다시 한 번 말하
느니라.
36 십계명은 이 세상을 죄가 없이 살아갈
수 있는 세상으로 만들고자 하였으며,
37 그것을 행하지 아니하여 그 모두를 완
성하게 하려고 나의 아들을 보냈으니,
38 그가 내려온 것은 죄가 없는 세상이
요, 백성이 죄짓지 않고 사는 것을 완
성하게 하려고 세상에 내려왔음이니
라.
39 이제 사랑하는 나의 아들과 나의 법전
을 읽고 깨우친 백성 너희는 생각하
라.
40 죄 없는 세상이요, 천국과 같은 이 세
상을 이루기 위해서 너희가 어떠한
대가와 희생을 치러야 하는지, 그리고
죄 없는 세상이요, 천국과 같은 세상
이 이루어졌다고 생각해 보라.
41 과연 어떠하겠느냐, 그보다도 영광되
고 보람된 것이 있겠는가?
42 그를 생각하면서 그 세상을 이루도록
너희가 노력해야 하지 않겠느냐?
43 내가 나의 법전을 세상에 내려보내며
내가 나의 아들을 통하여 너희에게
뭐라 말하였느냐?
44 심판의 시대요, 마지막 시대요, 하늘
에 천국이 이루어진 것같이 지상에서
이루어짐이요, 너희가 육의 세상에서
살다가 재판을 받지 아니하며 그대로
천국에 오를 수 있는 그 백성이 이 세
상에 살아갈 수 있는 그 시대를 연다
했음이니,
45 그게 천 년에 걸쳐 내가 역사하는 것
이라 그리 말하였음이니,
46 예수가 세상에 내려와 만백성에게 죄
를 짓지 아니하며 죄 없는 세상을 만
들고자 역사했다는 그 뜻을 내가 오늘
나의 아들을 통하여 너희에게 가르치
는 그 뜻과,
47 내가 법전을 내려보내 나의 아들을 통
하여 천 년에 걸쳐 너희가 여기서 살
다 그저 하늘로 곧바로 올라올 수 있
는 그와 같은 백성이 살 수 있는 세상
을 만든다 하였음이니 그것이 바로 무
엇이더냐?
48 나의 아들 예수를 통하여 죄 없는 세
상이요, 죄짓지 않는 백성이 살아갈
수 있는 그 세상을 만들고자 했음이니,
49 예수는 먼저 달린 자요, 마지막에 내
가 직접 나의 아들을 통하여 법전을
들고 뛰는 마지막 주자라는 그 뜻을,
50 너희는 성서에 기록되어 있는 그 가르
침이요, 내가 나의 아들을 통하여 모
든 가르침을 내리거늘,
51 이를 보고 너희는 어찌하여 이것이
나 여호와의 뜻이요, 하늘의 뜻이라는
것을 그리 깨닫지 못하고 어리석은 삶
을 사는가?
52 이제 너희는 깨우쳐 행해야 할 것이
니라.
53 그것이 곧 나의 뜻이요, 내가 이루고
자 함이니, 이제 제3의 시대요, 마지
막이라는 것이 무엇이더냐?

54 내가 모세를 통하여 십계명을 내려보
내며, 또 기적을 보여 주어 죄 없는 세
상을 만들고 너희가 선택된 땅에 들
어가 사는 백성이 되도록 그리하였음
이니라.
55 그러나 너희는 거기에서 우상을 만들
며 등을 돌렸으며, 그 욕심이라는 것
때문에 그와 같이 사악한 행위를 했음
이니,
56 그를 완성하게 하려고 내가 사람을
보냈으며 나의 백성으로 역사했으며
나의 아들을 직접 내려보냈음이니라.
57 그리하여 나의 아들을 내려보낸 그
의미의 뜻을 이제 너희는 가슴 깊이
새기고, 시시비비하는 어리석은 삶을
살지 말라.
58 오로지 너희가 부르짖을 수 있는 것
은, 나의 아들 예수가 세상에 온 것은
죄 없는 세상을 만들며 죄짓지 않는
백성이 살아갈 수 있는 세상을 만들
려고 나의 아들이 세상에 내려왔음이
니,
59 그를 받들고 바꾸어 가야 할 자들이
죽게 하였으며, 그가 그와 같이 고통
스럽게 갔기에 내 뜻의 문을 닫았음이
니,
60 그리하여 2천 년 동안 내가 손을 놓으
며 암흑의 세상이라는 그 의미를 알라.
61 그리하여 이제 주인인 나 여호와 창조
주가 직접 나의 성령을 받은 나의 아
들의 육을 통하여, 그 입을 통하여 지
금 너희에게 증거하는 법전이라는 책
을 만들어 하늘에 오르는 길이라 가르
침이니,
62 처음으로 너희가 나의 아들을 따르는
제자로 선택되었으며 너희가 역사할
대명이 무엇이라 말하였더냐?
63 천 년이라는 세월 속에서 하늘에서 이
루어진 것 같은 세상, 하늘에 사는 영
혼의 세상과 같은 세상 천사와 같은
세상, 그와 같은 마음으로써 내가 영
원히 그 세상을 만들어 그저 너희가
살다 하늘에 오르는 그 뜻을 내가 그
와 같이 역사하고자 직접 관여한다 했
음이니, 그는 이루어질 것이니라.
64 모든 종교 집단이 수없이 울고불고하
며 외치느니라.
65 하늘에서 이루어진 것같이 이 땅에서
이루어 달라고 갈구하는 소망이요, 원
하는 것이 과연 무엇이더냐?
66 너희가 하늘나라를 알며 하늘나라의
역사함을 아느냐?
67 하늘나라에 돌아가는 것은 모르면서
너희가 그리 이루어 달라는 그 의미의
뜻이 무엇인 줄 알겠느냐?
68 하늘나라에 대해 너희가 아는 것은,
천사들이 산다는 것은 아느니라.
69 그러니 천사들이 사는 세상을 이 땅에
이루고자 하는 것이 나의 뜻이요,
70 너희가 하늘에서 이루어진 것같이 이
땅에서 이루어 달라 그리 간곡히 기도
하고 원하는 것은 바로 그것이니라.
71 천사들이 사는 세상을 만들어 달라는
것이며 만들고자 함이니,
72 그래서 내가 천사들이 사는 세상을 만
들기 위해 나의 성령을 모두 태워 나
의 아들의 입을 통하고 그의 몸을 통
하여, 내가 세상에 증거할 수 있는 책
이요, 글로써 만들어 160권의 대장정
을 만들며,

73 그가 죽을 때까지 써도 써도 다 못 쓰
며, 그리고 내려도 내려도 끝이 없는
나의 진리를 나의 아들을 통하여 세상
에 내려보내는 그 역사를 하는 것이
지금 시작되었거늘,
74 어찌하여 너희는 이를 보지 아니하며,
사탄이요, 이단이요, 그를 벌레처럼
보며 나의 법전을 찢어 버리고 태우려
하는 그와 같은 너희의 그 마음을 어
찌 곱게 잡아야 하겠는가?
75 사랑하는 나의 백성 너희는 알아야
할 것이니라.
76 너희가 나에게 오르며 하늘에 오르며
천국에 오르기 전에, 내가 너희 입을
열어 주어야 한다 하였음이니라.
77 그리하여 그때 나를 아버지라 부를
수 있으며 너희가 나의 아들딸이 육
에서 되는 것이니,
78 내가 입을 열어 주지 아니하는 자는
내 자식이요, 내 딸이라는 것을 인정
하지 아니하였기 때문에 너희가 나를
부를 자격이 없다 내가 그리하지 아
니하였더냐?
79 그러니 내가 아버지라 부를 수 있는
그 입을 열어 주는 것은 내 아들이 그
리 나를 부르게 하였으며 이는 내가
나의 아들이라는 것을 증명하였으니,
80 너희가 나로부터 입을 열고자 하면 십
계명을 지키는 삶이요, 반성과 회개
요, 너희가 살아가면서 십계명을 한
줄도 지키지 못한 어리석은 백성이라
는 것을 스스로 깨우치고 통한의 눈물
을 흘릴 때, 그리고 나의 법전을 보고
그대로 지키고 그대로 행하고자 역사
할 때, 내가 그 입을 열어 줌이니, 입
을 열어 주지 아니한 자는 나를 아버
지라 부를 수 없음이니라.
81 너희 손으로 지은 교회요, 성전에 나
의 백성을 인도하여 교인으로 만들어
놓고 몇 시간만 지나면 그저 '아버지'
라 하고 광분하여 소리 지르며 눈물
콧물 흘리면서 나를 부르짖음이니, 그
리 쉽게 나를 부를 수 있다고 생각하
는가?
82 수없이 죄를 가진 자들이 어찌하여 나
를 아버지라 부를 수 있단 말이던가?
83 나를 부르는 자는 죄가 없는 자요, 내
가 명한 자가 부를 수 있다는 것을 너
희는 잊지 말라.
84 그리고 내가 다스려 만드는 나의 아들
이요, 아들딸만이 부를 수 있다는 것
을 잊지 말라.
85 너희가 변하는 삶을 살지 아니하면 아
니 됨이니라.
86 변하는 삶은 무엇이던가?
87 너희가 실행하고 실천하는 것이니라.
88 그러니 오늘의 모든 믿음이 잘못되었
으며 그 백성이 잘못됨을 내가 하늘
의 뜻을 상세히 기록하여 전함이니,
89 이를 읽고 깨우쳐 나에게 오르는 길을
바로 보도록 그리하라.
90 내가 너희가 지옥으로 가는 것을 원
하지 아니하며, 너희가 지옥 불로 떨
어지는 것을 원하지 아니함이니라.
91 내가 만든 나의 아들딸이 나의 품에
올 수 있으며 천국의 문을 들어 올 수
있으며 하늘나라에 오르기를 간곡히
바라고 기다리는 나 여호와임을 너희
는 알아야 할 것이니라.
92 너희는 나의 아들 예수가 너희가 죄

없는 백성이요, 죄 없는 세상을 만들
려다 너희에게 그리 당하고 쓰러져
고통스럽게 죽어 간 나의 아들 예수가
그 책무를 다하지 못하여 나에게 죄스
러운 마음으로 가슴 아파하며 그 송
구스런 마음을 가지고 살아가거늘,
93 어찌하여 너희는 그 예수를 신격화하
며 예수를 그리 부르짖기만 하는 그와
같은 행위를 하여 나의 아들이 죽음의
고통이요, 그 책무를 다하지 못한 나
에 대해 죄송하고 아픈 마음에 대고,
94 나를 밀어 놓고 그를 신격화시키며 그
를 부르기만 하면 된다는 잘못된 그
가르침을 가르치는 것을 보며 나의 아
들 예수가 통한의 눈물을 흘리며 그가
얼마나 고통스러워하고 있는지 너희
는 그것도 생각하지 못하면서,
95 그를 찬양하며, '주여', '구세주여', '예
수, 예수!' 부르기만 하면 구원을 받는
다고 그리 말함이니,
96 이 잘못된 모든 것을 바로 깨우쳐 주
는 것은 나의 법전을 기록하고 만드는
너희들이니라.
97 이제 나의 아들 따르는 제자들이요,
나의 법전을 만드는 백성 너희는 들
어야 할 것이니라.
98 너희는 천사와 같은 자가 되며 만백성
이 고해성사할 수 있는 사람이 되어
야 함이니, 나 여호와가 존재하며 내
뜻대로 살고자 하는 노력이요, 두 번
째는 말을 조심해야 할 것이며, 생각
을 조심해야 할 것이며, 행동을 조심
하여 가장 올바른 정답을 찾아 아름다
운 행동을 할 수 있는 것,
99 남의 고통을 덜어 주고 남의 고통을
네 고통으로 알며, 항상 남의 입장에
서 생각하며,
100 그리고 자기만을 위해 생각하는 것이
아니요, 남을 배려하는 생각에서 행동
하고 살아가는 사람이 문을 열고 가슴
을 열게 되어 있음이니라.
101 살인자도 문을 열 수 있음을 너희는
모르느냐?
102 인간 세상에서도 죄지은 자요, 살인자
요, 그 한 사람을 교화시키고 그에게
인간의 삶이 무엇인가를 느끼게 하려
고 성인이요, 종교 지도자요, 또한 그
와 같은 사람들이 얼마나 공을 들여
그를 교화시키며,
103 진정한 삶이 무엇인가를 깨닫게 하려
는 자들의 그 노력을 보지 아니하였더
냐?
104 그 노력의 천배 만배를 더 노력하여
야 하늘의 뜻이요, 이치를 알 수 있다
는 이 무서운 세상의 진리요, 세상의
이치는 너희의 생활 주변에 있으며,
105 항상 너희가 손으로 잡을 수 있는 곳
에 진리가 있음이니라.
106 그 진리를 너희가 잡을 수 있으며 너
희 주변에 있다면 내가 너희와 같이하
고 있음이니, 곧 그 진리는 나 여호와
이기 때문이니 그리 알라.

6,957 번째 하나님 말씀

2003년 8월 2일 08시 54분

1 사랑하는 나의 아들아!
2 "네, 아버님! 말씀하옵소서."
3 너희가 죄가 없을 때 정녕 죄 없는 자
가 천사만이 사는 나의 천국에 올 수

있다고 너희에게 일찍 가르쳤으며 그
리 말하지 아니하였느냐?
4 죄 없는 자식만이 나의 자식이요, 죄
없는 자가 되었을 때 죄 없는 백성만
이 나 여호와를 만날 수 있으며, 내가
너희를 만난다는 것을 잊어서는 아니
될 것이니라.
5 나 여호와가 너희를 사랑하며 내가
모두를 베푸는 여호와라 하나,
6 너희는 천국에 오고 못 오는 그 하늘
의 법도를 어길 수 없으며 그는 엄격
함이니,
7 죄 없는 백성만 나를 만날 수 있는 그
길이 열린다는 것을 절대 잊어서는 아
니 됨이요, 죄 있는 자는 만날 수 없다
는 것을 알라.
8 그러니 너희가 나에게 오고자 한다면
너 자신이 죄가 있음을 먼저 인정해야
할 것이며,
9 그리하여 육에서 죄를 저지른 그 죄만
큼 육에서 모두 정리하는 그와 같은
피나는 노력을 하지 아니하면 아니 됨
을 알라.
10 너희가 죄 없는 자로서 나에게 오르
는 그와 같은 백성이 되려면 지금까지
살아오면서 수없이 지었던 그 죄가 다
믿음이요, 말로써 지워진 것이 아니
요, 하얀 눈처럼 되었다 생각하지 말
며,
11 너희가 가진 그 모든 죄가 그대로 남
아 있음을 인정하며, 그를 인정하는
가운데 살아가야 함을 잊지 말라.
12 너희가 육에서 지은 죄는 반드시 육에
서 갚아야 한다는 나의 이 뜻을 알라.
13 너희가 육에서 살면서 지금까지 지은
그 죄를 인정할 때, 그 죄를 다스리기
도 부끄럽고 힘에 겨운 그와 같은 삶
이거늘,
14 그렇다면 이를 제대로 깨닫는 백성이
앞으로 살아가면서도 계속 죄를 지으
며 죄를 짓는 생활을 하고 살 수 있다
고 생각하느냐?
15 오늘까지 지은 죄도 가슴이 아프며 저
리거늘, 그러면서도 지금 계속 죄를
짓는 그와 같은 삶을 사는 백성은 정
녕 내가 너희를 만날 수 없다는 것을
알아야 할 것이니라.
16 너희는 모든 죄로써 나를 만날 수 없
다는 것을 너무나 잘 알고 있음이니라.
17 그리고 그를 깨달아 이미 알고 있는
백성이 수없이 있으며, 지도자 또한
그것을 알고 있음이니라.
18 그러나 그와 같이 가르쳤을 때, 나의
백성이 너희를 따르지 아니하며 재물
로써 그 죄를 용서받을 수 있다는 그
와 같은 것이 잘못된 것이라는 것을
알 때, 그 백성이 너희를 따르지 아니
함이니라.
19 그것이 안 되며 이룰 수 없다는 것을
알면서도, 종교 집단이요, 지도자들이
그를 뒷전으로 밀어 놓고 인간의 교리
를 가지고 나의 백성을 지금 이끌고
가는 것이 너희가 아니더냐?
20 너희는 현재와 미래에 짓는 죄를 가지
고 나에게 올 수 있다는 그와 같은 생
각을 하지 말라.
21 오늘의 그 죄를 가슴 아파하는 자가
있다면 앞으로 죄를 더 지어서는 아니
되거늘,
22 모든 종교 집단이요, 믿음의 길을 가

는 너희는 그저 말로써 재물로써 용
서받을 수 있다 하여 현재도 계속 죄
를 지으며,
23 미래에 지을 죄를 가슴에 안고 있으면
서도 나에게 오를 수 있으며 구원을
받을 수 있다고 울고불고하는 그와
같은 기도요, 나를 찾는 짓을 하지 말
라.
24 죄를 사하는 방법은 십계명대로 사는
것이며, 너희에게 열 개를 줬을 때 백
개, 천 개요, 그와 같은 많은 선행을
함으로써 모두 지워진다는 것을 내가
일찍이 가르쳤음이니라.
25 그러니 지금 나의 아들을 따르는 제자
들이요, 나의 법전을 읽고 깨우친 백
성 너희는 죄를 사하는 방법을 알고
있으며, 어떠한 것이 죄며 죄를 지어
서는 아니 된다는 것을 알고 있으며,
26 그리하여 바르게 살아가고자 하는 마
음의 변화를 이루는 것, 그리고 죄를
두려워하는 그것만으로도 나의 아들
을 따르는 제자요, 백성 너희는 축복
을 받은 백성이라는 것을 잊지 말라.
27 너희에게 그 이상 큰 축복과 영광이
없다는 것을 알아야 함을 잊지 말라.
28 그와 같은 하늘의 이치요, 하늘의 법
도가 있기에, 죄가 무엇이며 죄를 짓
지 않는 길이요, 죄를 사하는 방법을
아는 그 백성에게 내가 얼마나 귀한
것을 가르쳐 주었더냐?
29 나를 아버지라 부를 수 있는 것은 너
희가 육의 세상에서 네가 거듭나는 삶
이요, 내가 너희 입을 열어 주었을 때
나를 부를 수 있다 함이니,
30 내가 너희 입을 열어 줄 수 있도록 변
하고자 노력하는 삶을 사는 그것만으
로도 너희는 모든 은혜와 영광이요,
축복을 받은 백성이라는 것을 알아야
할 것이며 감사하는 마음으로 살아야
할 것이니라.
31 너희가 오늘에 있으며 오늘의 역사함
이요, 오늘의 삶이 얼마나 축복받은
삶인지 나에게 왔을 때 알 수 있을 것
이니 그리 알라.
32 이제 너희에게 다시 한 번 나 여호와
가 강조하느니라.
33 너희가 육에서 지금까지 지은 그 모든
죄는 육이 존재하는 이 세상에서 모두
다 털어 버리며 그를 사함을 받으라.
34 그와 같이 변화되었을 때, 내가 나를
아버지라 부르라 너희의 입을 열어
줄 것이니,
35 그때 그 은혜는 이루 말할 수 없는 것
을 또한 알게 될 것이니라.
36 반드시 가슴에 안고 살라.
37 육에서 이루어진 그 모든 죄는 육에서
해결해야 하며, 육으로써 지은 그 죄
는 해결하지 않으면 영원히 그저 그냥
넘어가는 것이 없음을 너희는 알아야
할 것이니라.
38 너희 육은 영혼의 집이요, 영혼은 육
의 집을 의지하여 세상을 산다 하였으
며, 너희가 나로부터 받은 모든 육의
체온이 끝날 때 죽음의 길을 간다 하
였음이니라.
39 그러나 그 죽어 가는 것으로써 모든
것이 끝난다 생각하지 말라.
40 다만, 너희가 육으로써 죽어 갈 때 어
떻게 행하고 살았느냐, 그것이 너희
영혼을 살리고 죽이는 그 심판의 근본

이 된다는 것을 잊어서는 아니 됨이
니, 이를 명심하고 또 명심해야 할 것
이니라.
41 그러니 육에서 이루어진 모든 것으로
재판을 받고 심판을 받는다면 육이 끝
나고 영혼의 세상에 들어가는 순간에
영혼은 그 죄를 면죄 받으려고 그 죄
를 덜어 버리려 노력할 수가 없으며,
그 대가를 치를 수 없으며,
42 죽음으로 육은 흙으로 가고 영혼은 하
늘에 오르는 그 순간에는 아무것도 이
루어질 수가 없음이니라.
43 너희가 육으로써 영혼의 집을 지키고
있으며 영혼이 육을 의지하여 존재하
는 지금의 세속에 사는 이 세상에서
너희가 지은 죄는 여기서 모두 다 해
결하고 정리하고 가야 하는 것을 잊
지 말라.
44 원죄가 해당하지 아니한다는 그 의미
의 뜻도 여기 있음이니라.
45 너희가 지은 죄는 육에서 해결해야
할 것이요,
46 영혼이 육이 지은 죄를 해결할 수 없
으며, 영혼은 오로지 너희가 지은 죄
에 대해 그대로 그 대가를 받으며 그
리고 육에서 고통을 느끼는 것만큼 너
자신이 그 고통을 느낀다는 것을 알
아야 할 것이니라.
47 너희는 육으로써 죽어 가는 지금 모
두가 끝나며 나와 관계없는 것이요,
영혼과 관계없다 생각하나,
48 영혼을 빼고 난 너희 육체는 내가 뭐
라 하였느냐?
49 들개에게도 먹힐 수 있는 힘없는 그와
같은 자가 된다 하지 않았느냐?
50 지금 너희가 생각하고 고통을 느끼고
시련의 아픔을 알며 즐거움을 알며 기
쁨을 아는 그것은 다 영혼이 느끼는
것이지 육이 느끼는 것이 아님을 알라.
51 너희의 살을 꼬집었을 때, 너희 살을
베였을 때, 그 모든 아픔은 육이 느끼
는 것이 아니요, 바로 너희 집안에 있
는 영혼이 느낀다는 것을 알라.
52 내가 오죽하면 너희에게 영혼은 뺀
것은 시체라 내가 말하지 아니하였더
냐?
53 시체가 무엇을 알겠느냐?
54 이와 같은 하늘의 이치의 뜻을 알아야
할 것이니라.
55 그러니 육과 영혼이 존재할 때, 너희
가 아픔을 느끼고 고통을 느끼며 죽음
을 느끼며 그 모든 것을 느끼는 것은
영혼이 느끼며 너희 영이 느끼는 것
이니라.
56 그러니 그 영이 나에게 와 지옥으로
가니, 오늘의 정신이요, 모든 것이 다
네 형태에서 그대로 그 고통을 느낀다
는 그 무서움을 알라.
57 거기에는 희망이 없다는 것도 또한 가
슴 깊이 새겨 두라.
58 내일에 희망이 있다면 아무것도 아니
니라.
59 그러나 희망이 없음이니라.
60 죄를 짓고 육에서 감옥에 가 있는 자,
그리고 죄의 대가로 구속을 당하는
자, 그리고 남에게 부채로 허덕이는
자, 그리고 시련을 겪는 자도 세월이
지나 갚을 희망이 있으며, 갚게 되었
을 때 자유라는 것을 알지 않겠느냐?
61 그러나 영혼의 세계는 그와 같은 것이

없음이니라.
62 죄를 짓고 그 구속을 당하는 사람은
시간이 지나고 그 대가를 치르면 자
유의 몸이 되는 희망이 있고 미래가
있지 않으냐?
63 그것이 얼마나 너희에게 행복이며, 그
모든 삶의 기쁨이라는 것을 모르는가?
64 그러나 영혼의 세상에서는 그와 같이
기다리는 시간이 없으며, 때가 지나면
모두 면죄 받는 시간이 없는 것이요,
영원히 존재하는 그 지옥의 세상이 바
로 그렇다는 것을 잊지 말라, 사랑하
는 나의 아들아!
65 정녕 희망이 없고 기회가 없는 그 고
통의 세월을 살지 않으려면 오늘의 육
의 삶을 어찌 살아야 하는지, 나의 간
곡하고 간절한 마음을 모르는가?
66 이것이 너희를 사랑함이요, 너희에게
모든 것을 다 주는 여호와이니라.
67 너희는 내가 모든 죄를 씻어 주며 너
희가 잘못한 것을 털어서 씻어 주는
그와 같은 여호와 하나님이요, 그리하
여 사랑의 하나님이라 생각하지 말라.
68 내가 나의 아들을 통하여 너희가 천
사와 같은 얼굴이 되는 것은 너희의
주름살을 내가 펴 주는 것이 아니요,
곱고 아름답게 단장시켜 주는 것이 아
니니라.
69 너희가 말과 행동으로써 천사와 같은
삶을 살라 했던 그 의미를 깊이 알라.
70 너희가 육에서 이루어진 모든 것, 너
희가 역사하는 것이 그와 같은 이치로
써 모두 형성된다는 것을 잊지 말라.
71 육에서 이룬 것은 거기서 해결해야 함
이니라.
72 그러니 내가 너희에게 모든 은혜요,
사랑의 하나님이라는 것은 너희의 어
렵고 힘든 것을 들어주며 풀어 주는
것이 아니니라,
73 너희가 어찌 살아야 하며 어찌 가야만
나에게 오를 수 있는 것인가 그 방법
을 가르쳐 주며 그 길을 가르쳐 주는
것이 공평한 공의의 하나님이요, 은혜
와 사랑이요, 영광으로서 존재하는 아
버지라는 그 뜻을 알라.
74 너희에게 길을 가르쳐 주는 것이니라.
75 스승이 가르쳐 학생의 미래를 깨우쳐
주며 지식에게 불어넣어 그가 살아가
는 삶에서 옳고 그름을 판단할 수 있
도록 그리 가르쳐 주듯이,
76 나 여호와가 너희 모두를 사랑하며,
사랑의 아버지요, 모두를 다 덮어 주
는 아버지라 함은 내가 너희에게 그
길을 다 열어 주며 알려 주며 그 길을
깨우쳐 주는 것이기 때문이니라.
77 바로 오는 자에게 길을 열어 주며 바
로 오는 자만이 나에게 오를 수 있는
것이요, 참진리가 무엇인가를 가르쳐
주는 것이 더 위대함이니,
78 그게 곧 사랑의 아버지요, 용서의 아
버지라 말하는 의미가 여기 있음을 알
라.
79 사랑하는 나의 아들딸들아! 그 뜻이
니라.

6,958 번째 하나님 말씀

2003년 8월 2일 09시 05분

1 사랑하는 나의 아들아!
2 **"네, 아버님! 말씀하옵소서."**

3 선악을 알게 하는 그 나무의 과실을
따 먹지 말라 내가 그리 말하여 가르
쳤음이니라.
4 그러면 그것을 따 먹었을 때는 정녕
죽으리라 하는 그와 같은 내용이 지금
전해져 오고 있지 아니하는가?
5 그와 같은 대목을 읽으면서 너희는
무엇을 생각하고 무엇을 깨우치는가?
6 지금 나의 백성에게 종교 집단의 지
도자 그들이 뭐라 가르치는가?
7 순박하고 착한 그 어린 백성에게 인
간이기 때문에 십계명을 지키고 살 수
없으며, 그리고 그를 지키지 못하며
그리 죄를 짓지 아니하고는 살 수 없
는 백성이라 그들은 가르치는 것이니
라.
8 그들의 그 의미가 무엇인 줄 알겠느
냐?
9 나의 모든 백성을 죽음으로써 인도하
며, 사악한 사탄의 자식으로 만들며,
지옥으로 떨어트리는 그와 같은 역사
를 하고 있다는 것을 알아야 할 것이
니라.
10 그러니 십계명대로 살 수 없다 가르치
며 그리 듣고 믿고 가는 백성은 바로
무엇이더냐?
11 선악과를 따 먹지 말라는 말을 거역하
는 자와 똑같은 자들이니라.
12 너희가 그 십계명대로 살 수 없는 것
은 무엇이더냐?
13 그리고 나의 법전대로 살 수 없는 것
은 무엇인 줄 알겠는가?
14 너희가 사탄의 그 현란한 유혹에 넘어
가 너희 자신을 지키지 못하기 때문
에 그와 같은 역사가 이루어짐이니라.
15 너 자신이 사탄의 유혹에 넘어지지 아
니하고 진리를 따라 하늘에 오르는 그
길을 가는 백성이라면 십계명을 지키
지 못할 것이 없으며,
16 내가 나의 아들을 통하여 밤과 낮을
가리지 아니하고 내리는 대장정의
160권의 법전을 시시비비할 것이 없
으며 지키고 못 산다 말할 수가 없음
이니라.
17 오로지 그리 지키고 살 수 없다는 것
은 욕심이요, 사탄의 유혹에 넘어지고
있기 때문에 지킬 수 없다고 말하는
자들이니,
18 십계명대로 지킬 수 없다는 것은 이미
사탄에게 넘어간 자요, 선악과를 따
먹으면 정녕 죽을 것이라 가르친 아담
과 이브가 사탄의 유혹에 넘어가 그를
따 먹었듯이,
19 십계명을 먹고살아야 하거늘 그것을
먹지 아니하고 살 수 있다고 말하는
자요, 먹어서는 안 된다 말하는 자들
이니,
20 아담과 이브가 사탄의 유혹에 넘어간
것처럼 너희는 십계명을 지킬 수 없다
는 사탄이요, 사악한 자들의 그 찬란
하고 현란한 방법의 유혹에 넘어진 자
들이요, 거기에 지탱할 능력이 없는
자들이었음이니라.
21 그러니 십계명을 지킬 수 없다는 것이
얼마나 무서운 것이며, 그 순간에 사
탄의 자식이 되어 간다는 것을 잊지
말며, 이미 되어 있음을 알라.
22 지금은 너희가 십계명대로 살지 못하
는 것은 다 사탄의 유혹이니라.
23 그리고 법전대로 살 수 없다며 이는

잘못된 것이라 시시비비하는 그것 또
한 이미 사탄에게 넘어간 자요, 사탄
의 자식이 되어 있음을 너희는 알아
야 할 것이니라.
24 선악과를 따 먹음으로써 정녕 죽을 것
이라는 그 명을 어기고 선악과를 따
먹은 아담과 이브 그들이 사탄의 유혹
에 넘어간 그것이나, 너희가 십계명을
지키고 살 수 없다고 말함이 같으니,
25 그들이 선악과를 따 먹고 나의 뜻을
거역하며 넘어간 것처럼, 내가 친필로
직접 쓴 그 십계명이 무엇이더냐?
26 아담과 이브에게 내가 말로써 선악과
를 따 먹으면 정녕 죽음이라 가르친
그 뜻과, 나의 뜻인 십계명을 지키는
것이 영혼을 구하는 길이요, 하늘에
오르는 길이라 내가 가르쳤음이니, 그
를 거역하는 것이나 똑같은 것이니라.
27 그리고 이제 제3의 시대를 열어 나의
성령을 모두 태워 너희를 구원하고자
마지막 시대에 내리는 이 대장정의
160권의 법전을, 이는 나 여호와의 뜻
이 아니요, 이를 지키고 살 수 없으며,
인간은 절대 이와 같이 살 수 없다 하
여 이것은 잘못된 것이라 말하는 자는
따 먹지 말라는 선악과를 따 먹은 이
브와 아담의 그 죄와 그리고 십계명을
지킬 수 없다고 지금 가르치는 그 죄
인들과 무엇이 다르겠는가?
28 그러니 너희가 이와 같이 무서운 이
치를 안다면, 내가 세상에 내린 것을
지킬 수 없으며 행할 수 없다는 말을
하지 말라.
29 어찌 너희가 그리 어리석고 불쌍한
백성이더냐?
30 너희가 입으로써는 이 세상에 존재하
는 그 모두는 전지전능한 아버지께서
필요하여 만들었다 하며,
31 너희가 깨우치고 가시가 되며 좁고 험
악한 길이 하늘에 오르는 길이요, 나
누는 것이 하늘로 오는 것이요, 베푸
는 것이 하늘에 오르는 길이요, 사랑
을 실천하는 것이 하늘에 오르는 길이
라 하니,
32 베푸는 것이 아깝고 나눠 줌이 아까
워 그 모두를 저버리고 지금 살아가는
것이요, 인간의 교리요, 인간의 법도
를 만들어 놓고 하늘에 오르고자 하는
백성이니,
33 이를 보는 내 가슴이 얼마나 아픈 줄
알겠는가?
34 내가 너희를 사랑함이 그것이니라.
35 그 모두를 바로잡고 깨우칠 수 있는
것은 너희가 나의 법전을 만들며 나
의 법전을 가지고 전하는 그 역사밖에
없음이니,
36 이 아픈 마음을 너희가 안다면 잠시
도 게을리하지 말며, 잠시도 쉬지 말
며, 너희끼리 서로 반목하지 말며, 하
나가 되어 법전을 만들어 전하는 데만
모든 역사를 하도록 그리하라.
37 너희가 하나가 되어 그와 같은 역사를
이룰 때, 너희 후손이 또한 너희를 닮
아서 하나가 될 것이니 그리 알라.
38 부모와 부모 사이에 이웃과 이웃까지
도 반목하며 매일같이 언성 높이고 고
성으로 몸으로 싸움을 한다면 그 자
식과 자식이 화합이 되며 과연 그들
이 친절하게 지낼 수 있겠느냐?
39 부모가 화목한 가정을 이루어야 그 자

식이 화목함을 배우며, 이웃 간에 화
목하게 살아가는 그와 같은 모습을 보
았을 때 그 자식들이 화목한 삶을 살
수 있으며 그 자식이 또한 화목하게
사는 자식을 두게 됨이니, 이 이치를
깨우치라.
40 오늘의 너희가 바로 시발점이요, 너희
로부터 시작되는 것이며 너희가 창업
자라는 것을 절대 잊지 말라, 사랑하
는 나의 아들딸들아!
41 창업자의 정신이 중요하며 창업자의
근본이 소중하며 행함이 소중하다는
것을 잊지 말라.
42 네 생명을 소중히 살며, 나 여호와를
귀히 생각하며, 나 여호와를 존중하며
나 여호와를 아는 것을 영광으로 생각
하며, 나에게 오르고자 하는 그와 같
은 마음을 가지고 살며,
43 너희가 시작하는 것이요, 너희가 창업
주요, 너희부터 모두가 다 뻗어 나간
다는 그 소중함을 잊지 말라.
44 그것이 너희 가슴속에 깊이 새기고
살아가야 할 중요한 것임을 항상 생각
하고 그리 살라.

6,959 번째 하나님 말씀

2003년 8월 2일 11시 08분

1 사랑하는 나의 아들아!
2 "네, 아버님! 말씀하옵소서."
3 네가 만백성을 구하는 그 대명을 받아
세상에 나가 일을 함이니, 너는 곧 나
로부터 보내진 자이니라.
4 그런 네가 지치고 힘들고 어려운 이
길을 가는 네 모습을 바라보는 나 여
호와 또한 그 마음이 아픔이니라.
5 네가 지치고 지쳐 견디기 어려울 만큼
너 자신이 고통의 그 길을 가는 것처
럼, 나 또한 내 마음이 그리 지치고 고
달픔을 너는 알겠는가?
6 나 여호와 또한 모두 다 놓고 싶으며
모두 다 접어 두려는 그와 같은 마음
이요, 네 마음과 같은 그 마음이 나 여
호와의 진노함이 없겠는가?
7 나 여호와는 그와 같은 진노한 마음까
지 있음을 너는 알아야 할 것이니라.
8 그러나 내가 나의 피조물 만백성을 사
랑함이요, 그들을 보통으로 잡고 다스
려서는 이 길을 갈 수가 없으며, 그들
을 깨우침의 길로 안내하고 인도할 수
있는 그와 같은 목자가 없으며, 그들
은 그 길을 가지 아니하기 때문에,
9 네가 중단하고 싶으며 고통스러워하
는 너를 더 다스려 가야 한다는 것을
내가 명함이니라.
10 나 여호와의 마음이 진노함을 너도 또
한 알고 있어야 할 것이니, 네가 흔들
리는 마음의 자세로 가서는 아니 됨을
알아야 할 것이니라.
11 왜 네가 그와 같이 어렵고 힘든 길을
나 여호와가 가도록 하며, 대장정의
160권의 법전을 세상에 내보내며, 네
가 죽을 때까지 모든 하늘의 뜻을 전
하는 줄 알겠느냐?
12 너는 사랑하는 나의 아들 예수가 누구
인지 알고 있지 않으냐?
13 그러니라.
14 그가 나를 대신하여 세상에 내려가 나
의 피조물 만백성이 죄짓지 않는 백성
이요, 죄를 짓지 않고 사는 그와 같은

세상을 만들기 위하여 내려갔으나,
15 그 예수도 모두 다 실패하고 또 중단
하고 포기하는 그와 같은 결과가 나오
지 아니하였더냐?
16 그러니 종교 집단이요, 지도자라는 그
들이 얼마나 견고하게 지금 짜여 있
으며 얼마나 무서우리만큼 철옹성같
이 다져 있는지 그를 아느냐?
17 나의 아들 예수가 결국은 실패하였음
이니라.
18 그 예수가 역사하고자 하던 것을 역
사하지 못한 그것을 너희가 한번 돌
이켜 보라.
19 믿음의 길을 간다는 그 백성이요, 나
에게 오고자 하는 자들이 얼마나 굳건
히 굳어져 있는가?
20 그들이 정녕 하늘의 진리요, 나 여호
와의 뜻에 따라 견고하게 철옹성보다
도 더 단단히 굳어졌더라면 오늘의 이
지상은 낙원이 되었을 것이니라.
21 그러나 그들은 나의 뜻을 따르고 나의
뜻에 의해 행하여 사는 것이 아니요,
참진리요, 나 여호와의 뜻은 감히 저
버리고 비진리요, 인간의 욕심이요,
인간의 뜻에 따라 오늘의 교리요, 깨
달음의 길을 가고 있음이니,
22 그들의 그 비진리가 그리 굳어져 있음
이니라.
23 나의 아들 예수가 내려와서 그 견고한
성을 깨지 못한 것이 무엇이더냐?
24 나의 아들은 참진리요, 그 진리가 자
람으로써 저희의 그 비진리요, 추악한
모습이요, 잘못 가는 그 모든 비진리
가 세상에 드러날 것이 두렵고 무서워
그들은 온갖 힘을 다 모아 나의 아들
예수요, 생수요, 나의 뜻을 전하는 그
아들을 죽게 하였으며,
25 그가 역사하지 못하고 중단하도록 방
해한 자들의 그 견고함이요, 그 사악
함을 너희는 알아야 할 것이니라.
26 나의 아들 예수가 역사하고자 하는 것
도 역사하지 못하고 포기하고 무너졌
음이니, 과연 그와 같은 사악한 백성
을 어찌 다스리며 어찌 깨우쳐 갈 수
있단 말이더냐?
27 그렇다 해서 내가 그들을 저버려 둘
수는 없는 것이 아니더냐, 사랑하는
나의 아들아!
28 그래서 내가 160권의 대장정의 법전
을 만들어 이와 같이 조심스럽게 물
이 흘러가도록 나의 뜻을 전하는 역사
의 길을 선택하고 있음이니라.
29 내가 너에게 모든 것을 다 주고 역사
하고 싶은 마음이 왜 없겠는가?
30 그러나 그리 가서는 너희가 안 됨이
니라.
31 너는 여기서 나의 성령의 뜻을 듣는
너의 제자들과 가슴에 깊이 새겨야 할
것이니라.
32 누가 뭐라 해도 예수의 그 역사는 실
패작이었느니라.
33 예수가 이길 수 없도록 그 예수가 역
사할 수 없도록 그가 실패하도록 한
것은 저희의 추하고 더러운 모습을
감추고자 하는 그 제사장이요, 종교
집단이요, 그들이 그와 같은 행위를
했음이니라.
34 정녕 나의 아들의 참진리가 세상에 나
오는 것을 이방인이라는 자들이 돌을
던졌던가?

35 그게 아니니라.
36 돌을 던지며 능욕하며 그를 죽게 한 것은 바로 믿음의 길을 가며 그를 받쳐 따라가야 하는 그들이 그 추하고 더러운 저희의 삶이 드러날 것이 두렵고, 그리고 참진리가 왔을 때 저희가 숭배하는 그 진리가 존재할 수 없는 것이 두려워, 그것이 잘못된 줄 알면서도 나의 아들 예수를 그리 죽게 하였음이니,
37 그들이 얼마나 사악하며 그들의 단결심이 얼마나 무서우며 그들이 짜여 있는 그 성곽이 얼마나 단단하더냐?
38 그와 같은 사악한 자들이니라.
39 그리하여 그들은 지금 나의 피조물 만백성에게 복음을 전한다 하며 저희의 손으로 지은 그 죄의 온상에 나의 백성을 끌어들이는 이유가 무엇인 줄 알겠느냐?
40 참진리요, 하늘의 빛이 언젠가는 내려올 것이며, 그 진리가 내려와서 그를 밝힐 때 저희들이 견딜 수 없다는 것을 알고 있음이니라.
41 예수를 하나 막아서 한고비는 넘겼으나, 다음에 내려오는 그 참진리요, 예수보다도 더 강한 성령의 뜻이 내려왔을 때, 그들은 그를 막을 수 없으며 이길 수 없다는 것을 알기에,
42 나의 사랑하는 순박한 백성을 끌어들여 그들을 갖다 뭐라 만들었느냐?
43 두 배로 악한 자로 만들며 그들을 끌어모아 성곽을 쌓고 있으며 성벽을 두텁게 쌓고 있는 것이니라.
44 그리하여 그들은 나의 피조물 만백성을 저희 교회요, 저희 집단으로 끌어들이기 위해 혈안이 되어 있으며,
45 하나를 끌어들이면 그를 완전히 세뇌시켜서 저희의 성곽을 두텁게 쌓음이니라.
46 그리하여 저희를 보호하는 보호막으로 쓰고자 하는 것이 지금 그들이 전도하는 것이요, 나의 피조물 만백성을 하늘로 인도한다 하여 그를 감언이설로 속여 그들을 데려다가 사악한 자로 만든다 하였으니, 내가 성경에 기록하여 전하지 아니하였더냐?
47 바다요, 산이요, 어렵고 힘든 그 고비 고비를 넘어 하나의 신도를 얻었을 때 그를 두 배로 사악한 자로 만든다 하였음이니,
48 참진리요, 나 여호와의 뜻이요, 예수를 그들이 죽게 했듯이 그보다도 더 강한 나의 진리가 내려올 것을 그들을 알고 있으며 예측하고 있음이니라.
49 그리하여 그를 방어하기 위해서 오늘보다도 더 단단한 성곽이요, 더 높은 성곽을 쌓고 더 견고하게 뭉쳐야 하기 때문에 그를 준비하려고 나의 피조물 만백성들을 구원하고자 들고 다님이니라.
50 그리하여 길거리에 들고 다니는 그들이 또한 사악한 전사들이니라.
51 사탄의 전사들이니라.
52 예수를 믿지 않는 자는 지옥으로 간다며 불신 지옥이요, 믿으면 천국이라 들고 소리 지르는 자들이 나의 백성을 끌어들여 나의 참진리가 내려갔을 때, 그를 막기 위하여 성곽이요, 도구로 쓰려고 그들을 끌어들이는 것이 그 사악한 자들이니라.

53 그들이 바로 그러한 것임을 너희는 알아야 할 것이니라.
54 내가 너희에게 전함이니, 나의 아들 예수도 내려가서 세상에 역사하고자 한 것에 실패했음이니라.
55 실패작이니라.
56 그리고 그가 존재하지 못하도록 그 사악한 자들이 그리했음이니라.
57 그러니 그들이 얼마나 악랄하며 얼마나 무서운 힘을 가지고 있는가?
58 그러니 그것을 무너트리려고 오늘의 이 역사를 함이니, 과연 너희는 여기서 어찌해야 하겠는가?
59 너희는 여기서 스스로 결정해야 할 것이니라.
60 예수가 이루지 못한 그 길을 정녕 이룰 수 있는 그 마음의 자세는 어떠한 마음 자세로 가야 하겠는가?
61 그들은 참진리의 빛을 막으려고 그리고, 저희의 비진리를 지키기 위하여 목숨을 내걸고 투쟁하는 자들이며,
62 나의 아들에게 돌을 던지며 나의 법전을 찢어 버리고 태우는 사악한 그들의 행위니,
63 과연 너희가 평범한 마음으로써 그들을 대적할 수 있겠는가?
64 너희 자신을 던져 그들을 방어할 수 있는 그와 같은 굳은 결의가 아니면 감히 그들과 대적한다 할 수 없으며, 너희는 대적해도 무너짐이니라.
65 그러니 이 세상의 모든 종교 집단들이 나의 아들이 너희를 구원하고자 하는 그 진리를 묵살시킨 것은, 저희의 추하고 더러운 모습이 드러나는 것이 두려워서 행한 짓이라는 걸 오늘 깊이 새기고 알아야 할 것이니라.
66 그들이 나의 아들 예수까지도 그 진리를 전하지도 못하고 패자로 만들었음이니, 그들의 견고함이요, 뭉쳐져 있음이 얼마나 악랄하고 사악한 것인가를 알아야 할 것이니라.
67 너희가 모든 나의 백성에게 복음을 전하여 구원의 길을 인도한다는 것이 참진리요, 예수의 능력보다도 더 강한 능력이 세상에 왔을 때, 그를 견뎌 내는 것은 더 견고한 성곽과 성벽을 만들어야만 한다는 것을 알고 있기 때문에,
68 나의 사랑하는 백성을 끌어들여 성곽의 도구로 쓰려고 지금 혈안이 되어 있고 눈이 뒤집혀 있는 것이 그들이니라.
69 그와 같은 이치를 알고 마음 자세를 다스리며, 너희가 가야 할 길과 각오를 다시 하지 아니하면 너희는 나의 아들을 따라서 갈 수가 없음이니라.
70 2천 년 전의 그와 같은 자들의 그 후예들이 지금 바로 무엇을 하는가?
71 나의 아들을 통하여 내리는 나의 법전을 이단이요, 사탄이라 하며 이를 찢어 버리고 태워 버리며 나의 아들에게 돌을 던지며 그를 핍박하여 죽게 하고자 하는 것이 그들이니라.
72 지금이 더 견고하며 더 단단한 모습으로써 굳어져 있는 이 속에서 그들과 싸워 이기고 대적할 것은 너희니라.
73 그러니 예수도 실패한 이 역사를 다시 이루고자 내가 너에게 이 고달프고 힘든 길이요, 네가 주저앉고 싶은 마음, 때로는 모두를 등지고 떠나고 싶

은 그 마음을 내가 눌러놓고 너를 다
스리는 것은,
74 그 견고하고 무서운 집단이요, 그 비
진리를 지키려고, 참진리의 빛을 거부
하고 어둠 속에서 그 어둠을 지키려고
하는 자들의 그 벽을 넘기가 너무나
힘들고 어렵기 때문이니라.
75 그리하여 진노하는 나 여호와의 마음
을 누르고 있으며, 네가 그들을 다스
려 반드시 그 역사를 이룰 것이라는
것을 나는 믿고 있음이니,
76 너를 그리 고통 속에 몰고 가는 나 여
호와의 아픈 마음을 네가 생각해야 할
것이며,
77 그를 안다면 너 자신이 어찌 가야 할
것인가를, 너 스스로 아픈 마음이요,
뛰쳐나가고 싶은 그 마음을 달래고 앉
아 나의 성령의 160권의 법전을 빠른
시간에 세상에 역사하도록 그리하라,
사랑하는 나의 아들아!

6,960 번째 하나님 말씀

2003년 8월 2일 11시 18분

1 사랑하는 나의 아들아!
2 "네, 아버님! 말씀하옵소서."
3 너희는 죄 사함을 고통과 유혹과 어려
움과 자신이 싸워서 이기고 다스려 나
에게 오르는 그와 같은 길을 오도록
노력해야 함을 알아야 할 것이니라.
4 너희가 나에게 오르는 그 길은 온갖
유혹과 어려움과 고통 그 모두를 너
희 자신이 다스려 이기고 역사했을
때, 나 여호와가 너희 입을 열어 아버
지라 부를 수 있는 그 은혜를 내려 준
다 하였음이니라.
5 내가 아버지라 부를 수 있는 그 입을
열어 주지 아니하는 자는 나를 아버지
라 부를 수 없으며 나를 바라볼 수 없
다 내가 그리 엄히 다스렸음이니라.
6 그와 같이 너희가 깨달음을 얻어 내
가 너희 입을 열어 나를 아버지라 부
를 수 있는 것이 일 단계요, 그다음에
구원을 받는 그 길에 역사하도록 그리
가르쳤음이니 이 뜻을 깊이 새겨야 할
것이니라.
7 나의 아들 예수를 찾기만 하면, 그리
고 예수를 찬양하기만 하면 구원을 받
는다고 생각하는 자, 그리고 울고불고
소리 지르며 경배하고 찬양하면 구원
을 받는다고 생각하는 그 착각 속에
사는 백성 그들에게 깨우쳐 주라.
8 온갖 유혹을 다 뿌리치고 딛고 일어서
내가 너희에게 입을 열어 줄 때, 그것
이 바로 너희가 나에게 오를 수 있는
그 길의 기초에 들어섬이라 하라.
9 아담과 이브가 넘어진 것도 그 유혹에
의하여 넘어진 것이요, 십계명을 지키
고 살 수 없다고 말하는 것도 내가 뭐
라 했더냐?
10 유혹에 넘어진 자들이요, 그리고 나의
법전대로 지키고 살 수 없는 자들도
유혹에 넘어진 자니,
11 너희는 아담과 이브를 원망하며 원죄
를 받고 살아간다는 그와 같은 원망
섞인 소리를 하지 말라.
12 너 자신이 오늘을 살면서 유혹에 넘어
가지 않는 자의 삶을, 너 자신의 삶을
들여다보도록 하라.
13 2천 년 동안 살아온 백성이 십계명을

지키고 그 유혹에 넘어져서는 아니 된다며 이를 지키고 살아오겠다 몸부림치는 백성이 단 한 명만 있다 하더라도 오늘과 같은 이 어렵고 힘든 세상은 되지 아니하였을 것이니라.

14 지금 얼마나 사악하며, 너희가 종말이라 말할 수 있을 만큼 이 세상이 썩고 황폐해져 있는가?

15 그리하여 내가 나의 아들을 통하여 지금 주인인 나 여호와가 나의 성령을 모두 태워 내려보냄이니라.

16 그러니 이것 또한 너희가 지키고 이대로 살아갈 수 있는 것은 세상사의 그 현란한 유혹에 넘어가지 않는 것이며, 넘어가지 않는 백성이 되어야만 함을 알라.

17 여기에서 너희가 무너지는 것은 바로 무엇이더냐?

18 아담과 이브가 무너진 것과 똑같은 전철을 밟는 것이니 여기서 명심해 나의 뜻을 따르도록 그리함을 잊지 말라.

19 나 여호와를 아버지라 부를 수 있으며 구원을 받았다 말할 수 있는 것은 바로 내가 입을 열어 준 그 순간부터 너희는 거듭난 백성이요, 나를 아버지라 부를 수 있는 육에서 그 자격을 얻음이니,

20 이제 육에서 나를 아버지라 부르는 그 자격을 획득하여 영원히 천국의 그 하늘나라에 들어와 나의 아들이 영원히 되는 것이요, 내 딸이 영원히 되는 그 삶을 위해 너희는 단계적으로 노력하고 살아가는 자가 되어야 할 것이니라.

21 이제 나의 아들을 따르는 백성 너희는 이를 깨달았음이니라.

22 수천 년 동안 믿음의 세계에서 오는 그 백성은 이와 같은 이치를 깨닫지 아니하며 이를 모르고 가는 백성이니라.

23 너희는 짧은 시간에 나의 법전을 읽으며 나의 아들의 강론을 통하여 이 진리의 뜻을 알았음이니,

24 이것이 바로 너희가 받은 가장 큰 은혜요, 영광이요, 세상의 무엇과도 바꿀 수 없는 은혜라는 것을 너희는 알아야 할 것이니, 작고 작은 것에 연연하지 말라.

25 너희는 풍족한 마음으로 너그러운 마음으로 세상사에 사랑을 베풀며 살아가는 그와 같은 삶을 살며,

26 너희가 말하는 손톱 밑의 가시에 연연하지 않는 그와 같은 백성이 되도록 하라.

27 너희는 두 손에 익은 감을 몇 개나 쥐겠느냐?

28 너희가 그 손에 몇 개를 쥐면 더 이상 챙길 수 없음이니,

29 그저 손에 닥치는 대로 무엇이든 움켜쥐는 것은 욕심 있는 자요, 지혜 있고 욕심이 없는 자는 그릇에 담아 그를 들 수 있고 옮길 수 있는 그 지혜요, 그것이 풍요한 마음이요, 풍족한 마음으로 살아가는 자세임을 알라.

30 이제 너희는 구원이라는 것을 생각하지 말며 구원받는다는 생각을 하지 말며,

31 그 모두를 지워 버리고 묵묵히 나의 뜻에 따라 계명을 지키며 나의 법전대로 살아가는 그와 같은 삶을 살라.

32 그것이 바로 나에게 오를 수 있는 기
본이요, 근본이며, 욕심을 버릴 수 있
는 것이니라.
33 어찌하면 나에게 오를 것이며 어찌하
면 구원을 받으며 어찌하면 천국에 올
것이며 지옥에 가지 않을까 그와 같
은 생각에 연연하는 그게 바로 욕심이
요, 마음을 비우지 못한 자이니, 그가
가는 것은 지옥이니라.
34 그리하여 그와 같은 자는 나에게 와
심판을 받을 때, 나의 대답은 '나는 너
를 모르느니라.' 하고 성경에 기록했
듯이 그 답이 네 앞에 대문짝만 하게
서 있을 것이며,
35 나를 보지도 못하고 그를 읽고 돌아
서야 하는, 그 처참한 지옥으로 가는
그 절차를 밟지 말라 하여 내가 나의
아들을 통하여 오늘 이와 같이 역사
함이니라.
36 이 방을 뛰쳐나가고자 하며 고통을 견
디지 못하는 나의 아들을 짓눌러 이
역사를 하며,
37 내가 분노함을 참고 있으며, 내가 너
희에게 다시 한 번 기회를 주었어도
그를 따르지 않는 백성은 그 모든 대
가는 스스로 치를 것이며 너희 몫이라
는 것을 잊지 말라.
38 너희 말에 제사를 지내는 데는 온 정
성을 들이지 아니하며 그저 잿밥이요,
제물에만 관심을 두고 그 불공을 드리
며 제를 지내는 것은 다 공염불이라
하지 아니하더냐?
39 너희가 진정한 곡식을 가꾸어 명을 따
라 이루는 것이 아니요, 그저 배부른
것이요, 육의 즐거움이요, 행복한 것
만 치우치는 삶을 살아가면서 너희가
무엇을 이룰 수 있으며 무엇을 구할
수 있다고 말하는가?
40 사악한 생활을 하면서 너희가 말로써
모두를 다 씻는 그와 같은 짓을 하지
말라.
41 하늘에 오르는 것은 너희가 하나하나
벽돌을 쌓음으로 집이 이루어지듯이,
그리고 아름다운 궁전이 이루어지듯
이, 그와 같이 노력하는 자만이 그 결
과를 얻을 수 있음이니라.
42 말로써 아무리 벽돌을 쌓으며 고대광
실을 짓는다 해도, 그는 보이지 아니
하며 지을 수가 없으며 역사할 수가
없는 것이니라.
43 네 마음은 죄악에 젖어 있음이니라.
44 그리고 네가 죄인이라는 것을 먼저 인
식하며, 그와 같은 깨달음 속에서 아
름답게 살고자 하며 나의 아들 예수를
부르며 나 여호와를 찾을 때, 너희는
구원의 길을 볼 것이니라.
45 그러나 너희는 행함은 소홀히 하며 죄
를 짓고 사악한 짓을 하며 그저 말로
써 나의 아들 예수를 부르면 구원을
받으며 나 여호와를 찾으면 하늘에 오
른다 생각하여 그리 울고불고하는 너
희의 그 생활하는 모습이 얼마나 화려
한 것이더냐?
46 너희는 화려함 속에 빠져 있느니라.
47 너희가 말로써 부르면 구원을 받는다
는 생각이 얼마나 화려한 생각인가를
알라.
48 그 화려한 생각은 다 꿈으로 지워짐이
니 그를 잊지 말라.

6,961 번째 하나님 말씀

2003년 8월 2일 11시 30분

1 사랑하는 나의 아들아!
2 "네, 아버님! 말씀하옵소서."
3 네가 나의 법전을 기록하여 전하고 전
하는 그 길에 울고 싶을 때가 있으며
통곡하고 싶은 그 마음을 아느니라.
4 네가 나로부터 받은 그 깨달음을 만백
성에게 빨리 전하지 못하며 그 뜻을
바로 전하지 못하는 너의 무능함에 대
하여 네가 울고 몸부림치고 싶은 마음
을 나 여호와는 아느니라.
5 그러나 그리 생각하지 말라.
6 너를 따르는 제자들과 더불어 같이 가
며 모두는 나의 계획에 따라 역사함을
너희는 알아야 할 것이니라.
7 "아버님, 그와 같은 말씀은 제가 알고
있사옵나이다.
8 다만, 제가 아버님이 전하시는 그 성
령의 뜻을 제대로 전하지 못하며 역사
하지 못하는 이 마음이 너무나 저리
옵나이다.
9 아버님께서 예수님을 세상에 내려보
내는 것은 하나의 밀알을 심어 그 밀
알이 썩어서 많은 열매를 맺음으로 그
열매의 싹이 또 뿌려져 썩어서 또 밀
알이 열매를 맺어, 이와 같이 밀알의
씨앗으로써 만백성의 양식을 삼고자
하여 밀알을 심으신 것이 예수님을 세
상에 보내신 아버님의 뜻이 아니옵나
이까?
10 그러나 그 밀알을 그들이 썩게 했으며
다 잘라 버렸으며,
11 그것이 바로 아버님의 뜻에 따라 하늘
에 오르는 길이요, 믿음의 길을 간다
는 제사장이요, 그 훌륭하다는 종교
지도자들이 그 밀알을 캐어 썩게 내버
렸사옵나이다.
12 그리하고 저희가 뭐라 말하고 있사옵
나이까?
13 저희가 콩을 심고 팥을 심고 감자를
심고 녹두를 심어 놓으며 고구마를 심
어 놓고,
14 그리하여 그것이 아버님이 내리신 밀
알이라 하여 하늘을 가리고 그 오만방
자한 행위를 하고 있는 것을 알면서
도, 이를 단죄하지 못하며 이를 전하
지 못하며 깨우치지 못하는 제 가슴이
미어지고 터질 것 같사옵나이다.
15 그리하여 그 모든 밀알은 다 썩어졌으
며, 그리하여 2천 년 동안 그 밀알의
역사는 찾아볼 수가 없으며, 그 밀알
은 이 세상에 전혀 흔적이 없음이니,
16 그 밀알을 대신하여 다른 잡곡들이 지
금 밀알이라 하여 아버님의 이름을 부
르며 아버님을 망령되게 하며 아버님
의 자식이라 하며 예수님이 그 고통
속에 죽어 간 그 피의 죽음을 가지고
저희가 그리 부르짖고 있음이니, 이
뜻을 어찌 전하오리까?
17 어찌 만백성에게 이 간곡한 뜻을 전하
오리까?
18 또한, 저 역시 아버님께서 겨자씨를
하나 세상에 내려보내어, 저의 제자들
이 버팀목이 되어 물을 주고 잘 가꾸
어 모든 사람이 쉬는 그와 같은 역할
이요, 그 겨자씨가 또 열매를 맺고 또
썩어서 또 그가 성장하여 그 열매를
맺어 또 뿌림이니,

19 이와 같은 역사로써 제가 대명을 하라
는 그 말씀을 들으면서, 또한 그 역사
를 과연 이룰 수 있을 것인지,
20 저 자신의 밀알이 남에게 밟히고 찍히
지 아니하고 제대로 땅에서 자신이 썩
어서 그가 싹이 나 모든 겨자가 세상
에 뿌려지는 그 역사를 할 수 있을 것
인지,
21 2천 년 전에 예수를 따라야 할 그 종
교 집단이요, 그 믿음이 위대한 백성
이라는 자들이 그 밀알을 캐내어 썩히
고 불에 태웠듯이,
22 이 겨자씨 하나를 태워 썩히는 그와
같은 역사의 회오리 속에 과연 저 자
신이 저를 지탱하고 저를 지킬 수 있
으며, 저의 제자들 또한 버팀목이 되
어 물을 주고 좋은 토양에 그 뿌리를
옮겨 심고 또 옮겨 심는 그 제자들이
나와,
23 그들이 자연 속에서 흥겨운 노래를 부
르며, 아버님이 내려 주신 진정한 찬
송을 부르며 사랑의 노래를 부르며,
그 썩어서 열린 그 겨자씨를 가지고
그들이 뿌리고 또 뿌려 심을 수 있는
그와 같은 역사의 날이 올 것인가, 이
를 생각하는 제 가슴이 미어지고 찢
어지듯이 아프옵나이다.
24 제가 잘못 갔을 때, 제가 사랑하며 저
를 따르는 제자들이 잘못 갔을 때, 그
후손들은 겨자씨를 심는 것이 아니요,
팥을 심고 콩을 심고 또 보리를 심고
땅콩을 심고, 이리하여 그것이 아버님
의 뜻이라 하는 그와 같은 역사가 이
루어지면 아니 될 것이니,
25 아버님께서 천 년에 걸쳐 하늘의 역
사를 지상에 이루신다는 그 뜻의 뿌리
를 잘못 내리며 자리를 잘못 잡으면
그 모두가 물거품이 되는 그와 같은
두렵고 죄스러운 그 마음에 제 가슴이
이리 미어지며 제 가슴이 조여 오고
있사옵나이다."
26 사랑하는 나의 아들아! 두려워하지
말라.
27 내가 밀알을 보내어 그 밀알을 썩게
한 그 백성이 콩과 팥을 심어 놓고 나
의 눈을 가리며 하늘을 가리는 것을
나 여호와가 알고 있음이니라.
28 그 진노함 또한 내가 다스릴 수 없으
나, 너희가 있음이요, 너희를 사랑함
이요, 내가 사랑하는 백성 너희가 오
늘의 이 역사를 이루지 않느냐?
29 이제 겨자씨를 심었음이니라.
30 그 제자들이 버팀목을 잘하고 있으며
좋은 토양을 고르고 있으며 그들이 지
금 물을 주고 있음이니라.
31 너를 따르는 그 제자들이 비록 나약하
나, 네가 썩어서 그 겨자씨가 땅에 떨
어질 때, 그들은 가지고 좋은 토양이
요, 수분을 공급할 수 있는 그곳에 그
들이 심을 준비가 되어 있으며,
32 어떠한 역경이 있고 아무리 그들이 지
킨다 해도 밤 고양이가 지나가듯이 그
보다도 더 조심스럽게 더 민첩하게 그
들은 나의 겨자씨를 수없는 곳에 뿌릴
것이니라.
33 다만, 네가 썩어서 많은 겨자씨를 세
상에 남기는 것이 네가 우선 할 일이
며 너의 제자들이 할 것이니라.
34 네가 썩어져 많은 겨자씨를 세상에 뿌
렸을 때, 너의 제자들은 밤 고양이보

다도 더 무섭게 야밤에 사냥하는 맹
수보다도 더 조심스럽게 그리고 더 용
감하게 뚫고 나가 이 세상 모두를 다
덮을 그 역사가 있을 것이니라.
35 그날에 네가 나에게 왔을 때 그 기쁨
이요, 영광됨을 알 것이니, 오늘의 고
통이요, 그날을 위해 주저하지 말며
너의 제자들을 믿으라.
36 그리고 그들은 그와 같은 역사를 할
수 있는 자들이며 그와 같이 그들이
다스려 감이니라.
37 비록 나의 아들 예수를 따랐던 그 제
자들은 기적의 역사요, 만왕이라는 관
직이요, 벼슬을 잡고자 하여 그를 따
랐으나,
38 지금의 제자들은 고통스러움 속에서
같이 가고 있으며, 그들이 너를 고쳐
주며 너에게 수분을 공급하며 너에게
토양을 갖다 부어 주며 그 손으로 기
른 겨자씨요, 겨자나무이기 때문에 절
대로 버리지 아니하며 등을 돌리지 아
니함이 여기 있음을 알라.
39 내가 너에게 기적을 이루며 역사를 이
루어 예수를 따랐던 그 제자들처럼 역
사하고 싶으나, 그들은 모두를 등을
돌렸음이니라.
40 그러나 너의 제자들이 스스로 수분을
주고 토양을 주며, 그들이 비바람 불
때 막아 주며 버팀목을 해서 하나의
겨자씨를 심어 성장해 가고 있으니,
41 그 열매가 썩어 그 지상에 뿌리를 내
리고 그 열매는 다시 열매로써 세상에
나오니,
42 하나의 겨자씨가 썩어서 많은 겨자씨
를 내릴 수 있도록 그들은 지킬 것이
며, 절대 변하지 아니할 것이며 등 돌
리지 아니하는 것이 그들이니라.
43 그들이 가꾸고 심었기 때문이니, 2천
년 전 예수를 따랐던 그 제자들의 역
사함과 다름이 여기 있음이니라.
44 이를 위하여 내가 너희에게 스스로 개
척하도록 바라며 너희 스스로 역사하
기를 바람이니라.
45 너희가 스스로 역사해, 그 사탄이요,
사악한 자들을 물리치고 그 공을 세웠
을 때, 내가 그 찬란한 자리를 내 옆에
만들어 놓는다 해도 사탄도 말하지 못
할 것이며 사악한 자들도 감히 말할
수 없음이니,
46 내가 너희를 그리 거둬들이려고 오늘
의 고통과 시련의 길을 감이니,
47 멀지 않은 그 시련에 영원히 사는 그
영광을 버리는 너의 제자들은 절대로
되지 아니할 것이니라.
48 스스로 자식을 기른 그 부모의 마음을
알듯이, 스스로 나의 겨자씨를 썩게
하여 그가 성장하여 새 나무가 되어
많은 씨앗을 뿌리는 그것을 보고 그들
은 눈을 감을 것이며, 그 일을 위해서
그들은 모두를 다 바칠 것이니, 두려
워하지 말라.
49 너의 제자들은 그리 준비되어 있는 자
들이며 그리 갈 수 있는 자들이니,
50 2천 년에 예수를 따랐던 그들은 부귀
영화를 위하여 무엇을 얻고자 저희가
가꾼 것이 없으며 얻어 받았으며 역사
한 것만을 듣고 배운 그들은 법전 하
나 성경 하나 만들지 못했으며,
51 그 후예요, 그 제자들이 들은 것을 만
든 것을 지금 너희가 소중히 생각하

며, 하나를 고쳐도 안 되며 더해도 안
되며 빼도 안 된다며 너희가 생명보
다도 더 울고불고 지키고자 하는 것이
성경의 역사이니라.
52 그러나 너의 제자들은 지금 직접 듣고
만들며 손으로 만들며, 너희 재물을
던져 만들며, 너희의 보석을 갖다 던
져 이 법전을 만드는 그들이니,
53 그리 육성하였기에, 그들은 죽어도 넘
어지지 아니하며 쓰러지지 아니하며,
넘어지지 않는 너의 제자들임을 내가
너에게 그리 알려 줌이니,
54 그들을 가슴에 안고 사랑하며 네 살과
같이 생각하라.
55 의심하지 말라.
56 두려워하지 말라.
57 불안해하지 말라.
58 그들은 그리 갈 것이며, 나의 아들딸
임을 잊지 말라, 사랑하는 나의 아들
아!
59 길러서 키웠기 때문이니라.
60 다스려 키웠기 때문이니라.
61 그리고 어렵고 힘들 때 수분을 날라
주었으며 토양을 짊어져 뿌려서 겨자
씨 하나를 썩게 하여 새싹이 나와 많
은 겨자씨 열매를 열게 그들의 손으로
했으며 그들이 노력했기 때문이니 그
리 알라.

6,962 번째 하나님 말씀

2003년 8월 2일 12시 03분

1 사랑하는 나의 아들아!
2 **"네, 아버님! 말씀하옵소서."**
3 지금의 믿음의 길을 가는 모든 백성이
그리 말하느니라.
4 나의 아들 예수는 가난한 자요, 마구
간에서 태어났으며, 부잣집이요, 부귀
영화를 누리는 곳에서 태어난 자도 아
니요,
5 너희보다도 더 어렵고 힘든 그 가난한
집에서 태어난 자며, 또한 흠모할 만
큼 좋은 풍채를 가지고 세상에 오신
분도 아니며, 그와 같이 세상에 나온
사람도 아니라 그리 말하느니라.
6 그러면서 너희는 가장 자랑스러운 분
이라 말하며, 아름다운 풍채도 없지
만, 그분이 태어난 그 역사는 종과 같
은 마음이요, 종과 같은 자세로 이 세
상에 나왔다고 말하며 또 그리 전하느
니라.
7 그러나 그와 같은 말 다음에 너희가
하는 그 말이 더 무서운 것임이니,
8 너희가 나의 아들이 가난하게 태어났
으며 좋은 풍채요, 또한 남들이 흠모
할 만한 것도 아니요, 자랑할 만한 것
을 가지고 세상에 나온 것도 없으며,
그저 종과 같은 자로 나와,
9 그가 역사한 것은 위대한 것이며, 그
리고 그와 같은 신분으로써 태어난 나
의 아들 예수가 역사한 것이 그와 같
이 위대한 것이며,
10 영원히 나의 뜻을 이루는 진정한 생수
를 가지고 전하고자 오신 분이라 그리
말한다면 그는 더 이상 말할 것이 없
느니라.
11 그러나 너희는 그다음에 이와 같은
말을 하느니라.
12 그분은 바로 우리를 구원하기 위해
오신 분이요, 우리의 구세주며 전지전

능한 하나님이라 너희가 그리 말하느
니라.
13 하나님으로 오셨다고 그리 말함이니
라.
14 그리고 영존하는 하나님이라 그리 말
하며, 세세토록 찬양을 받으실 하나님
이라 그리 말하고 그와 같이 믿음의
길을 가고 있으니,
15 이 말들이 얼마나 잘못된 것이며, 사
악한 계산 속에서 그와 같은 말을 함
부로 하는 것인지 너희는 그 뜻을 알
것이며,
16 너희가 나의 아들 예수가 전지전능한
하나님이라 그리 말하며 영존하는 하
나님이라 말하며 세세토록 찬양을 받
을 만한 하나님이라 그리 나의 아들
예수를 그리 말함이니,
17 너희가 보낸 이는 창조주요, 보냄을
받은 것은 나의 아들이요,
18 나의 뜻을 역사하기 위하여 이 세상에
죄 없는 백성만 살며 죄가 없는 세상
을 만들기 위하여 내려왔다는 그와 같
은 마음으로 생각하고 받아들이면 될
것을,
19 어찌하여 그와 같이 이룰 수 없는 망
발을 하며, 해서는 아니 되는 말을 그
리 말하는가?
20 그것이 어떠한 죄를 범하는 것이며 나
를 욕되게 하는 것인지를 너희는 알
고 있는가?
21 이를 모르는 것이 나의 백성 너희가
지금 살아가는 그 형태이니라.
22 그러면서 너희는 뭐라 말하느냐?
23 죄에서 너희를 구원하기 위하여 오셨
다 그리 말하느니라.
24 너희를 죄 속에서 구원하기 위해 나의
아들 예수는 오신 분이요, 그리하여
너희 죄를 대속하여 그 고통의 십자가
를 걸머지고 죽었다 그리 말하느니라.
25 그러면서 울고불고 그 이름만을 찾으
면 구원을 받는다고 말하며, 너희가
지은 죄를 모두 다 나의 아들이 짊어
지고 간 것이라, 그리하여 너희는 죄
없는 세상에서 사는 것이라 그리 말
하며,
26 너희는 죄가 없는 백성으로 사는 자라
그리 말하고 있느니라.
27 그러나 너희는 알아야 할 것이니라.
28 바로 그 나의 뜻이 너희가 죄 없는 백
성이 되는 것, 죄가 없는 세상을 만들
기 위하여 나의 아들을 보낸 것이지,
29 너희 죄를 대속하려고 보낸 나의 아들
이 아니라는 것을 알아야 할 것이니라.
30 보내진 나의 아들의 그와 같은 의미를
먼저 알며, 그가 역사하고자 하여 가
지고 갔던 그 뜻이요, 그가 이루고자
했던 것을 먼저 알아야 함을 잊어서는
아니 될 것이니라.
31 그러면서 너희는 뭐라 말하느냐?
32 한 입을 가지고 그 종교 지도자가 바
로 뒤집어서 말을 하느니라.
33 전능하신 하나님이요, 또 영존하는 하
나님이요, 축복받을 영광의 하나님이
라 그리하면서, 너희는 그리 말함이니
라.
34 우리 모두의 죄를 짊어지고 가기 위하
여 하나님의 어린 양으로서 이 세상에
온 것이 예수님이요, 예수 그리스도라
그리 말하느니라.
35 어린양이요, 하나님의 어린양이라 하

며, 나의 아들이 어린양으로서 예수
그리스도가 너희를 구원하기 위하여
세상에 왔다고 그리 말함이니,
36 일 초도 되기 전에 앞에서는 전지전능
한 여호와라 하며, 뒤에 가서 또 하나
님의 어린양으로서 그리스도가 만백
성을 구하기 위해 세상에 왔다 함이니,
37 너희가 나를 갖고 장난하고 놀아도 유
분수지, 그와 같은 사악한 죄를 지으
면서도 무슨 말을 하는지 모르는 종교
집단의 지도자들에게 너희가 무슨 구
원을 받겠느냐?
38 또한, 너희는 같은 자리에서 같은 입
으로 그리 소리 지르느니라.
39 전지전능한 하나님께서 육을 입고 이
세상에 오셨느니라 하며 바로 뒤집어
서 그와 같이 말하느니라.
40 너희의 그 말장난으로 인하여 나의 피
조물 만백성이 감당키 어려운 형국이
되어 있으며,
41 그래도 그를 보고 '옳소, 믿습니다.' 하
고 아우성치는 것이 지금의 믿음의 길
을 가는 신도들이니,
42 위로 정신이 나간 자에게 공부하고
배우니, 그들 또한 정신 나간 자들이
니라.
43 한 자리에서 이와 같이 말을 뒤집는
것이 너희이니라.
44 전지전능한 하나님이라 말하며 영존
하는 하나님이요, 예수라 그리 말하
며, 또한 어린양으로서 나 여호와에게
서 보내진 자가 예수 그리스도라 그리
말하며,
45 또한 육으로써 이 세상에 오신 것이
하나님이요, 전지전능한 아버지라 함
이니라.
46 전지전능한 여호와 하나님 내가 인간
여인의 몸에서 태어났다고 말하며 나
를 그리 망령되게 일컫는 것은 사탄의
자식이요, 사탄의 후예이기 때문에 사
탄을 높이려고 참진리를 내려보내는
나 여호와를 망령되이 일컫는 자들이
라 함을 잊지 말라.
47 이것이 오늘날 믿음의 집단에 속해있
는 지도자요, 구원을 받았다 아우성치
는 그 신도들이 하고 있는 추한 행위
임을 알라.
48 이러고도 이 말이 맞다 하여 '아멘, 할
렐루야! 믿습니다, 찬양합니다.' 그저
재물을 바치면 구원을 받는다는 소리
에,
49 나의 아들 예수를 부르기만 하면 구원
을 받는다 하며, 그저 너희 손으로 지
은 성전이요, 그 교회에 나가서 10분,
20분만 되어도 그저 아버지라는 말이
술술 나오는 그와 같은 신도로 만들어
놓은 것이 너희들이니,
50 아버지라 부를 자격이 과연 있느냐?
51 죄를 더덕더덕 짊어진 자들은 내가 너
희를 자식이라 받아들이지 아니하였
거늘, 어찌하여 너희가 나를 아버지라
부르느냐?
52 나는 그와 같은 아들딸을 둔 적이 없
으며,
53 오로지 내가 입을 열어 주어 나를 부
를 수 있도록 내가 명해 주는 자만이
나를 부를 수 있는 나의 아들딸이며,
나를 아버지라 부를 수 있다는 것을
잊지 말라.
54 그리고 죽어 와 심판을 받았을 때, 지

옥문으로 가는 것이 아니요, 천국의
문으로 들어오는 자가 또한 나를 아버
지라 부를 수 있다는 이 무서운 하늘
의 뜻을 감히 거역하지 말라.
55 그리고 깊이 깨우쳐야 할 것이니 그
리 알도록 하라.

6,963 번째 하나님 말씀

2003년 8월 2일 12시 07분

1 사랑하는 나의 아들아!
2 "네, 아버님! 말씀하옵소서."
3 나로부터 선택의 은혜를 받은 백성 너
희가 살아감이 무엇이라 말하였느냐?
4 하늘을 향하여 한 점의 부끄럼이 없는
삶을 사는 것으로써 너희가 나에게
은혜를 받으며, 그 영광의 축복에 대
해 보답하는 길이며, 그와 같이 살아
가는 것이 너희의 삶의 길이라 내가
말하였음이니,
5 이를 실천하며 살아가는 그와 같은 백
성으로 되어야 할 것이니라.
6 나 여호와로부터 새로 태어난 백성이
요, 나에게 부름을 받은 백성 너희는
정녕 새로 태어난 백성이니라.
7 그러니 새로 태어난 백성은 그저 새로
태어나는 영광을 주는 것이 아니요,
받을 자격이 있으며 또한 받을 자격이
있기에 내가 너희에게 새로운 임무를
내려 준다는 것을 알아야 할 것이니
라.
8 그리하여 너희는 내가 내리는 새로운
임무요, 그 역사를 시행해야 하며 너
희가 해야 할 일이 새로이 있으며, 그
를 위하여 선택되었으며 그 대명을 이
루는 것이 너희가 갈 길이고 살아야
할 길이라는 것을 알라.
9 그리하여 너희가 다스려지고 깨우쳤
을 때 내가 새로운 임무를 내려 주는
것이 너희임을 알라.
10 그러니 그 짐이 무겁고 힘든 길이요,
협착하며 험악한 골짜기의 길을 걸어
가는 그와 같은 어렵고 힘든 그 길을
인내하고 가야 하는 것이 너희 운명이
요, 가는 길이라는 것을 잊지 말라.
11 너희는 새로운 삶을 시작해야 하는 것
이니라.
12 그리하여 새로운 임무를 받으며 새로
운 대명을 받으려고 선택된 백성 너
희는 지금의 삶과 같은 그 삶으로써는
그 일을 역사할 수 없음이니,
13 나로부터 선택된 백성은 새로운 삶을
시작하는 그 길을 가야 함을 잊어서는
아니 될 것이니라.
14 너희는 선택되었으니 삶이 변화되어
야 하며 그 삶의 변화 속에서 엮어 가
지 아니한다면 너희는 나로부터 선택
된 의미가 없으며 대명을 받아 수행할
자격이 없음을 너희는 알아야 할 것
이니라.
15 믿음을 수십 년씩 행하는 사람들, 그
리고 믿음이요, 그 신앙의 길만을 가
는 백성, 그들이 왜 나로부터 선택된
백성이 아니라 하는 줄 알겠느냐?
16 그들은 변화가 없음이니라.
17 믿음의 길을 오래 가고 간 만큼 천사
와 같이 변해 가야 할 것이나,
18 그들은 그 믿음 속에서 시기와 질투
요, 음해하는 것을 배웠으며 거짓 하
는 것을 배웠으며,

19 그저 저희의 축복을 위하여 저희의 기쁨을 위하여 수단과 방법을 가리지 않는 그와 같은 길의 성서를 공부했으며, 거기에 대해 공부한 백성이니라.
20 그러니 그들이 나와는 관계없다 함을 너희는 알아야 할 것이니라.
21 이제 너희가 새로 태어난 백성이요, 선택된 백성은 무엇인 줄 알겠느냐?
22 부정한 삶에서 깨끗한 삶으로 변화되는 그 삶이 나로부터 선택된 백성이 가야 하는 길이니라.
23 그리하여 너희는 임무가 있으며 너희가 행해야 할 대명을 내가 내리니, 그를 준비하여 부정한 삶을 깨끗하게 바꾸며 아름다운 삶을 살아가는 그 길로 변하는 데, 최선을 다하라.
24 그리하여 나의 성령이 너희에게 임했을 때 임무를 내리며 너희가 넘어지지 아니하고 그 역사를 이룰 수 있는 것임을 알아야 할 것이니라.
25 도둑을 완전히 훈련을 시켜 그 도둑질하는 마음을 비우지 아니하고 아직도 도둑질하는 것, 그리고 사악한 짓 하는 것을 즐거움으로 가진 사람을 가르쳤다고 세상에 내보내면, 그 눈에 보이는 것은 도둑질하며 속이는 것밖에 더 무엇이 있겠느냐?
26 완벽히 다스려지지 않은 나의 백성은 선택된 너희라 해도, 완전히 서지 아니하였을 때, 세상에 내보내면 그 도둑의 유혹에 넘어가듯이, 너희 자신이 넘어지기 때문이니라.
27 그리하여 너희가 성령으로써 충만되는 그것이 넘어지지 아니하며 오늘의 부정하고 잘못된 삶이 깨끗한 삶으로 바뀌는 그 순간이 나로부터 대명을 받음이니 그리 알라, 사랑하는 나의 아들딸들아!

6,964 번째 하나님 말씀

2003년 8월 2일 12시 14분

1 사랑하는 나의 아들아!
2 "네, 아버님! 말씀하옵소서."
3 지금의 모든 종교 집단이요, 신도라는 그 백성은 인간을 차별하며 종파가 다르다 하여 차별하는 그와 같은 격을 두지 말라 내가 그리 말하였음이니라.
4 종파가 다르다 하여 너희는 정통이요, 그들은 사탄이요, 이단이라 말하는 자는 교만에서 나오는 행동이며 오만한 자들임을 너희는 알아야 할 것이니라.
5 내가 너희는 신체 구조를 가지고 살아가며 눈을 어찌 뜨느냐에 따라 그것이 아름다움이요, 상대방을 경악하게 만든다 하였음이니라.
6 그러니 너희는 내가 내려 준 그 눈을 과연 곱게 천사와 같이 뜨고 사는 믿음의 길을 가는 자들인가, 그리고 너희 입에서는 악의 소리를 내지 아니하는가?
7 그러나 너희가 그를 면하지 못하며 그와 같은 행위를 하고 산다면 그는 바로 무엇이더냐?
8 너희는 진정한 믿음이요, 깨우침이 아니요, 교만에 차 있는 것이며, 나의 뜻을 거역하고 사는 자들이 너희이니,
9 과연 너희 자신을 얼마나 다스리고 사는가 너희는 한번 너희 자신을 들여다보도록 하라.

10 그리고 너희는 나의 모든 백성을 평
가하지 말라는 뜻이 여기 있음이니라.
11 하늘에 오르는 길이요, 믿음의 길을
간다 하여 지금 몸부림치는 그 백성
너희도 두 가지 길을 살아가게 되어
있으며,
12 너희가 말하는 이방인이요, 사탄이라
는 그 백성 또한 두 가지 길을 놓고 인
생을 살아가게 되어 있음을 너희는
알아야 할 것이니라.
13 너희도 똑같이 두 가지의 길을 놓고
살아가는 것이며,
14 이방인도 똑같은 그 두 길을 놓고 살
아가며,
15 너희가 사탄이요, 사악한 자라 말하는
그 백성도 두 갈래의 길을 벗어나지
못하고 그 길을 살아가고 있음이니,
너희는 똑같은 백성이라는 것을 알아
야 할 것이니라.
16 너희는 두 갈래의 삶에서 지금 허덕이
고 있으며 그곳에서 헤어나고자 몸부
림치는 것은 이방인이나 너희나 똑같
은 백성이라는 것을 알라.
17 두 갈래의 길에서 삶을 사는 것이 너
희거늘, 어찌하여 똑같은 두 갈래의
길을 허덕이며 벗어나지 못하는 백성
이 남을 평할 수 있단 말이던가?
18 모든 백성은 두 갈래의 그 삶에서 선
택하게 되어 있으며, 스스로 이기고
딛고 나오는 자가 곧 나에게 구원을
받는 길이며 내가 너희에게 이미 정
해 준 길이며 명해 놓은 것임을 너희
는 알아야 할 것이니라.
19 바로 두 갈래의 길을 가는 삶이란 무
엇이더냐?
20 아름다운 마음으로 천사같이 사는 그
마음이 한길이요, 그리하여 너희가 하
늘에 오르며 나에게 구원을 받는 것이
첫째 하나의 길이요,
21 또 하나는 어둡고 사악한 삶을 살며
죄가 죄인 줄 모르고 살아가며, 사탄
으로서 지옥으로 가는 길, 그것이 바
로 두 갈래의 길이니라.
22 하늘의 빛을 향한 그 삶을 사는 것과
지옥과 암흑의 그 길을 향하여 거기서
헤어나지 못하고 사는 것, 이것이 지
옥과 천국의 두 갈래 길을 가지고 겪
고 그 속에서 몸부림치며 살아가는 것
이 나의 백성이니, 거기를 벗어난 자
가 없음이니라.
23 너희가 정녕 이방인을 평가하며 다른
백성을 이단이요, 사탄이요, 사악한
자라 그리 말하며, 저는 구원 받을 자
요, 구원받지 못할 자라 말할 수 있다
면,
24 너희는 이 두 갈래의 삶에서 이 모두
를 조정하며 이를 다스릴 수 있다고
생각하거든 그와 같은 모든 심판을 너
희가 임의대로 그리하라.
25 정녕 너희 자신이 그 두 갈래 길에서
임의대로 그를 하지 못하며, 결국 나
에게 와 심판을 받아 그 심판에 따라
벌을 받는 그 한계를 벗어나지 못하는
백성이라면, 너희는 선택된 백성이 아
니니 그와 같은 자만함을 버리라.
26 모든 백성은 이 길을 벗어날 수 있는
자, 두 갈래 길에서 벗어날 수 있는
자, 두 갈래 길에서 고민하지 않는 자,
27 그 두 갈래 길을 모두 통제하고 임의
대로 다스릴 수 있는 능력이 있으며

그와 같이 살 수 있는 백성이라면 남
을 탓하고 시시비비를 할 수 있으나,
28 그와 같이 벗어나지 못한 백성이라면
너 자신을 먼저 알며 너 자신을 다스
리는 데 최선의 노력을 다해야 할 것
이니라.
29 남을 시시비비하지 말라.
30 이 두 갈래 길에서 그를 통제하고 벗
어날 수 없는 자, 나에게 와 심판을 받
아 그 점수에 따라 지옥이요, 천국으
로 가는 그건 나밖에 모르는 것이거
늘, 어찌하여 너희가 감히 남을 평가
할 수 있단 말이냐?
31 이제 나의 아들을 따르는 제자요, 나
의 법전을 읽고 깨우친 백성 너희는
두 가지 길의 삶을 그 의미를 아는가?
32 하나는 하늘의 빛이요, 천국에 가는
빛이요, 하나는 지옥으로 가는 암흑의
길이의 두 갈래의 길을 너희가 가고
있으니,
33 거기서 싸움으로써 너희가 승자요, 패
자라는 것, 그를 위하여 모두가 살아
가며 존재한다는 것을 알라.
34 너희가 어떠한 길을 선택할 것인가?
35 그러니 모든 백성은 두 갈래의 길에서
고민하여 그 두 갈래의 선택의 길을
위하여 이 세상을 살아감이니, 그것으
로써 본다면 너희는 누구를 시시비비
하지 말며 욕하지 말며 탓하지 말라.
36 어리석은 자의 교만이요, 교만한 자가
그를 평가할 수 있는 것이니라.
37 내가 심판하고 내가 평가하고 내가 점
수 매길 수 있는 것을, 너희 스스로 매
기지 말라.
38 다만, 이 세상에 나의 성령을 들으며
나의 뜻을 들으며 나의 법전을 기록하
는 나의 아들의 입을 통하여 내가 내
리는 것만이 너희가 시시비비를 할
수 있다는 것을 잊지 말라.

6,965 번째 하나님 말씀

2003년 8월 2일 12시 20분

1 사랑하는 나의 아들아!
2 "네, 아버님! 말씀하옵소서."
3 올바른 믿음의 길을 가는 백성, 올바
른 신앙 생활을 하는 백성과 올바르지
못한 신앙의 생활을 하는 그 백성의
차이점이 여기 있음을 너희는 알아야
할 것이니라.
4 올바른 길을 가는 백성은 나 여호와
가 역사하고자 하는 것을 아는 백성이
며, 그 길을 위하여 스스로 인내하며
참고 견디는 것이며, 나의 명에 따라
살아가고자 그 명을 기다리고 살아가
는 순종하는 백성이니라.
5 그리고 나 여호와의 뜻을 아는 백성이
니라.
6 내가 무엇을 이루고자 역사하고자 하
는지를 들여다볼 수 있으며 그것을 깨
닫는 백성이 바로 참진리요, 옳은 믿
음의 길을 가는 자요, 진정한 목자를
만나 배움의 길을 가는 백성이라는
것을 너희는 알아야 할 것이니라.
7 나 여호와의 마음이요, 내가 생각하고
있는 그 모두를 알고 그를 따라가고자
하는 백성, 그리고 이를 알아야 너희
가 구원의 빛을 볼 수 있다는 것을 잊
어서는 아니 될 것이니라.
8 이와 같은 길을 위하여 이와 같은 뜻

을 위하여 살아가는 백성이요, 이 은
혜를 이미 받은 백성은 구원의 길에
들어서기 시작하였으며, 하늘에 오르
는 찬란한 빛을 향하여 달려오고 있는
그 백성이라는 것을 알라.
9 천년만년 믿음의 길을 가고 죽을 때까
지 나 여호와를 부르며 나의 아들을
찬양하며 구세주라 부르고 너희가 나
를 아버지라 부르며 또한 나를 예수라
부르며, 또 나의 아들 예수가 나요, 나
의 아들 예수가 창조주요, 영원히 영
존하는 신이라 그리하며, 하나님이라
부르는 너희들이,
10 그와 같은 오만 불순한 행동이요, 지
각없는 행동이요, 질서가 없는 행동이
요,
11 무엇을 가르치고 무엇을 말하고자 하
는 것인지 알 수 없이 우왕좌왕하는
그런 종교 집단 속에서 너희가 과연
이와 같은 뜻을 알고 있겠느냐?
12 저 자신의 자리요, 제 위치를 모르며
제가 서 있는 것도 모르는 자가 어찌
남을 알 수 있겠느냐?
13 이와 같이 내가 전한 것을 알고 깨닫
는 백성이 나에게 올 수 있는 백성이
라는 것을 잊지 말라.
14 그리고 구원의 빛을 보고 있으며 그
빛을 향하여 달려오는 백성이니라.
15 이를 전하고자 나의 아들 예수를 세상
에 보냈음이니라.
16 이와 같은 것을 깨우치기 위하여 나의
아들을 세상에 보냈음이니,
17 너희가 무덤을 팠으며 그 무덤 속으로
너희 스스로 들어가는 그와 같은 자들
이 되었으니,
18 너희가 얼마나 사악한 백성이며, 너희
스스로 나의 아들 예수의 무덤을 파
그를 묻는 그와 같은 행위를 했겠는가?
19 그리고 스스로 무덤 속으로 빨려 들어
가며 저희가 무덤 속으로 들어가는
것을 모르는 가장 어리석은 백성이
너희니라.
20 나의 법전을 세상에 내려보내어 성령
이 임하여 너희를 거듭나게 하고자 하
는 것이요, 거듭나는 길을 깨우쳐 알
려 주고자 하는 것이 내가 지금 나의
아들을 통하여 내리는 160권의 법전
임을 너희는 알아야 할 것이니라.
21 그러니 2천 년 전의 너희는 얼마나 사
악한 자들이냐?
22 구세주라 말하며 나의 아들을 나의 아
들이라 말하며 그를 따르고 그의 뜻에
따라 역사해야 할 대제사장이요, 믿음
의 지도자라는 자들이 그와 같은 행위
를 할 때,
23 모든 백성은 나의 아들을 통하여 내
리는 새로운 생수요, 나의 아들의 구
원의 그 말씀이요, 내 뜻을 전하는 그
것을 따르지 아니하고,
24 사악한 제사장이요, 그리고 믿음의 우
두머리라는 자들 그리고 종교 집단이
라는 자들의 그 말을 따라서 오늘과
같이 무덤에 다 들어가는 그와 같은
길을 너희가 만들었음을 잊지 말라.
25 이제 너희는 깨달아야 할 것이니라.
26 지금 나의 아들을 통하여 160권의 법
전을 세상에 내보내며, 나의 아들을
통하여 강론하며,
27 그 속에 기록되어 있는 모든 주옥같은
나 여호와의 뜻을 읽고 깨우치면 그리

도 갈구하고 원하는 하늘에 오를 수
있거늘,
28 너희가 이를 따르지 아니하고 지금도
외형적이요, 호화로운 그 삶에 현혹되
어 모든 종교 집단의 지도자들의 말을
들으며, 믿음의 길을 가는 그 간부라
는 자들의 말을 들으며,
29 그리고 재물을 거둬들여 손으로 지은
죄의 온상에 가 그저 10분도 안 돼서
나를 아버지라 부르고 돌아서서 나오
는 그와 같은 행위요, 그 말을 듣고 그
길을 간다면 너희 스스로 판 무덤 속
으로 가는 백성이요,
30 여기서 깨우침을 얻어 나의 법전을 읽
고 깨우쳐, 정녕 이는 나 여호와의 뜻
이라 하여 그대로 행하고 살고자 하는
자, 그는 구원을 받을 것이니라.
31 정녕 나의 법전을 믿지 못하며 나의
법전대로 살아갈 자신과 능력이 없거
든,
32 내가 직접 친필로 쓴, 너희가 믿는 나
의 십계명을 깊이 너희 손으로 기록하
여 네 가슴에 안고, 그를 하나하나 위
배하지 않는 그와 같은 삶을 살아가도
록 그리하라.
33 모든 백성이 나의 십계명을 하나도
지키지 못하는 자들이 너희임을 알라.
34 그러니 너희가 어찌 구원을 받겠는가?
35 열 가지 계명을 다 지키고 살아도 나
에게 올까 말까 하거늘, 너희가 열 가
지 그 계명 중에서 하나도 제대로 지
키지 못하는 것이 이 세상에 존재하는
백성이요,
36 수천 년 동안 그 믿음의 뿌리 속에서
'아멘, 할렐루야, 옳소, 맞습니다' 하
며, 그저 구세주요, 나의 아들 예수를
찬양하면 구원을 받는다 하며, 그리고
예수가 나요, 내가 예수라는 그와 같
은 망발을 하는 자,
37 그들 속에서 너희는 정녕 아무것도
얻을 것이 없으니,
38 용감히 뛰쳐나오며, 그를 버리고 나와
그들을 단죄하여 만백성을 구하는 역
사로써 되돌아가 그와 같은 자리에 역
사를 임하도록 그리하라, 사랑하는 나
의 아들딸들아!
39 그가 바로 나의 아들딸로서 거듭 태
어나는 자임을 잊지 말라.

6,966 번째 하나님 말씀

2003년 8월 2일 13시 19분

1 사랑하는 나의 아들아!
2 "네, 아버님! 말씀하옵소서."
3 종교 지도자는 정녕 이 세상에 어떠한
교육자요, 선생보다도 한 점의 부끄럼
이 없는 그 삶을 살아가야 한다는 그
의미를 이제 알겠느냐?
4 "네, 아버님! 알았사옵나이다.
5 학문을 가르치는 것도 아니요, 인간
세상의 인간 세속에 있는 법도를 가르
치는 것도 아니요, 인간 세상에 이루
어지는 것이 아니요,
6 아버님의 뜻이요, 창조주인 하나님의
뜻을 위하여 가르치며 그를 가지고 만
백성을 구하는 것이니,
7 그것은 곧 인간 세상에서 죽고 사는
것보다 더 소중한 영을 구하고 구하지
못하는 그와 같은 소중한 대역사의 임
무를 수행하는 자이기 때문에,

8 그들이 바로 섬으로써 하나님의 모든
아들딸이 구원의 길을 얻을 수 있으
나,
9 그가 잘못 가르치고 참진리를 덮어
두며, 어둡고 험악한 그와 같은 비진
리를 가르치고 그들이 강론하고 가르
칠 때, 그들은 구원을 받을 수 없으며
그 험악한 지옥의 세상으로 전락한다
는 것,
10 그리하여 종교 지도자는 그리 두렵고
무서움이 있음이요, 그리하여 한 점의
부끄럼이 없이 서는 것이 당연하며,
11 모든 백성이 그를 보고 깨우치고 배
워 그대로 실행하기 때문에 그렇다는
생각이 들고 있사옵나이다."
12 베드로라는 그 일등 공신의 제자가 어
찌하여 예수를 세 번씩이나 배신하며
몰라라 하며 등을 돌리며,
13 그와 눈을 마주쳤을 때 그를 위하여
그가 제 목숨을 바쳐 그를 구원하고자
하여 그 앞에 무릎 꿇어 이는 진정한
창조주 하나님의 아들이요, 만백성의
왕이라 그리 많은 사람 앞에 하소연
하지 못하며,
14 그를 붙잡고 그를 죽이려는 자들에게
거기서 제 손으로 제 목숨을 끊더라도
그를 증명하는 그와 같은 역사를 이루
지 못한 것은 바로 무엇 때문에 그와
같은 역사가 이루어졌다 했더냐?
15 바로 유다라는 자가 예수를 팔았기 때
문에, 같은 제자인 유다는 예수를 팖
이니, 나 하나쯤 배신한들 어떠하랴
하는 그와 같은 안일한 생각을 할 수
있었으며,
16 동료 제자들도 그와 같은 상황을 보고
그들이 등을 돌릴 수 있는 마음의 사
악한 싹이 틀 수 있으며, 그것이 행동
으로 이루어졌다고 내가 그리 말하지
아니하였더냐?
17 내가 너에게 그와 같은 말을 전하고
그 깨우침을 준 것은,
18 지도자라는 것이 얼마나 중요한 것이
며, 종교 지도자요, 그리고 구원의 역
사를 이루는 그 백성이 잘못하면 그
신도들도 '하나님으로부터 명을 받은
자요, 목회자요, 그 대명을 받은 자도
저와 같이 행동을 하니, 내가 하는 것
이 뭐가 죄가 될까?' 하여 그들이 너
무나 무서운 죄를 짓는 줄도 모르고
행하는 그와 같은 무서운 변화 때문
에, 그를 바로잡고자 하여 지도자는
그와 같은 길을 가서는 아니 된다고
함이니라.
19 그러니 너를 따르는 제자들이요, 네가
만에 하나 잘못하며 실수를 했을 때,
그를 보고 그들은 열배 백배 더 실수
할 수 있으며 그 죄가 죄인 줄을 모르
기 때문에 바로 서라 함이니라.
20 너의 제자들 또한 그러하니라.
21 후세의 모든 너희 후손들이 이 법전을
읽고 깨우쳐 하늘에 오르고자 하나,
22 너희가 한 기록이요, 너희가 잘못된
것을 반성하고 회개하고 바로 서지 못
하고 사악한 것을 즐거움으로 알며 그
게 죄인 줄을 모르고 행한 것을 기록
하여 전한다 할 때,
23 그들은 정녕 너무나도 무서운 길로 전
락할 수 있음이니라.
24 그리하여 내가 그와 같은 이치를 너희
에게 깨우쳐 주었음이니,

25 너와 너를 따르는 제자들은 종교 지도
자는 한 점의 부끄럼이 없이 살아야만
된다는 그것을 강요하고 말을 한다면,
26 너희 스스로 그리 지키고 살아가는
백성으로서 가야 할 것이며, 그리하여
진정한 지도자의 길을 갈 수 있도록
그리하라.
27 내가 너에게 가르친 그 뜻을 알았을
것이니라.
28 그러니 그것이 바로 먼저 간 사람들이
요, 일찍이 깨우친 자요, 그리고 나의
법전을 들고 강론을 많이 들은 자요,
공부를 많이 한자요, 그와 같은 백성
은 차별화되는 그와 같은 삶을 살아
가야 할 것이니라.
29 그들이 실수했을 때 모두가 다 무너짐
이니 그리 알라.
30 너희 중에 나의 아들을 따랐던 그 열
두 제자 중의 한 사람인 유다같이 그
리 파는 자가 있다면, 그가 예수를 파
는 것을 보며 저희가 하는 것은 죄가
아니라 하여 도망가고 뿔뿔이 흩어질
수 있으나,
31 그중에 한 사람의 제자가 형틀에 묶여
가는 그 예수 앞에 제 목숨을 스스로
끊어서라도 이는 진정한 여호와 하나
님의 자식이요, 만백성을 위해 온 자
라 하여 그 한 사람이 거기서 목숨을
바치고자 했을 때,
32 나머지 열두 제자는 도망가고 숨는 추
하고 더러운 행위를 하지 아니하였을
것이니라.
33 그러면 너도나도 할 것 없이 목숨을
바쳐 예수가 진정한 나의 아들이요,
만백성을 구하는 생명수요, 성령을 가
지고 온 자라 그리 얘기했을 것이니,
34 하나의 그 불붙임이요, 하나의 시작하
는 것이 얼마나 소중한 것이더냐?
35 하늘과 땅의 차이가 여기에 있음이니
라.
36 너희가 행동 하나 하는 것이 구원의
덕이 되며, 하나 잘못하는 것이 지옥
으로 가는 무게를 달아 주는 삶이며
또한 그러하니라.
37 그리하여 유다가 그와 같이 나의 아들
을 은 몇 냥에 팔아먹는 그 행위를 보
고,
38 모두 '저와 같은 자도 있으니 내가 죄
가 될까?' 하여 그 수석 제자인 베드
로도 예수의 눈빛을 피했으며, 그와
같이 몇 번씩 속였음이니라.
39 그러니 그와 같은 이치를 너희 것으로
만들어, 너를 따르는 제자들 또한 그
와 같은 마음이 있어서는 아니 되며,
그와 같은 우를 범하는 제자들이 되어
서는 아니 될 것이니,
40 그 의미를 깊이 가슴속에 기록하도록
그리 가르치라, 사랑하는 나의 아들아!

6,967 번째 하나님 말씀

2003년 8월 2일 23시 26분

1 사랑하는 나의 아들아!
2 "네, 아버님! 말씀하옵소서."
3 지금 나의 법전이요, 나의 성령이 너
희에게 깨우쳐 전하는 그 내용에 뭐라
전하였더냐?
4 믿는 자들이요, 믿음의 길을 가는 자
들이 바로 이를 죽이려 하고 있으며,
5 그리고 나의 법전을 이 세상에 전하지

못하도록 하는 것이 2천 년 전 그 종
교 지도자요, 믿음의 길을 가는 제사
장들이 했던 그와 같은 전철을 지금
그대로 밟으려 하는 것이 지금의 모
든 종교 집단이요, 지도자들이니라.
6 그들이 그 비진리를 지키기 위하여 참
진리요, 진정한 나 여호와의 뜻이 세
상에 내려가는 것을 막으려 하며 차단
하는 것은 2천 년 전의 그들이나 지금
이나 똑같은 그와 같은 형국이니라.
7 그 사악한 후손이기 때문에 그들이 한
그 역사보다도 더 간악한 방법으로 잔
학한 행위로써 그 모든 참진리를 막
으려 하는 것이요, 변화되는 것을 차
단하려 하는 것이 그들이며, 그리하고
도 남는 자들이 그들이라는 것을 알아
야 할 것이니라.
8 나의 아들 예수의 가르침을, 그리고
내가 전하고자 하는 사랑의 그 의미가
무엇인가 하는 것, 그를 따르고 또 시
행해야 할 것이며, 그리고 예수를 받
들어 새 역사를 이루며, 내가 이루는
새 시대를 열어 가야 할 종교 집단이
요, 대제사장이라는 자들이 나의 아들
을 핍박했으며 배척했으며, 그를 사악
한 방법으로 죽게 한 그들이 아니던가?
9 그러니 지금의 모든 백성이요, 2천 년
이 흘러온 그 후손들은 더 사악한 것
이며,
10 더 사악한 방법으로써 나의 성령을 직
접 내려보내어 법전이라 하여 만드는
이 새로운 성경이요, 새로운 나의 이
책을 그들이 태우고 찢어 버리는 데
혈안이 되어 있음을 너희는 알아야
할 것이니라.
11 과연 그들이 어떠한 역사를 해야 되겠
느냐?
12 나 여호와를 위한 백성이요, 나를 경
배하는 백성이요, 나의 아들의 죽음으
로써 은혜를 받았다는 백성이라는 저
희가,
13 내가 나의 아들을 통하여 내리는 나의
성령이요, 나의 뜻을 믿고 따라야 하
는 것이며, 그 믿음을 위해서 저희가
다시 태어나는 지도자요, 신도들로서
변해야 하거늘,
14 그들은 변화되려 하지 아니하며, 저희
는 그저 지금의 그 비진리가 참빛이
요, 그 이상은 아무것도 없다 그리하
며,
15 저희의 추하고 더러운 모습이 들춰지
는 것을 두려워하여 온갖 핍박과 배척
하는 방법으로써 나의 법전이 존재하
지 못하도록 하며, 나의 아들이 이 세
상에 존재하지 못하도록 나의 법전을
태우고 찢어 버리며, 사악한 방법으로
써 지금 대들며 공격하고자 하는 그
준비를 하는 것이 2천 년 전에 역사했
던 그대로 재현되며 그와 같은 형국으
로써 이루려 함이니,
16 2천 년 전에 제사장이요, 믿음의 길을
가는 그 백성이 무엇 때문에 그리했
던가?
17 저희의 추하고 더러운 몰골이 세상에
드러나는 것을 두려워하여 그리했듯
이,
18 오늘의 종교 집단이요, 지도자들이 잘
못 가고 더럽고 추한 그 모습이 세상
에 드러날 것이 두려워 돌을 던지는
행위를 하며 나의 아들을 세상에 존재

치 못하게 하는 그와 같은 사악한 행
위를 하는 것이 너희임을 알아야 할
것이니라.
19 너희가 나의 아들 예수를 2천 년 전에
죽게 했으며,
20 그와 같이 가시나무 관을 씌워 피 한
방울이 마를 때까지 그 고통을 준 것
을,
21 너희가 말하기는 종교 집단이요, 지도
자요, 대제사장이 그와 같은 역사요,
사악한 짓을 하면서도 그게 나의 아들
예수에게 핍박하는 것이라 생각했을
것이니라.
22 너희가 나의 아들 예수에게 그와 같이
고통스럽게 핍박해 죽게 했던 것은 나
의 아들 예수를 죽게 한 것이 아니요,
너희가 나를 죽게 했으며, 나의 피를
말린 자들이 바로 너희라는 것을 알
아야 할 것이니라.
23 지금 너희가 돌을 던지며 나의 법전
을 핍박하는 것, 그리고 나의 아들을
핍박하는 것, 나의 새로운 성경인 이
법전을 태워 버리는 그 행위는 바로
무엇인 줄 아는가?
24 너희가 돌을 던지는 것은 나 여호와에
게 돌을 던지는 것임을 알아야 할 것
이니라.
25 내 앞에 돌을 던지며 내 살을 태우고
자 하는 것이며 나의 살을 갈기갈기
찢어 헤치고자 하는 것이 나의 법전을
태우는 자요, 찢어 버리는 자라는 것
을 잊지 말라.
26 너희는 지금의 믿음의 길을 가는 길이
요, 너희만이 옳은 길을 가는 자요, 다
른 그 모두는 사탄이요, 사악한 것이
라 하여 그에게 돌을 던지며 그를 핍
박하며 그를 찢어 버리고 태우는 것이
그 법전을 위해서 하는 것이며, 나의
명을 받고 간 나의 아들을 핍박하는
것 같으나,
27 너희가 그리 구원받고자 부르짖고 나
에게 오고자 몸부림치는 전지전능한
하나님 아버지라 부르는 나에게 돌을
던지는 것이며 나를 핍박하는 것이며
나를 공격하는 행위라는 것을 너희가
잊어서는 아니 될 것이니 그리 알라.
28 그게 바로 너희가 나를 능멸하는 것
이며 나를 죽이는 짓이니라.
29 이를 잊지 말라.

6,968 번째 하나님 말씀

2003년 8월 2일 23시 45분

1 사랑하는 나의 아들아!
2 "네, 아버님! 말씀하옵소서."
3 너와 너의 제자들이 힘들고 어려운 그
길을 가고 있음을 나 여호와는 아느니
라.
4 그러나 나의 법전을 세상에 내려보내
어 만백성을 깨우치지 아니하면 그 많
은 너희 형제들이 지옥 불로 감이니
이를 어찌하겠는가?
5 그리고 고독한 나 여호와의 그 삶을
너는 생각해야 할 것이니라.
6 내 집에 온 자가 없음이니, 나 여호와
가 얼마나 고독한 삶을 살며, 나 자신
이 고독한 그 역사의 세월을 보내는가?
7 너는 나의 아들이요, 나의 자식으로서
그를 생각하는 마음을 갖고 생각해 봐
야 함을 잊어서는 아니 될 것이니라.

8 그러니 네가 지금 주저해서도 아니 되
며, 네가 괴로워해서도 아니 됨이니라.
9 내 집에 나의 아들들이 그득히 모여
웃고 즐기게 해 나의 고독한 삶이요,
나의 고독한 세월이 흘러가지 않도록
너의 제자들과 너희가 그리해야 하지
않겠는가?
10 너희는 살아가면서 스스로 곱게 단장
하며 옷을 예쁘게 차려입음이니라.
11 그러나 그 첫 단추를 잘못 끼움으로
인하여 그 옷의 형태가 어찌 되더냐?
12 그를 바로잡지 아니하면 아니 되는 것
이 너희가 옷을 입는 그 모습의 형태
가 아니더냐?
13 지금 믿음의 길을 가는 모든 백성이
요, 종교 집단이라는 그들이 어찌 가
고 있는지 아는가?
14 믿음이라는 대제사장이요, 나의 아들
예수를 도와서 역사할 그 백성이 나
의 아들을 그리 죽게 하였음이니, 그
후손이 지금 오늘날까지 이리 흘러왔
음이니라.
15 그러니 그들이 역사한 것이 무엇인
줄 알겠느냐?
16 그들은 거짓을 진실로 말하는 자들이
요, 진실을 거짓으로 둔갑시키며 참진
리를 비진리로 가르치는 것이 그들이
니라.
17 광명한 세상으로 나의 만백성을 이끄
는 것이 아니요, 암흑의 세상으로 이
끄는 그와 같은 형국으로 지금 흐르고
있다면 너는 과연 믿을 수 있겠는가?
18 나 여호와를 따르는 길이 아니요, 나
여호와와는 전혀 관계도 없는 그와 같
은 길로 이끌어 가고 있음이니라.
19 이는 무엇이더냐?
20 첫 단추를 잘못 끼웠을 때, 아름다운
그 옷도 제 모습을 내지 못하는 것처
럼,
21 나의 백성이라는 자들이 처음부터 나
의 아들을 죽게 한 그 순간부터 그들
의 그 피요, 그 흐름이요, 그들의 생각
이 지금까지 흘러왔음이니 그는 무엇
이더냐?
22 그들은 진리를 왜곡하여 가르치며 참
진리를 비진리로, 비진리를 참진리로
만들어 이끌어 가는 그와 같은 형국으
로써 지금까지 흘러감이니라.
23 그러니 나와는 아무런 관계도 없는 백
성이 이 세상을 지배하는 이와 같은
형국이 되었음이니, 이를 바로잡고 바
로 세워야 하지 않던가?
24 내가 이 세상에 지상을 만들었을 때는
하늘에서 이루어진 것같이 천사들만
이 사는 낙원을 만들어 이와 같은 지
상을 만들고자 하였음이니라.
25 그러나 그 모두가 다 무너졌으며 그
모두가 다 파괴되었음이니라.
26 그리하여 내가 이를 더 이상 볼 수 없
으며 방치할 수 없기에, 지금 그 모두
를 다스려 바로 세우고자 하는 것이
제3의 시대요, 나의 법전이 세상에 내
려가는 그 뜻이라 내가 너에게 그리
말하지 아니하였던가?
27 지금은 어떠한 형국인 줄 알겠는가?
28 2천 년 전에 나의 성령으로 태어난 나
의 아들 예수도 나의 뜻을 가르치며,
사랑이 무엇인지, 너희에게 하늘에 오
르는 그 길을 가르치고 깨우치고자 했
으나, 그 모두 다 실패로 가지 아니하

였던가?
29 그 백성보다도 더 사악하고 더 교활한
오늘의 그 후손들이 과연 참진리요,
나의 뜻을 세상에 전할 수 있도록 그
들이 놔둘 것이며 그를 용납할 것이라
너희는 생각하는가?
30 그 당시보다도 수백 배 더 강한 방법
으로써 그보다 더 잔인한 방법으로써
이를 존재하지 못하도록 할 것이니,
31 그 역사를 이루는 것이, 그 속에서 너
희가 행해야 하는 것이 나의 아들을
따르는 제자들이요, 나의 법전을 읽고
깨우친 백성 너희가 해야 할 그 역사
이니라.
32 이는 무엇이더냐?
33 처음부터 단추를 잘못 낀 그것을 바로
잡지 아니하면 그 아름다운 모습이 될
수 없듯이, 첫 단추가 잘못 끼워져 있
는 그 믿음을 이제라도 바로잡지 아니
하면 아니 됨이니라.
34 그러니 그들이 단추를 잘못 끼워 잘못
흘러온 것이 진정한 길이요, 하늘에
오르는 길이라 하여,
35 저희의 잘못된 그 모습을 감추기 위하
여 바르게 입은 자 그리고 바르게 갖
춰 입은 자를 잘못된 자라 하는 행위
를 하는 것이 지금의 믿음의 길이니라.
36 그리하여 진정한 진리요, 참진리를 가
지고 만백성을 깨우치고자 세상에 온
다 해도, 그를 사탄이요, 이단이요, 사
악한 자라 하여 받아들이지 아니하며,
타협하려 하지 아니하려는 것이 지금
의 그 백성이며,
37 그 강도가 너무 지나치고 지나쳐 그들
이 목숨을 내놓고 지키려 하며, 그리
하여 그와 같이 뜻을 같이하지 않는
자는 상대하지 아니하며 그와 같은 자
는 사탄이요, 마귀라 하여 세상에 존
재하지 못하도록 수단과 방법을 다 동
원하고자 하는 것이 그들이니,
38 그 속에서 나의 법전을 세상에 전하는
것은 그저 물이 흐르듯이 서서히 있는
듯 없는 듯 전해지는 그와 같은 역사
의 길밖에는 없음을 너는 알라.
39 그리하여 그 길을 가고 있느니라.
40 너의 제자들이 역사하고자 무엇인가
를 이루며 네가 성급히 무엇을 이루고
자 했을 때, 너희는 그 다리를 건너기
도 전에 모두 다 끝나며,
41 강을 건너가지도 못하며, 만백성을 구
하는 강을 건너가지 못하는 그와 같은
형국이 되게 됨을 너희는 알아야 할
것이니라.
42 너희가 배를 타고 강을 건너가는 자들
을 그 물속에 수장시키려 하는 자들의
그 힘을 막겠는가?
43 수천수만 명이 너희가 노를 저어 가
는 그 배를 수장시키고자 할 때, 과연
그를 견디고 그 목적지에 갈 수 있다
고 생각하느냐?
44 절대 갈 수 없음이니라.
45 그러니 그저 조용히 그들이 아는 듯
모르는 듯 내가 조그마한 배에 태워
건너 만백성이 있는 곳에 가 상주하
여, 서서히 그 백성을 깨우쳐 하늘에
오르는 길을 인도하는 그 역사를 이루
고자 함이니.
46 그리하여 내가 너희에게 큰 지혜를
주지 못하며 내가 너희에게 큰 상을
내리지 못하며,

47 너희가 원하는 하루아침에 변화되는,
불과 같이 일어나는 그와 같은 역사를
지금 내가 자제하고 통제하고 있음이
니 너희는 그리 알라.
48 그러나 너희가 결국 승자라는 것을
잊지 말며 두려워하지 말라.
49 이 세상의 마지막 승자는 너희임을
명심하라.

6,969 번째 하나님 말씀

2003년 8월 2일 23시 53분

1 사랑하는 나의 아들아!
2 "네, 아버님! 말씀하옵소서."
3 내가 모두를 다 내리는 지금의 나의
법전이요, 그리고 내가 말하는 새로운
성경이 곧 나의 성령이요, 나의 뜻이
라는 것을 내가 너희에게 누차 깨우
쳐 주고 전했음이니라.
4 그러나 과연 이를 믿는 백성이 얼마나
있으며 이를 믿고 따르고자 하는 백성
이 과연 얼마나 있던가?
5 그들은 지금까지 오면서 저희가 참진
리요, 밝은 빛을 위해서 믿음을 온 자
가 아니요, 어두운 암흑이요, 지옥으
로 가는 그 길에 대한 믿음을 온 자들
이기 때문에,
6 진정한 참진리요, 나 여호와가 나의
모두를 태워 내려보내는, 너희가 말하
는 하늘에 오르는 그 길을 볼 수 있는
나의 성령으로써 기록된 나의 법전을
볼 수 없으며 읽을 수 없음이니,
7 바로 그와 같은 형국에 젖어 있기 때
문이라는 것을 잊어서는 아니 될 것이
니라.
8 너희는 나의 아들에게 지금 핍박을 하
며, 나의 아들이 나의 법전을 보고 만
백성과 화합하며 화목하게 지내고자
하며 그리고 나의 뜻을 전하고자 하는
그 길을 가지 못하게 하며,
9 그리고 나의 아들을 찾는 그 백성에게
너희는 화합의 잔치를 만들지 못하게
하며 화합의 장을 만들지 못하게 하는
것이 지금 가고 있는 종교 집단이요,
지도자들이니라.
10 그러니 너희가 정녕 어떠한 백성이더
냐?
11 나의 법전이요, 나의 성령은 나를 태
워 모두를 내려보내는 나의 뜻이라 하
였음이니,
12 이를 돕고 키워야 할 그와 같은 너희
가 지금 나의 아들에게 돌을 던지며
나의 법전을 찢어 버리고 태우는 행위
를 하는 것이 바로 믿음의 길을 가는
백성 너희가 하고 있는 짓이 아니던가?
13 너희가 사탄이요, 이단이라 그리하여
차별하는 백성은 정녕 나의 법전을
찢어 버리며 나의 아들에게 돌을 던지
는 그와 같은 행위를 하지 아니함을
알아야 할 것이니라.
14 모든 종교 집단에 속해 있는 지도자라
는 백성 너희가 지금 바로 나의 아들
에게 돌을 던지며 나의 법전을 핍박하
며 그를 찢어 버리고 태우는 그와 같
은 행위를 하고 있음이니,
15 너희가 정말 사탄이요, 마귀가 아니면
과연 누구란 말이던가?
16 나의 뜻에 따르는 백성이요, 나의 진
리를 연구하여 나에게 구원을 받고자
하는 백성에게,

17 나의 아들 예수를 찾으며 나에게 경배
하는 그 길을 위하여 모두를 다 바치
며 살아간다는 그 백성이 어찌하여
참진리요, 비진리 하나를 구분하지 못
하고,
18 사탄이요, 마귀에게 돌을 던지는 것이
당연하거늘, 사탄과 마귀에게는 돌을
던지지 아니하고,
19 내가 모두를 다 바쳐 모두를 준비하여
너희에게 마지막 용서하는 그 마음이
요, 너희에게 마지막 기회를 주기 위
하여 내가 내려보내는 나의 아들에게
돌을 던지며,
20 그를 통하여 내가 내리는 나의 법전을
태우고 찢어 버리는 그와 같은 행위를
하는가?
21 그것이 바로 너희가 사탄이요, 마귀의
자식이 되어 있기에, 사탄과 마귀만
행할 수 있는 그와 같은 행위를 하고
있음을 너희는 알아야 할 것이니라.
22 정녕 너희가 말하는 이방인들이 나의
아들에게 돌을 던지며 나의 법전을 두
고 사탄이요, 이단이라 그리 말하는
것을 보았는가?
23 그들은 돌을 던지는 자들이 아니니라.
24 다만, 나를 경배하며 나의 뜻에 살아
간다 하며 그리고 내 품에 오겠다 하
여 울고불고하는 그 백성만이 나의
아들을 핍박하며 나의 아들에게 돌을
던지며 나의 법전을 태우며 찢어 버리
는 그와 같은 행위를 하는 것이니라.
25 너희가 받들어 한 시대의 새로운 역
사를 이루어야 할 종교 집단이요, 지
도자들이 감히 나의 아들에게 돌을 던
지며 나의 법전을 핍박하는 그와 같은
행위를 하고 있음이니,
26 이것이 바로 2천 년 전 나의 아들을
죽게 했던 그 허울 좋은 믿음이요, 그
리고 대종교 집단이라는 자들, 그리고
지도자라는 자들, 너희는 다 겉과 속
이 다른 자들이니라.
27 너희가 겉으로는 번지르르한 그와 같
은 행위를 하고 있으나, 바로 다 썩은
자요, 죽은 자요,
28 욕심이요, 욕망으로 그득히 차 있느니
라.
29 너희 종교 지도자들이 과연 어찌 가르
치는가?
30 믿음의 가는 길이요, 지금 가고 있는
그 행위가 너희는 무덤을 백회로 장
식한 것 같다 그리하였음이니라.
31 그러나 무덤을 아무리 백회로 아름답
게 장식해도 그 속에 있는 것은 무엇
이더냐?
32 죽은 자의 시체이니라.
33 그러니 바로 지금의 종교 집단이요,
믿음의 길을 가는 백성 너희가 허울
좋게 겉으로 번지르르하게 천사처럼
행동을 하나,
34 속은 다 썩어져 있으며 다 무너져 있
는 것이 너희니라.
35 도저히 그 악취가 나서 들여다볼 수
없는 것이 너희가 오늘 짓는 교회요,
성전이요, 성당이요, 성막이요, 회당
이라는 곳이라는 것을 너희는 잊어서
는 아니 될 것이니라.
36 겉은 번지르르하나 속이 다 썩을 대로
썩고 부패할 대로 부패하여 있는 것이
오늘의 종교 집단이요, 지도자 너희가
기거하는 곳이라는 것을 잊어서는 아

니 될 것이니라.
37 모두가 다 겉과 속이 다르니라.
38 표리부동한 것의 대표적인 자들이며,
모두 다 속은 썩어져 있으며 겉만 번
지르르한 그와 같은 형태로써, 말로써
나의 피조물 만백성을 현혹하며 말로
써 나의 피조물들을 유혹하여,
39 참진리의 바람이 몰아칠 때 그를 견
딜 수 없다는 것을 알기에, 나의 백성
을 현혹하여 너희의 바람막이로 성곽
의 제물로써 그들을 쓰고자 하는 자
들이니,
40 너희가 아무리 그와 같이 역사한다
해도, 내 참진리요, 내가 밀어붙이는
그 바람이요, 내가 갈고 가는 그 불 칼
에 그 길을 아무도 막지 못하며, 거기
에 갈라지지 않는 자 없으며, 부서지
지 않는 자가 없을 것이니 너희는 그
리 알라.
41 다만, 내가 때를 기다림이며, 내가 불
칼로써 모두를 다스릴 때를 정하여 행
할 날이 머지않았음을 알라.

6,970 번째 하나님 말씀

2003년 8월 3일 0시 08분

1 사랑하는 나의 아들아!
2 "네, 아버님! 말씀하옵소서."
3 너를 따르는 제자요, 만백성은 오늘에
처해 있는 잘못된 믿음의 길을 반드시
알아야 할 것이며, 또한 그를 반드시
잡아야 함을 잊어서는 아니 될 것이니
라.
4 나 여호와가 너희를 구원하기 위하여
2천 년 전 나의 아들 예수를 내려보냈
으니, 그를 너희는 어찌 처참히 죽였
으며 그의 고통을 보며 얼마나 만족의
미소를 지었던 자들이 있던가?
5 그것이 바로 믿음의 길을 가는 자들이
요, 대제사장들이 그와 같은 행위를
한 자들이니라.
6 그들이 나의 모든 뜻을 갖고 역사하는
나의 아들을 죽게 하면서 뒤에서 웃음
을 짓는 그 미소야말로 양의 탈을 쓴
이리보다도 더한 것이며,
7 그들의 그늘진 그 웃음이 얼마나 간악
하고 사악한 웃음인가를 너희는 알아
야 할 것이며,
8 그늘진 뒤편에서 그 사악한 웃음을 웃
는 그들의 후예가 바로 지금의 종교
집단이요, 지도자라 하여 지금 그들이
이끌고 가고 있음이니라.
9 그러니 첫 단추를 잘못 낀 자들이 바
로잡지 아니하며 그저 그것이 옳다 지
금까지 믿어 왔으니, 과연 너희가 그
모습이요, 자세가 되겠는가?
10 모두가 다 썩어졌음이니라.
11 그리하여 내가 나의 아들을 세상에 내
려보내 그를 통하여 160권의 법전을
만들어 너희를 구하고자 하건만,
12 너희는 새로운 성경이요, 나의 법전이
내려가는 것을 돌로 치고 태워 버리며
찢어 버리는 그와 같은 행위를 하는
것이 아니던가?
13 수천 년 동안 흘러오면서 사악해졌고
추악해진 그 후손들이, 참진리를 모르
고 비진리를 가지고 가르치고 이끌어
왔던 그들이,
14 지금 나의 참진리요, 나의 뜻이 세상
에 내려가며, 선택된 나의 아들로 하

여금 하늘의 뜻을 기록하여 만백성에
게 전하고 강론하게 될 때,
15 저희의 그 사악함이요, 저희가 지금까
지 추악했던 그 모든 것이 드러나며
밝혀질 것이 두려워서 지금 사악한 행
위를 하고 있다는 것을 너희는 알아
야 할 것이며, 그와 같이 사악한 자들
을 내가 단죄하고자 함이니,
16 그들을 단죄할 수 있는 것은 나의 법
전을 만백성에게 전하여, 이를 보고
깨우친 너희가 스스로 그들을 다스리
고 단죄해야 그와 같은 참진리의 뜻
이 이 지상의 낙원에서 뿌리를 내림을
너희는 알아야 할 것이니라.
17 너희가 깨우치는 그 믿음도, 선생이나
나의 아들을 통해서 나의 법전을 듣고
깨우치는 것보다,
18 그를 기초로 하여 너희 스스로 마음
이 변화되며 너희 스스로 마음의 깨우
침의 문이 열려서 깨우치며 참진리를
볼 수 있는 그와 같은 눈이 뜨이는 것
이 진정한 믿음의 깨달음이요, 나에게
오르는 그 길을 갈 수 있는 백성이니
라.
19 그러니 너희가 나의 아들의 강론으로
써 나의 법전으로써 깨우치려 하지 말
며, 그를 기초로 하여 그를 근본으로
하여 너희 스스로 깨우침을 얻는 그
와 같은 영광된 길을 가야 하는 것이
너희가 나에게 오를 수 있는 그 길을
영원히 스스로 볼 수 있음을 알아야
할 것이니라.
20 누구보다도 너 자신을 잘 아는 자가
없으며 누구보다도 너희가 그 역사함
을 얻는 것이니라.
21 너희가 무엇을 갖고자 무엇을 먹고자
무엇을 원하는지를 남은 너희만큼 알
지 못하지 않더냐?
22 그와 마찬가지이니라.
23 너희 스스로 참진리를 깨우쳐 진리의
눈을 뜨고 깨우쳐 오는 그것이 가장
위대한 스승이요, 가장 위대한 가르침
이라는 것을 잊지 말라.
24 그러니 진리의 눈을 뜰 수 있는 그와
같은 깨달음을 얻도록 그리하라.
25 지금까지 모든 백성이요, 종교 집단들
이 이를 막으려 함이니라.
26 너희가 스스로 깨우쳐 참진리를 깨우
치고 연구할 때, 그리고 그들이 진리
가 무엇인가를 터득했을 때, 그 백성
이 스스로 진리를 깨우쳐 나에게 오는
그 길을 가기 시작하는 그때의 그 두
려움이 무서워,
27 그들이 지금 보지 못하도록 하며, 그
와 같은 백성이 세상에 존재하지 못
하도록 지금 사악한 행위를 하고 있음
이니라.
28 그리고 저희의 추하고 더러운 모습이
그들에게 비쳤을 때, 그들이 단죄할
것이며 용서치 아니할 것을 저희가
알고 있기에,
29 그들은 지금 공포에 떨고 불안에 떨면
서, 나의 법전이 내려가는 것을, 나의
아들을 사탄이요, 이단이라 그리 밀어
붙이고 있음이 그들이 가지는 자세이
니라.
30 아름다운 나의 지상의 낙원에 참진리
의 말씀이요, 빛이 내려오지 못하도록
막는 것이 오늘의 종교 집단이요, 지
도자들이니라.

31 그들은 사생결단을 다하여 모두를 다 막고 있음이니라.

32 죽기 아니면 살기로 그를 막는 자들이 나 여호와의 뜻이요, 내 뜻에 따라 하늘에 오르는 백성을 인도하며, 저희가 나로부터 선택된 백성이라 그리 가르치고 있음이니,

33 이 세상이 얼마나 잘못되었는가?

34 이 잘못된 것을 바로잡는 것이 바로 너희가 역사한다는 것을 잊지 말라.

35 이 모든 종교 집단이 참진리의 위대함이 두려워서, 그리고 비진리를 가지고 저희가 사탄의 말을 들으며 사탄의 자식으로 지금 역사하는 것이 무너지는 것이 두렵고 그것이 겁이나,

36 그들이 지금 어떠한 희생을 치르더라도 나의 법전이요, 나의 아들이 세상에 존재치 못하도록 하는 것이 그들이 역사하고자 하는 가장 중요한 역사이며 가장 큰 역사임을 너희는 알아야 할 것이니라.

37 나의 진리요, 진정한 나의 목자가 세상에 내려오면 거짓 목자들이 정체가 드러나며, 저희의 정체가 세상에 상세히 드러남이니,

38 바로 이 세상은 쪼개질 것이며 대혼란의 변화의 소용돌이가 한 번 칠 것을 너희는 알아야 할 것이니라.

39 그러니 그들이 지금 만백성을 구하는 것이 아니요, 지옥의 길로 이끌어 갔기에,

40 지금 지옥으로 가는 그 백성이 나의 법전을 읽고 깨우쳤을 때, 그들이야말로 이 대혼란을 수습할 수 있으며, 그들이 이 모두를 다 정리할 수 있는 자들이니,

41 그리하여 서서히 나의 법전을 지금 내가 내려보내고 전함을 너희는 알아야 할 것이니라.

42 지금까지의 모든 종교 집단이요, 그리고 믿음의 길을 가는 백성의 비리가 드러남이 무섭고 두려워서 천국의 길을 막고 있다는 것을 알아야 할 것이니라.

43 나의 백성이 천국이요, 하늘에 오르는 길이요, 천사가 되고자 한다면, 그들은 참진리를 깨우치고 알게 됨이니,

44 그리하여 변하는 모든 백성이 두려워 그들이 천국에 가는 그 길을 막고 있으며, 그를 막아 나의 피조물 만백성이 보지 못하도록 그리 장벽을 치는 것이 그들임을 너희는 알아야 할 것이니라.

45 천국의 문을 닫는 행위를 하고 있음이니라.

46 그리하여 나 여호와를 노하게 하며 하늘을 노하게 하는 것은, 지금의 종교 집단이요, 지도자들을 사악한 사탄들이 저희를 이용하여 그리 악용하는 것을 그들은 모름이니라.

47 천국의 문을 나 여호와가 스스로 닫도록, 그리고 재앙을 내리도록 온갖 행위를 다 하여 그들이 지금 사악한 행위를 하고 있음이니,

48 그 명을 받아 사는 것이 종교 집단이요, 지도자들이니라.

49 그러니 나 여호와가 새로운 시대를 열려는 나의 참진리를 받아 내리는 그 백성은 너희뿐이니, 과연 그들과 너희를 비교했을 때 어떠한 역사가 있겠

느냐?
50 그들은 지금 천국의 문까지 닫아 버리
려 하는 사악한 자들임을 알라.
51 그리하여 나의 피조물 만백성들을 영
원히 저희의 도구로 쓰기 위하여 천
국의 문을 닫게 하고자 하는 그 사악
한 자들임을 알라.
52 저 자신이 구원을 받지 못한다 해도,
저 자신이 천국에 들어가지 못한다 해
도 그들은 천국의 문을 막으려 하며,
천국에 들어가는 그 백성의 길을 막
으려 하는 자들이 그들이니라.
53 나의 백성이 천국에 오는 길이요, 나
에게 오르는 길을 위하여 그들이 믿음
을 보기 시작하며 하늘의 뜻을 깨닫기
시작한다면, 그들은 감내 못 할 것을
잘 알고 있기 때문이니라.
54 그래서 저희가 구원을 못 받는다 해
도, 저희가 천국에 들어가지 못한다
하더라도, 모든 백성을 들어가지 못하
도록 저희가 그리 방해하는 자들이니
라.
55 그들이 지금 이끌어 들여 역사하지 못
하는 모든 참진리를 비진리라 가르치
며, 저희의 잘못된 비진리를 참진리라
가르쳐 나의 어리석고 순진한 그 백
성이 세뇌되어 그들이 지금 생각을 하
지 못하고 있는 자들이며,
56 저희가 돌처럼 성곽을 짓는 재료로써
지금 이용당하고 거기에 쓰이는 것밖
에 안 된다는 것을 모르느니라.
57 그리고 사탄들이 돌처럼 사용하여 성
곽을 지키는 돌이요, 도구로써 쓰다가
저희가 정 견디지 못할 때는 그들을
다 버리는 그와 같은 사악한 자들이니,
58 그곳에서 또한 버림을 받는 것이 지금
의 종교 집단 속에 있는 신도 너희임
을 알아야 할 것이니라.
59 사탄으로부터 성곽을 지키는 그와 같
은 도구로 사용되다가 그들로 하여금
버림을 받는 것이 너희임을 절대 잊어
서는 아니 될 것이니라.
60 사탄은 영원히 존재하지 못하기 때문
이며, 언젠가는 나의 불 칼로써 다스
릴 때, 그들은 다 쪼개지고 갈라진다
는 것을 너희는 잊어서는 아니 될 것
이니라.
61 지금의 종교 지도자나 신도들이 너무
나 썩어 있으며 부패하여 나의 아들
예수도 그를 막지 못하였으며,
62 나의 아들 예수도 그 뜻을 세우지 못
하고 바로 그와 같이 그 사악한 자들
에게 죽임을 당한 그와 같은 형국이
아니더냐?
63 나의 아들도 깨지 못한 그들의 그 견
고한 철옹성을 너희가 과연 어찌 깰
수 있으며, 그 성곽을 어찌 무너트릴
것인가?
64 너희는 그에 대한 대비요, 그를 연구
하지 아니하면 아니 됨을 너희는 알
아야 할 것이니라.
65 성령으로 내려간 나의 아들도 그 철옹
성과 같이 견고한 그 사탄의 성곽을
무너트리지 못하였음을 너희는 유념
해야 할 것이니라.
66 그러니 지금 선택된 너희는 과연 어
찌해야 하겠는가?
67 너희가 선택의 길을 이제는 정해야 할
때가 되었음을 알라.
68 이 견고하고 견고한 비진리들로 짜여

있는 그와 같은 성곽을 너희가 나의
참진리로써 무너트리는 데 최선을 다
할 수 있는 마음의 자세가 되고 있는
가?
69 너희가 목숨을 던져서라도 그 모든 역
사를 이루고자 하는 마음이 되어 있는
가?
70 이것이 중요함을 너희는 알아야 할
것이니라.
71 너희는 모두 다 속으로 변했으며 하
나하나 변해 가는 자들이요, 그리고
하나하나 다스려 가는 자들이니,
72 너희가 역사하고자 할 때 그 힘은 누
구도 막을 수 없을 것이며,
73 또한 내가 너희와 같이하기 때문에
모두를 이길 수 있는 것은 너희뿐이니
라.
74 그러나 너희가 오늘의 삶이요, 육을
가지고 있으니, 유혹에 넘어지기 쉬운
것이 또한 나의 사랑하는 백성 너희가
아니더냐?
75 그러니 나의 아들 예수도 깨지 못했던
이 견고하고 견고한 비진리들의 그 성
곽을 깨는 것은 너희가 해야 할 대목
이니,
76 과연 너희가 마음가짐을 어찌 가져야
하는가를 너희 스스로 깨우치지 아니
하면 아니 될 것이니라.
77 예수도 역사하지 못한 그 사악한 집
단을 무너트리는 것, 그것은 바로 나
의 법전이요, 지금 나의 아들이요, 그
를 따르는 제자들이요, 나의 법전을
읽은 백성 너희만이 역사할 수 있다
는 그 무서운 사실을 너희는 가슴에
안고 살아야 함을 잊지 말라.

6,971 번째 하나님 말씀

2003년 8월 3일 07시 50분

1 사랑하는 나의 아들아!
2 "네, 아버님! 말씀하옵소서."
3 너의 제자들과 나의 법전을 읽고 깨우
친 백성은 나의 법전이 마지막이요,
마지막 시대에 내가 내리는 '하늘에
오르는 길'이요, '하나님! 말씀하옵소
서'라는 이 책이 나의 성령을 담아서
너희에게 마지막 내리는 것이라 하였
음이니라.
4 곧 마지막이라는 것은 심판의 기준이
요, 심판인 것이니,
5 마지막이라는 그 의미를 과연 어찌
받아들이는가?
6 나의 성전에 오는 자는, 스스로 깨우
치지 못하며 변하는 삶을 살 수 없는
자는 이 성전에 발을 들여놔서는 아니
될 것이니라.
7 내가 2천 년 동안의 그 역사 속에 내
아들 예수를 죽여 가면서 죄 없는 세
상을 만들고자 했으나, 너희가 이를
거부했으며 이를 지상에 뿌리내리지
못하도록 하였음이니,
8 그리하여 나 여호와가 마지막으로 이
역사를 이루고자 한다 하였음이니라.
9 모세의 시대에서부터 예수의 시대까
지 너희가 살아온 모든 과정을 볼 때,
나 여호와의 진노함이 과연 어떻다 생
각하는가?
10 그리하여 내가 2천 년 동안 암흑의 세
상이요, 내가 돌아다보지 않는 세상
속에서 지금같이 종교 집단이요, 믿음
의 길을 가는 자들이 참진리를 찾는

것이 아니요, 비진리의 그 길을 가지
고,
11 참진리가 세상에 내려오며 나 여호와
의 빛이 세상에 내려오는 것을 막기
위하여 온갖 수단과 방법을 가리지 않
는 그와 같은 사탄의 자식이 되어 그
들의 뜻에 따라 역사하는 지금의 세상
이 되었음이니라.
12 내가 이 세상을 바로잡기 위하여 마지
막이라 하였음이니라.
13 그러니 마지막으로 선택된 백성이요,
마지막으로 나의 역사를 이루기 위하
여 나의 법전을 접하며 강론을 듣는
백성 너희가 천사처럼 변하지 아니하
며, 변할 자신이 없는 자는 이곳에 와
서는 아니 됨이니라.
14 내가 너희에게 역사하라는 것을 과연
너희 머릿속에서 역사할 수 있으며
너희가 무슨 능력으로써 역사할 수 있
다고 생각하는가?
15 나 여호와가 역사하고자 하며 내가 이
루고자 하면 못 이룰 것이 어디 있으
며 내가 행하고자 하면 행하지 못할
것이 어디 있는가?
16 너희가 지금 바로 변하지 아니하면 아
무도 나의 성전에 들어와서는 아니 되
며, 올 필요가 없음을 알라.
17 내가 이 세상에 의인이 있어야 한다
했으며, 한 사람의 의인을 세상 모두
와 바꾸지 아니한다 하였음이니,
18 너희 속에서 의인과 같은 자가 나오지
아니한다면 마지막 시대를 열어 가는
역사의 의미가 없으며, 그를 이룰 수
없는 것이 지금의 너희가 처해 있는
형국이라는 것을 알아야 할 것이니라.
19 감히 나 여호와가 마지막 시대요, 마
지막 시대의 선택된 백성이요, 그리고
나 여호와가 직접 나의 성령을 태워
160권의 법전이라 하여 나의 아들을
통하여 책으로 근거하여 만드는 것을
읽고 깨우치는 너희가 바로 서지 못
한다면,
20 이 세상의 모두는 바로 설 수 없음을
너희는 알아야 할 것이니라.
21 지금까지 믿음의 길이요, 저희만이 오
로지 나의 뜻이요, 다른 신을 두지 아
니하고 오로지 나 여호와만 믿고 온다
는 그 백성 속에, 그들은 욕심의 뿌리
서부터 온갖 그 우상을 다 섬기고 있
으며 다른 신들을 그들의 가슴에 그득
히 두고 있음이니, 그들의 가슴속을
내가 뭐라 하였느냐?
22 벌레들이 보름달처럼 뭉쳐 있는 그와
같은 것들이 그 가슴에 다 차고앉아
있음이니, 거기에서 어찌 진리가 나오
며 나에게 오르는 길이 있다 하더냐?
23 오로지 너희를 통하여 역사하고자 하
여 마지막으로 선택된 너희가, 마지막
으로 선택된 자신이 무엇인 줄을 모르
며 어떠한 각오로 살아가야 하는지도
모르는 너의 제자들은 나의 성전에 나
와서 그 강론을 들을 이유가 없으며
나의 법전을 읽고 깨우칠 필요가 없
음이니라.
24 마지막이라 역사하는 내가 누구더냐?
25 인간 세상에서 어떠한 경기의 마지막
에 하는 경기더냐?
26 그리고 너희가 서로의 힘을 겨루기 위
해 마지막 내기하는 그와 같은 힘을
겨루는 경기더냐?

27 이것은 만백성을 구하고 못 구하는 그
와 같은 역사의 마지막이니라.
28 수천 년 동안 흘러온 세월이니라.
29 나 여호와가 너희를 세상에 만들어
이 지상의 모두를 만들었으며, 내가
너희에게 생명을 불어넣은 창조주 나
여호와가 이제는 내 뜻을 이루고자 마
지막으로 선택한 백성 너희니라.
30 그러니 너희가 어떠한 마음의 자세로
살아가야 하는가?
31 절대 변하지 않으며 변할 수 없는 백
성이어야 하며,
32 속과 겉이 다른 백성, 나 여호와의 이
름을 망령되이 살아가는 그와 같은 너
의 제자들은 나의 성전에 나올 자격이
없으니, 오지 말라 그리 전하라.
33 그와 같은 마음으로 이곳에 와 앉는
자 기복 신앙의 대표자들같이 무엇을
얻고자 이루고자 하는 그 얄팍한 마음
으로써 믿음의 길을 가고자 이 성전에
오는 그와 같은 백성이 와서는 아니
될 것이니라.
34 그와 같은 자는 나의 강론을 들을 수
없으며 나의 법전을 읽을 수 없는 자
이니라.
35 너희는 무엇과도 바꿀 수 없는 마지막
주자라 하였음이니라.
36 너희가 계주라는 것에서 마지막 주자
가 힘을 다하여 달리지 않으면 모두를
얻을 수 없음이니, 너희는 천사와 같
은 자세로 살아가야 하는 것이니라.
37 그와 같이 살지 아니하면 너희는 모
든 백성을 구하는 빛이 될 수 없는 것
이니,
38 너희가 마지막이라는 세 글자요, 이를
가슴에 깊이 새겨야 할 것이니라.
39 그리고 마지막에 역사하는 자가 얼마
나 소중한 것인가를 먼저 깨닫도록 오
늘 그들에게 심어 주어야 할 것이니
라.
40 그리하여 너희는 변할 수 있는 자며,
그리고 변하지 아니하면 아니 됨이니,
41 너희가 변할 수 없으며 천사와 같이
되지 아니한다면 여기에 왜 앉아 나의
강론을 듣고 있는가?
42 마지막 나 여호와가 나의 백성을 선택
하여, 너희로 하여금 너희를 보고 깨
우쳐 나의 빈집이요, 나의 빈 천국에
나의 사랑하는 아들딸이 들어올 수 있
도록 그 길을 열어야 함이니,
43 마지막이 얼마나 무섭고 두려운가를
알라.
44 마지막 내가 선택한 백성이라는 것이
니라.
45 그러니 마지막 선택된 백성이 창조주
나 여호와의 뜻을 이루지 못하며 그
뿌리를 내리지 못한다면 이 지상은 썩
어질 것이며,
46 이 모든 동식물이요, 생물들이 살아갈
수 있는 세상으로 내가 놔두지 아니할
것이니, 나 여호와의 진노함이 그러함
을 너희는 알아야 할 것이니라.
47 사랑의 아버지요, 사랑의 은혜라 그리
말하나,
48 너희가 진정 변하고자 하는 자, 그리
고 나의 뜻에 순종하는 백성은 내가
무한한 사랑을 너희에게 베푸는 하나
님이니라.
49 그러나 너희가 받을 자격이 없는 자,
사악한 자, 사악한 뿌리에 내가 어찌

하여 내려 주며 베푼다고 생각하는가?
50 너희가 지금 무슨 은혜를 입었으며 방언을 들었으며 그리고 불로써 맞았으며 그리고 너희 몸이 전기로 감전되는 그와 같은 충격이요, 무엇을 얻었다, 이루었다는 그것이 다 허상임을 알라.
51 그와 같은 것으로써 내가 너희에게 임하지 아니하며, 너희를 그리 다스리지 아니하는 것이니라.
52 너희가 지금 모든 은혜를 입었다는 것, 그리고 무슨 변화를 이루었다는 것, 그게 다 나와 관계없는 허상이었다는 것을 잊지 말라.
53 나는 그러한 것으로써 너희에게 역사하지 아니하며, 육의 세상에 있는 너희에게 육을 상대로 무엇을 이루지 아니하느니라.
54 오로지 나의 성령을 받들어 육을 가지고 있는 자는 오로지 한 명이니라.
55 모세가 나의 뜻을 이루었듯이, 또 내가 예수를 통하여 이루었듯이, 지금 나의 아들을 통하여 나의 법전을 이루듯이 두 길이 아니고 한길이라는 것을 알라.
56 다만, 내가 너희를 쓰고자, 역사하고자 잠시나마 너희를 부를 수 있으며 깨우침은 있을 수 있음이니라.
57 그러나 너희가 영원히 나의 뜻에 따라 이 세상에 존재하며, 하늘과 땅에 교류하는 그 장소의 역사는 아무도 이룰 수 없음이니라.
58 다만, 모세의 시대에도 이루었으며 예수의 시대에도 그리하였으나, 그들은 중간에서 이루는 역사이니,
59 마지막 내가 직접 통제하는 그 시대가 있기에 예수도 그와 같이 철옹성같이 굳어진 그 비진리인 자들에게 뜻을 이루지 못했던 것을 내가 그를 두고 넘어갔으나,
60 이제는 내가 이루는 역사의 시대이니 이를 용서할 수 없으며, 그를 내가 그리 가지 아니할 것이니라.
61 그러나 그 모두를 대행하고 집행하는 너희는 너희 자신이 얼마나 위대하고 소중한 자이며, 행실을 어찌 가져야 하며 어찌 변해야 하는가?
62 나 여호와가 선택한 자요, 내가 초청한 내 손님인 너희가 어찌 살아가야 하는지 알겠는가?
63 너희가 바로 살지 아니하면 이 세상은 영원히 아무런 동식물이요, 미물까지도 존재할 수 없는 그와 같은 폐허의 땅으로 내가 만들 수밖에 없음이니라.
64 지금까지 구약과 신약에서는 모든 재앙이라 해도 일부를 받았으며 일부를 역사하였음이니라.
65 이제 마지막 시대의 다른 점은 무엇이더냐?
66 마지막 시대는 미물 하나도 이 지구 위에 존재하지 못할 것이며 모두 내가 거둬들임이니라.
67 그러니 이것이 마지막 시대에 내가 임하여 그 뜻이 역사하지 아니할 때, 내가 너희에게 내리는 체벌이며 나의 진노함이 그와 같은 것이니라.
68 한 지상이 떨어져 나가는 것이 아니요, 지구상에 한 이변으로써 어떤 역사를 이루고 재앙을 이룬다 하지 말라.
69 지금 세상의 모든 것이 조금씩 변하는

것을 나 여호와의 재앙이요, 미래를
내가 망하게 한다 하며 내가 재앙을
내린다고 그리 붙여 대지 말라.
70 이제 나 여호와가 내리는 재앙은 정녕
이 세상에 미물까지 하나도 존재하지
못하는 그와 같은 황폐한 것으로 변하
며 내가 이를 보여 주니, 검은 숯과 같
이 되는 것이 내가 이제 내리는 재앙
이니라.
71 창조주 내가 내리는 재앙은 나의 아들
이요, 또는 모세요, 또는 내가 기적을
이루었던 모든 그 부분적인 기적으로
써 이를 이루지 아니함이니라.
72 이것이 마지막 시대의 다른 점이니라.
73 마지막 시대가 아니기에 너희를 깨우
쳐 주기 위하여 부분적으로 재앙을 내
렸으며, 너희가 겪을 수 없는 그와 같
은 고통과 시련을 겪는 것을 부분적으
로 보고 역사했으나,
74 이제 내가 직접 내릴 때는 그 이상의
재앙을 받을 수도 없으며 그 이상의
축복을 내릴 수도 없음이니라.
75 나 여호와가 직접 재앙을 내릴 때는
이 모두가 다 검은 숯으로 변한다는
것을 잊지 말라.
76 그러나 너희가 바로 서고자 할 때는
또한 너희가 받을 수 있는 은혜요, 영
광과 축복이 끝이 없음이니라.
77 이것이 창조주 나 여호와의 재앙이냐
축복이요, 은혜냐 하는 그것이니, 여
기서 너희가 알아야 할 것이니라.
78 내가 너희에게 일찍이 말하였듯이, 너
희는 두 갈래 길을 가지고 모두를 살
아가는 나의 백성이라 하지 아니하였
더냐?
79 너희가 천국에 오는 길과 지옥으로 가
는 그 두 길에 서 있지 아니하는 백성
이 없듯이,
80 나 여호와가 마지막 심판할 때는 검정
숯과 같이 모두를 다 태워 버리느냐,
그렇지 아니하면 하늘에서 이루어지
는 것같이 천국을 이 지상에 이루느냐
함이니, 그러나 내가 후자를 택하여
마지막 기회를 한 번 주었음이니 그게
바로 너희들이니라.
81 너희가 어찌 가야 하며 어찌 뿌리를
내려야 하는지 알라.
82 그리하여 창조주가 마지막 선택한 백
성이 그 길을 가지 못할 때는 이 세상
에 재앙을 내리기를 바라는 자이며,
83 그와 같이 이 세상을 숯과 같이 태우
는 체벌을 내리기를 바라는 것과 똑같
은 자이니,
84 이제 너의 제자들에게 이르라.
85 변하지 아니하는 자, 그리고 나의 십
계명이요, 나의 법전대로 살아갈 수
없는 자는 이 성전에 찾아오지 말라
그리하라.
86 나는 사람이 필요치 아니하며, 사람의
숫자로써 역사를 이루고 못 이루는 나
여호와가 아님을 알라, 사랑하는 나의
아들아!

6,972 번째 하나님 말씀

2003년 8월 3일 08시00분

1 사랑하는 나의 아들아!
2 **"네, 아버님! 말씀하옵소서."**
3 너희가 죄를 짓지 않고 살 수 없다 하
는 그 말이 어떠한 것인 줄 알겠느냐?

4 더욱이 내가 친필로 내린 십계명을 지
키고 살 수 없는 백성이라 말하는 종
교 집단이요, 지도자 그들은 과연 어
떠한 자들이더냐?
5 나 여호와가 죄인이라 그리 말하는 뜻
임을 알아야 할 것이니라.
6 나 여호와를 사탄이요, 죄인이라 너희
가 그리 말하는 자들이니라.
7 정녕 너희가 죄를 짓지 아니하며 내
가 불로 써 내린 친필의 십계명대로
살 수 없다고 말하는 너희는 이 세상
에 나올 때 누구의 성령으로써 영혼을
받아서 나가느냐?
8 나로부터 성령을 받아 나간 너희니라.
9 나의 성령을 받아 나간 너희가 죄를
짓지 아니하고 살 수 없다 하는 그 말
은 무엇이던가?
10 나의 성령을 가지고 사는 너희가 죄
를 짓지 아니하고 살 수 없다는 것은
나의 뜻을 거역하는 것이니라.
11 그러니 나 여호와가 사탄에게 결국 질
수밖에 없으며, 사탄을 이길 수 없는
나약한 나 여호와라 말하는 것이 아니
더냐?
12 너희는 그와 같은 의미를 알아야 할
것이니라.
13 나의 성령을 가지고 나간 나의 백성
너희가 어찌하여 사탄보다 나약하며
사탄보다 못하여, 죄를 짓지 아니하고
살 수 없다고 말하는가?
14 그것은 스스로 너희가 변질된 마음이
요, 욕심 때문이니라.
15 너희가 나의 성령이요, 나의 십계명을
그대로 지키고 살아가는 것은, 그 백
성은 누구도 사탄이 감히 범접할 수
없으며, 그를 멸할 수 없음이니라.
16 너희는 내가 살아오라는 그 길을 지키
지 아니하고 살아가면서 하는 말이,
17 종교 집단이요, 지도자들이 육을 가진
인간은 죄를 짓지 아니할 수 없으며,
육을 가진 인간은 죄를 짓지 아니하고
거짓 하지 아니하고 살 수 없기에,
18 너희가 그 용서를 빌고 그리고 성전에
와 재물을 바치며 그리 구원의 길을
가야 한다는 이것이 천 번 만 번 겉으
로 듣기에는 옳은 말이요, 진리인 것
같으나, 이것이 바로 비진리요, 사탄
의 말임을 알라.
19 너희는 나 여호와 창조주의 성령을
받아 나가 이 세상에 태어났음이니,
너희의 생각이요, 너희 모두를 지배하
는 것은 나의 성령이니라.
20 창조주의 성령을 가지고 내려간 너희
는 성령이 곧 나요, 너희와 같은 역사
를 하는 것이거늘,
21 어찌하여 나 여호와가 사탄에게 진다
하는 그와 같은 행위를 하는가?
22 내가 사탄에게 넘어지며 사탄보다 약
하다는 그와 같은 행위를 하는 것이
지금 하고 있는 말이란 그 무서움을
알겠는가?
23 너희가 곧 나라는 것이니라.
24 너희가 성령으로 태어나 성령으로써
살아갈 때, 천사와 같은 자가 아니더
냐?
25 그러니 너희가 나의 뜻에 살아간다면
나의 자식이요, 나의 아들딸들이요,
너희가 바로 나의 분신이 아니더냐?
26 예수도 그와 같은 의미에서 나와 같다
그리 말했으나,

27 보내진 자가 있으며 보낸 자가 있으니,
28 너희의 그 마음이요, 깨우침이 천사와
갈고 나의 뜻대로 사니,
29 나의 능력으로 따르라는 것이 아니요,
너희의 마음 하나요, 그 심성이 나와
너희와 같다는 그와 같은 위대한 백성
으로 태어날 수 있는 것이 나의 십계
명대로 지키고 살아가는 것이니라.
30 그러나 모든 종교 집단들이 인간이 그
를 지킬 수 없다는 것은 육만을 가지
고 말하느니라.
31 그러니 육을 가지고 너희를 평가하고
육을 가지고 따지기 때문에 인간이 죄
를 짓지 아니하고 살 수 없다는 허울
좋은 그 말이 타당한 것 같으며,
32 너희는 죄인이기 때문에 또 그리 살아
갈 수 없기 때문에 그 말이 맞다 하여,
재물을 바치고 울고불고 사탄의 자식
이 되어 사탄에게 힘을 실어 주는 그
와 같은 어리석은 백성으로 전락하였
음이니라.
33 너희 육은 죄를 지은 부모의 육을 가
지고 세상에 나오니 원죄가 있으며 너
희는 죄인이라는 말과 같이, 어찌 생
각하면 그것이 타당한 것 같으며 그것
이 맞는 것 같지만, 절대로 다름이니
라.
34 그리하여 절대적이라고 믿는 자는 거
기서 변할 수 없으며 그 마음을 돌릴
수가 없음이니라.
35 그러나 그 육을 지배하는 것은 너희
몸속에 있으니 그것이 나의 성령이요,
나의 성령은 깨끗하게 내려간 것이거
늘 어찌하여 나의 성령까지 죄인이라
는 그 오만방자한 행위를 하느냐 했지
않으냐?
36 그러나 너희가 지금 하고 있는 것이
또한 그와 같으니라.
37 인간이기 때문에 죄를 짓지 않고 살
수 없다고 그리 말하는 것은 나 여호
와가 깨끗한 성령으로써 나의 피와 같
은, 나의 분신과 같은 것을 내려보낸
너희가, 그를 가지고 사는 자들이 어
찌하여 죄인이요, 죄를 짓지 않고 살
수 없다고 그리 말하는가?
38 그러니 내가 사탄에게 지며 사탄을 이
길 수 없는 성령을 내려보냈다는, 곧
나 여호와가 사탄에게 넘어질 수 있는
것이며 사탄을 내가 이길 능력이 없다
고 그리 말하는 것이 아니던가?
39 이와 같은 뜻을 너희가 제대로 안다
면 함부로 말을 해서도 안 되며, 그것
이 바로 인간 너희가 만든 교리요, 인
간이 만든 너희 계명이라 함이니라.
40 너희는 알아야 할 것이니라.
41 사탄은 나를 능가할 수 없는 것이니라.
42 절대 나를 초월할 수 없다는 것을 알
라.
43 그러한 나의 성령으로써 태어난 것이
너희들이니, 내가 법전에 기록하여 뭐
라 말하였는가?
44 내가 사탄과 싸워 이길 수 있는 똑같
은 힘을 주어 세상에 내보냈다 하지
않더냐?
45 내가 사탄과 싸워서 이길 수 없는 자
들을 세상에 내보내 사탄과 싸워 이기
라 하면,
46 내가 초등학교 학생과 세상살이하는
성인과 맞싸워서 너희 보고 이기라
하는 그와 같은 나 여호와가 아니라

내가 말하여 법전에 기록한 그 대목을
상기하고 깨우쳐 안다면, 오늘의 나의
뜻을 알 것이니라.
47 너희는 나의 성령으로써 태어난 자들
이니, 나의 분신과 같은 자들이니라.
48 너희가 진정한 천사와 같은 마음으로
사는 자, 나의 뜻대로 사는 자, 그게
나의 분신인 그 위대함이 거기에 있거
늘,
49 어찌하여 나의 분신인 너희가 사탄에
게 감히 진다 하며 사탄을 이길 수 없
다고 그리 말하는가?
50 나 여호와도 사탄을 이길 수 없으며
나도 사탄에게 넘어지는 하나님이라
그리 말하는 것임을 알아야 할 것이
니라.
51 너희가 인간은 죄를 짓지 아니하고 살
수 없다 하는 그 의미가 그와 같이 무
서운 뜻임을 알라.
52 나를 부르며 그리고 나에게 오르는 길
이요, 찬송하고 광란하며 울고불고 기
도하는 그와 같은 자들이 바로 나 여
호와가 사탄보다 못하며 사탄에게 지
는 자라 말하는 그와 같은 행동을 하
는 것이라 하면, 그리고 내가 내리는
성령이 썩고 썩은 것이요, 죄의 뿌리
라 말하는 너희의 그와 같은 행사 속
에서, 그와 같은 집단 속에서 지금 그
고집을 피우고 있으며,
53 그것이 하늘에 오르는 길이요, 내 뜻
이라 하니 그것이 무엇이냐?
54 사탄의 집단이라 하였음이니라.
55 개개인 너희에게 사탄의 마음이 그
사악한 벌레들이 보름달처럼 가슴에
뭉쳐 있다 하니,
56 그것이 한두 개가 아니요, 모인 숫자
만큼 그와 같이 썩어져 있는 것이 너
희 집단의 세상이라는 것을 알아야 할
것이니라.
57 사랑하는 나의 아들딸들아! 그리고
선택된 너희는 알아야 할 것이니라.
58 지금은 비록 너희가 약한 것 같으며
너희가 견딜 수 없을 것 같으나, 너희
는 사탄에게 지지 않는 백성임을 먼저
알아야 할 것이니라.
59 너희는 나로부터 무한한 능력을 받아
갈 수 있는 성령을 받은 나의 분신이
요, 나의 일부를 받아 간 것이거늘, 나
의 모두를 가지고 나간 너희이니라.
60 그러니 너희가 그들에게 질 수 없으
며, 너희가 지지 않는 것은 죄를 짓지
아니하고 사는 것이니라.
61 죄를 짓지 아니하고 살 수 있다는 그
말이 평범한 말 같으나, '나는 아버님
의 아들딸이요, 나는 아버님의 피를
가지고 나온 자요, 아버님의 진정한
성령을 받아 나옴이니,
62 그 몸의 일부를 가지고 나와 아버지의
뜻을 대신하여 살아가는 자이기에, 절
대 사탄에게 질 수 없으며 사탄에게
양보할 수 없으며,
63 내가 비록 죽는다 하여도 아버지의 그
이름 석 자를 더럽히지 아니하며, 아
버지의 분신으로서 세상에 나온 자가
아버지를 능멸하는 그 사탄들에게 절
대 지지 아니하며, 그를 다스려 아버
지를 기쁘게 하겠다.' 하는,
64 나 여호와의 기쁨이요, 나 여호와의
그 마음을 너희가 한없이 기쁘게 하
는 그와 같은 역사요, 나의 뜻대로 살

아간다는 그 말과 같음이니라.
65 절대적 십계명대로 지키고 사는 것이
며, 나의 율법대로 살며 나의 법전대
로 사는 것이 나의 아들딸로서 이 세
상에 나의 분신으로 나갔으니, 절대
그 사탄에게 양보하지 아니하며 사탄
의 유혹에 넘어가지 아니하며 사탄을
능멸하겠다는 그와 같은 말을 하고 있
는 것이요,
66 너희가 인간이기 때문에 죄를 짓지 않
고 살 수 없다는 그것은 그 반대급부
를 말하는 것이며, 반대의 길을 가는
자들이요,
67 내가 사탄이요, 사탄보다 약한 자요,
지는 자라 그리 말함이니, 저희가 사
탄을 제왕처럼 하늘과 같이 받들고자
하는 사탄의 자식이 하는 이야기라는
것을 이제 너희는 알아야 할 것이니
라.
68 너희가 비록 나약하나 절대 그들에게
지지 않는 것이 선택된 나의 백성임을
알라.
69 다만, 너희가 참진리의 가르침을 노력
하지 아니하고 비진리요, 모든 유혹에
넘어져 그들의 감언이설로 속이는 그
말에 귀를 기울여 그곳에 발을 들여놓
는다면, 내가 너희를 버릴 자식이나,
70 그렇지 아니하고 오로지 너희가 십계
명을 지키고 살며 나의 법전을 지키고
산다 말하는 것은, 바로 너희는 나의
분신이요, 나의 뜻대로 이 세상에 그
뜻을 이루어 나에게 기쁨이요, 은혜를
돌리겠다는 그와 같은 위대한 뜻임을
알라, 사랑하는 나의 아들딸들아!

6,973 번째 하나님 말씀

2003년 8월 3일 08시 16분

1 사랑하는 나의 아들아!
2 "네, 아버님! 말씀하옵소서."
3 창조주 나 여호와가 역사하지 못하는
것이 없으며 이루지 못하는 것이 없다
고 너희가 그리 말함이니라.
4 그리고 나 여호와는 너희가 베푸는
하나님이며 내려 주는 하나님이라 하
였음이니, 이 세상에 나 여호와가 이
루지 못하는 것이 있음을 너희는 모르
느냐?
5 창조주 나 여호와가 이룰 수 없는 그
것이 무엇인지 알겠느냐?
6 나 여호와가 이 지구상에 가장 불행
한 자요, 가장 소중한 것을 이루지 못
하는 나 여호와라 하면 너희가 믿겠
느냐?
7 창조주 나 여호와가 정녕 이루지 못하
며 내가 잡을 수 없는 게 있다 하면 너
희는 과연 어찌 생각하겠느냐?
8 나 여호와가 사랑에 굶주려 있는 여호
와라면 너희가 알겠는가?
9 내가 이 사랑을 마음대로 할 수 없다
면 너희는 그 말을 믿겠느냐?
10 너희는 내 집에 오지 못하고 있음이니
라.
11 너희가 내 집에 오지 못하며 나에게
오지 못함이니, 내가 사랑을 베풀 사
람이 없으며 베풀 상대가 없다면 너희
는 알겠느냐?
12 그리고 사랑의 아름다운 대화를 할 자
가 없으며 사랑의 의미를 같이 나눌
수 있는 자가 없으니,

13 내가 베풀어 줄 상대가 없는 그 사랑
이요, 사랑하는 그 아름다운 이야기를
나눌 수 있는 나의 아들딸들이 내 집
에 아무도 없다 하면,
14 그를 상대로 하여 아름다운 사랑의 노
래를 부를 수 없으며 사랑의 이야기를
하지 못하는 것이 아니더냐?
15 사랑하는 나의 아들딸들아!
16 내가 베풀고자 하는 사랑이요, 내가
즐기고자 하는 아름다운 사랑을 베풀
어 줄 사람이 없으며 대화할 수 있는
사람이 없으며, 앞에 앉아 있는 나의
아들딸이 하나도 없어 내가 그 사랑에
굶주려 있다면 너희는 이 말을 믿겠
느냐?
17 물론 너희는 그와 같이 내가 내리는
말을 너무나 과장된 이야기요, 나 여
호와를 모르는 자라 그리 말할 것이며,
18 나의 아들이 지나가는 말이요, 쓸데없
는 말이요, 정신 나간 자가 하는 말이
라 하나,
19 나 여호와는 많은 나의 아들딸과 사랑
을 같이 나누며 너희가 살아가는 그
모습을 내려다보고 싶은 것이 나 여호
와의 뜻이니라.
20 너희가 자식을 낳아 그 자식이 걸음마
를 하며 재롱을 부리는 그 사랑을 나
누니, 인간 세상에서 그 무엇과도 바
꿀 수 없는 것이 아니더냐?
21 나 여호와가 그와 같은 사랑을 나눌
수 있는 내 아들딸들이 없음이니, 내
집이 비어 있기에 내가 너희에게 하
는 말임을 알아야 할 것이니라.
22 내가 같이 보고 즐길 수 있는 내 아들
딸이 내 집에 없음이니, 그들과 내가
너희 인간의 생각에 어린 자식과 부모
가 보고 즐기는 그와 같은 사랑을 나
눌 수 있는 길이 없다 함이니, 그것이
나의 고통이라 함을 너희는 알아야
할 것이니라.
23 나의 사랑을 받을 수 있는 나의 아들
딸을 이 지상에서 하늘나라에 많이 역
사할 수 있도록 하는 것이 너희임을
알아야 할 것이니라.
24 사랑하는 나의 아들딸들아!
25 나 여호와는 수천 년 동안 흘러오는
그 생활 속에서 내가 가장 갈급하고
내가 원하는 것이, 굶주려 있는 나의
사랑이라 말하는 것이 나 여호와의 뜻
임이니,
26 이 마음이 얼마나 아프면 내가 너희에
게 그와 같은 말을 할 수 있겠더냐?
27 그러니 너희는 나에게 돌아오라!
28 생명을 넣어 주었으며 모두를 다 주어
세상에 나가 아름답게 살라 하였으며,
또 너희가 나에게 오를 수 있는 불로
쓴 계명이요, 친필로 내린 십계명이
있으며 율법이 있느니라.
29 어찌하여 그를 지키고 온 백성이 없으
며 나를 즐겁게 한 백성이 없음이니,
30 내가 너희를 사랑하며 너희와 사랑을
나누며 너희가 천국에 와 아름답게 살
아가는 그 모습을 보고 내가 즐거운
사랑의 기쁨을 얻을 수 있는 그와 같
은 사랑에 굶주려 있다 함이니,
31 나 여호와의 초라한 모습을 너희가
한번 생각해 보라.
32 내가 사랑을 즐길 수 있으며 사랑을
나눌 수 있는 나의 아들딸들, 그리고
너희가 아름답게 변해 아름답게 살아

가는 그 모습을 보는 그 사랑에 굶주
려 있는 나 여호와의 가슴을 채워 줄
수 있는 것은 너희밖에 없다는 것을
알아야 할 것이니라.
33 내 자식이요, 내 백성이 천국에 와 영
원히 나를 아버지라 부를 수 있는 자
들이 없어 내가 사랑을 나누지 못함이
니,
34 그 크나큰 사랑을 같이 나누지 못한
것이 가장 큰 나의 쓸쓸함이요, 고통
이라 함을 너희는 생각해 주기를 바
라느니라.
35 너희는 이제 알아야 할 것이니라.
36 그리고 나 여호와가 너희에게 하는
말의 그 뜻을 알 것이니, 너희 자신이
먼저 와 나에게 재롱을 떠는 아들딸로
서 천국에 와 주기를 바라며,
37 더불어 같은 형제를 데리고 올 수 있
는 그와 같은 삶을 살도록 하라 하는
것이 나 여호와의 뜻이니라.
38 그리하여 완벽한 삶을 살라고 내가
족쇄를 채우고 또 족쇄를 채워 너희에
게 고통의 길을 가게 함이니라.
39 너희가 나에게 와 기쁨을 나눌 수 있
으며 영원한 나의 아들 딸이 되어 존
재하는 모습을 보며, 무럭무럭 가슴에
피어나는 그 행복과 사랑을 맛보고자
하는 것이 나 여호와의 뜻이니,
40 그 역사를 이루도록 그리해야 한다는
것이 내가 너희에게 부탁하는 것이니
라.
41 그 길을 이루기 위해서는 바로 서야
하며 천사가 되어야 하며, 육의 세상
에서 천사와 같은 모습으로 사는 자만
이 나에게 올 수 있으며, 많은 나의 아
들딸을 인도할 수 있다는 것이 나의
뜻이며,
42 그리하여 너희에게 오늘의 그 시련의
길을 가라 함이니라.
43 무거운 짐을 지고 가는 자식에게 그
짐을 얹어 주는 부모가 없으나,
44 내가 너희에게 그리 행하지 못하며,
내가 인간 세상에서 자식이 짐이 무거
울 때 그 자식과 나누어 지고자 하며
덜어 주고 오는 것이 인간 세상이나,
45 나 여호와는 너희에게 그리할 수 없
는 것이 하늘의 법도이며 하늘의 뜻이
니라.
46 너희가 변하고 변하는 것은 끝이 없음
이니라.
47 아름답게 사는 것, 선행을 베푸는 것
은 끝이 없으니, 너희가 베풀고 산 만
큼 나에게 가까이 오며 너희가 받을
수 있는 그 사랑이 큼이니,
48 그리하여 내가 육의 세상에서 오늘의
그 고달픈 짐을 벗겨 주지 아니하며
계속 더 얹는 그와 같은 나 여호와의
아픈 마음을 알아야 할 것이니라.
49 더욱이 나에게 오지 못하며 지옥으로
가는 너희를 보는 내 마음의 고통이
얼마나 크겠는가?
50 나의 백성 너희가 나에게 와 나의 아
들딸로서 그 모습이 재롱떠는 아름다
운 모습으로 살아가 내 가슴에 그 사
랑을 느끼는 그와 같은 기회를 줄 수
있는 그 길이 아니요,
51 지옥으로 내려가는 그 모습을 보는
것, 그리고 그들이 그것이 천국에 가
는 길이라 하여 지금까지 살아온 그
모두가 지옥의 문으로 감이니,

52 너희가 죽어 영원히 그 지옥의 문 앞에서 몸부림치는 그와 같은 형국을 생각해 보라.

53 너희가 똑같이 살며 너희와 더불어 살았던 그 영혼이 지옥의 고통 속에서 그 대가를 치른다는 것은 곧 너희가 치르는 것임을 잊지 말라.

54 나의 아들딸은 이제는 나에게 오는 그 길을 위하여 노력하며 많은 백성을 인도하도록 그리하라.

55 너희는 남의 잔치에 가서 도취하여 거기서 즐기며 내 아들딸들이 아버지가 베푸는 그 잔치에는 오지 아니하고 등 돌리는 자식과 같음이니라.

56 많은 자식을 두었으나 그 부모의 잔치요, 그 부모의 생일날에 오지 아니하며, 남의 부모 생일날이요, 남의 집 잔치에만 가서 생색을 내며 얼굴을 내미는 그와 같은 너희 모습을 본다면,

57 육으로써 길러진 그 부모의 생일날이요, 그 잔칫날에 부모는 얼마나 쓸쓸하고 가슴이 아프겠는가?

58 낳아 준 부모의 잔치요, 낳아 준 부모의 생일에는 참석하지 아니하며, 남의 집 부모의 생일날이요, 남의 집 잔치만 참석하는 그와 같은 아들을 두었다면 그래도 그 부모는 덜 아플 것이니라.

59 나 여호와는 그보다 천배 만배 더 가슴이 아프니,

60 육의 세상에서 부모의 생일이요, 잔치에 참석하지 아니하고 남의 잔치에 참석하여 효자인 척 둔갑하는 것은, 그 자식들은 그래도 지옥으로는 가지 아니함이니, 내가 너희에게 겪는 그와 같은 그 자식의 고통은 아니니,

61 그 부모는 그래도 그 눈물짓고 넘어가며 참고 갈 수 있을 것이니라.

62 그러나 창조주 내가 보는 나의 아들딸 너희의 그 대가는 바로 지옥으로 가며 그 지옥 불의 고통이 형용할 수 없음이니,

63 너희가 나의 잔치요, 나의 뜻에 따라 천국에 오는 그 길에 참여하여 나를 기쁘게 함이 아니요,

64 사탄의 자식이 되어 너희 스스로 지옥으로 가기 위하여 사탄에게 가서 고개 숙여 사탄을 경배하며 그의 지시에 따라가게 되어 있으며, 나의 많은 아들딸이 그리되어 있음이니라.

65 그리하여 내 마음이 더 아프다 하였음이니,

66 그래도 그들을 구원하고 하늘에 오르게 하려면 너희가 필요하지 않더냐?

67 너희가 아무리 질병에 쓰러지며 몸에 종기가 나 곪아서 운신을 못해도, 결국 그 의사가 그걸 고치며 의사가 손을 대야 하지 않더냐?

68 바로 너희가 의사임을 알라.

69 모두 전염병에 감염되어 지금 죽어 가는 자, 그리고 종기에 부스럼이 나서 그저 살이 썩어 가는 그와 같은 자들, 그를 수술하고 고칠 수 있는 것은 의사만이 해야 함이니,

70 너희가 곧 성령이요, 나의 뜻을 받아 강론을 들으며, 나의 아들과 더불어 변하는 삶을 사는 것이 곧 만병을 통치하는 치료하는 의사로서 세상에 내려졌음이니, 그 의사의 대명을 다하도록 그리하라 함이니라.

71 너희가 수천수만의 나의 수없는 백성
이 전염병에 감염되어 죽어 가며 살이
썩어 가는 그들을 고치고 치료해야 하
는 것이 너희니,
72 그리하여 내려보낸 소중한 의사라는
것을 잊지 말라, 사랑하는 나의 아들
딸들아!
73 의사가 전염병에 쓰러져 가는 그 백성
을 보고, 제 의술에 오만하여 주색잡
기에 빠져 있어 환자를 들여다보지 아
니한다면, 그 불쌍한 환자들은 죽어
가지 않겠느냐?
74 바로 너희가 가야 할 길이 그 길이라
는 것을 절대 잊지 말라, 사랑하는 나
의 아들딸들아!
75 너희는 피투성이가 되어 죽어 가는 그
백성을, 너희가 피범벅이 되어 지쳐
쓰러질 때까지 그들을 구하고 치료하
는 것이 너희가 가야 할 길이며,
76 그 전염병이 만연하여 몸이 썩어 가는
냄새 속에서 단 몇 사람의 의사가 그
를 치료하고자 대들었음이니, 그가 게
을리해서는 아니 되는 것이니라.
77 바로 그와 같은 책임이 무거운 직무임
을 잊지 말라, 사랑하는 나의 아들딸
들아!

6,974 번째 하나님 말씀

2003년 8월 3일 08시 24분

1 사랑하는 나의 아들아!
2 "네, 아버님! 말씀하옵소서."
3 지금의 모든 종교 집단이요, 지도자들
이 가는 길이 나 여호와와 반대의 길
이요, 나와 관계없는 그 길을 가는 자
들이요,
4 신도라는 그 백성이 어떠한 그 구렁
텅이에 빠져 있으며 사탄의 유혹에 휘
말려 있다는 것을 너희는 알고 있을
것이니라.
5 바로 그들이 어떠한 역사를 이루었는
지 알겠느냐?
6 나 여호와는 4천 년 동안 모세를 통하
여 내가 이 세상에 아름다운 건축을
하고자,
7 너희가 건축할 때 필요한 그 설계도
가 있듯이,
8 너희가 천국에 올 수 있는 그 설계도
를 모세에게 내려보냈음이니라.
9 그 설계도를 내가 예수를 통하여 내려
보냈으며 모세를 통하여 내려보냈음
이니라.
10 그러나 4천 년 동안에 역사할 모세가
나로부터 받아 가지고 온 그 설계도를
너희는 짓뭉개 버렸으며 그를 다 찢어
버리고 태워 버렸음이니라.
11 그와 같이 하였음이니, 4천 년 동안에
역사하여 그 설계도에 의하여 내가 이
루고자 하는 건축물을 짓지 못하고 말
았음이니라.
12 또한, 내가 나의 아들에게 내린 그 설
계도는 무엇이더냐?
13 그리하여 내가 나의 아들 예수를 통하
여 2천 년 전에 새로운 세상을 건설하
기 위한 그 정확한 설계도를 나의 아
들을 통하여 내려보냈건만,
14 너희는 그를 또 찢어 버렸으며 태워
버렸으며 그리고 짓밟아 버리고 그리
유린해 버리는 그와 같은 흉악한 행위
를 하였음이니라.

15 그러니 이 세상에 나의 설계도에 의해
집을 지을 수가 없으며 건축물을 역사
할 수 없는 것이 너희가 오늘날 이와
같이 만든 형국임이니라.
16 그러니 이 세상에 내가 세우고자 하는
그 설계도를 찢어 버리고 태운 자들이
지금 나의 발등상에다 건축하는 것은
바로 무엇이더냐?
17 설계도 없이 집을 짓는 그와 같은 형
국의 행위를 하는 자들이 바로 너희
니라.
18 그러니 너희가 믿음의 길이요, 하늘에
오르는 길이요, 나 여호와의 뜻에 따
라 만백성을 구한다고 가르치는 그 방
법은 바로 내가 나의 아들 예수와 모
세를 통해서 이 세상에 건축물을 이루
고자 했던 그 건축의 설계도를 갖지
아니하고 내 설계도라 하여 너희가
지금 떠들고 가르치는 것이 바로 그
형국이니라.
19 내가 너희에게 내려보낸 그 설계도를
두 번에 걸쳐 다 뺏어 태워 버리고 짓
이겨 버리고 너희 마음대로 건축물을
지으면서,
20 그것이 나 여호와가 내려보내는 그 설
계도요, 완벽한 그림이요,
21 그 그림에 의해 너희가 집을 짓고 있
다 그리 말하는 것이 우후죽순처럼 생
긴 그 수억의 종교 집단이요, 지도자
들이 지금 울부짖는 것이니,
22 거기에 진정한 나의 설계도에 의해 이
루어진 것이 하나도 없다 함을 너희
는 알아야 할 것이니라.
23 나 여호와가 영구히 존재하는 그와 같
은 건축물을 세우는 것이 나의 뜻이
었으며, 그 뜻에 따라 설계도를 그려
너희에게 내려보냈으나,
24 그 설계도를 너희가 태워 버리고 찢
어 버렸으니, 영구히 존재하는 그 건
물을 지을 수 없는 것이 너희니라.
25 그러니 너희가 영원히 사는 나의 나라
에 오르는 참진리의 길을 가르치는
것이 아니요, 비진리를 가지고 가르친
다 함이니, 이를 너희는 알아야 할 것
이니라.
26 내가 내려보낸 진정한 그 설계도를 가
지고 너희가 모세가 역사할 수 있도
록, 나의 아들 예수가 역사할 수 있도
록 그대로 따라왔더라면 오늘날 완벽
한 것이 이루어졌음이니,
27 이것이 지상에서 사는 백성이 고통과
시련이 없이 하늘에 오를 수 있는 그
아름다운 천국이 지상에서 이루어졌
을 것이니라.
28 그러니 너희가 지금 내가 이루고자 하
는, 내가 건축하고자 하는 그 설계도
를 다 찢어 버리고 너희가 그저 어깨
너머로 그린 것이요, 너희의 상상이
요, 너희의 머리와 생각으로써 그린
설계도를 가지고 지금 건축을 한다 함
이니,
29 그 건축이 완전한 건축이 되지 아니하
며 부서지고 또 부서지는 그와 같은
형국이 되어 있음이니라.
30 영구적인 건물을 짓지 못하는 것이 너
희니라.
31 그리하여 지금 내가 나의 아들을 통하
여 다시 새로운 시대에 역사하는 것이
무엇이냐?
32 이제 완벽한 설계도를 내려보내니,

33 이것은 아무나 보고 읽을 수 있도록
내려보내어 너희가 태워 버리고 찢어
버려도 원본의 설계도가 존재하여 나
의 피조물 만백성이 누군가는 그와 같
은 건축물을 건축하여 영원히 가는 건
물을 지을 수 있도록 하려는 것이 나
의 뜻임을 알아야 할 것이니라.
34 너희가 짓고 있는 그 집은 영구적인
건물이 아니니, 부서지고 또 부서지면
짓고 또 지으면서 개구리가 비 오는
날 하늘로 올라가겠다고 뛰는 그와 같
은 형국의 자세를 하고 있는 것이 너
희의 형태임이니라.
35 그리하여 내가 완벽한 설계도를 내림
이니, 이 설계도를 보고 읽는 것이 바
로 나의 아들의 제자들이요, 나로부터
선택된 백성 너희들이니,
36 이를 보고 읽는 자만이 그 건물을 지
을 수 있으며, 그 모형대로 이 세상에
아름다운 것을 역사할 수 있는 그 이
치라는 것을 너희는 알아야 할 것이
니라.
37 내가 원하는 이치에 따른 건축물을 영
구히 존재할 수 있도록 이룰 수 있는
것이 너희이니라.
38 이를 명심하여 너희가 행하도록 하라.
39 이를 잊어버리지 말도록 그리하라.
40 모든 설계도가 다 찢어져 버렸음이니
라.
41 그리고 다 망가졌으며 태워져 버렸음
이니,
42 이제 내가 내리는 이 설계도는 너희가
목숨을 다하여 빼기지 말며, 이 설계
도를 남에게 내주어서는 아니 됨을 너
희는 알아야 할 것이니라.
43 모세에게 내린 그 설계도도 모세가 제
대로 관리하지 못하였기에 사탄에게
빼겼으며,
44 나의 아들 예수에게 내려보낸 그 설계
도도 그가 잘못하였기 때문에 그걸 사
악한 자들에게 빼겼음이니라.
45 지금 내가 내리는 이 설계도도 또한
나의 아들 너와 너를 따르는 제자들이
목숨을 다하여 잘 보관하고 관리하여,
46 내가 원하는 그 건축물을 지을 수 있
도록 끝까지 보고 그대로 시행할 수
있도록 너희가 목숨을 다하여 보관하
지 아니하며 지키지 아니하면, 어느
때 사탄이 이 모두를 쓸어 갈지 모름
이니,
47 그들은 이것을 쓸어 가기 위하여 호시
탐탐 노리고 있음이니라.
48 그들이 만일 도둑질하여 이것을 쓸어
간다면 그들은 단번에 불 속에 넣어
버릴 것이니, 그 설계도는 타 버릴 것
이며,
49 그리하면 나 여호와의 진노함을 너희
는 막을 수 없음이니, 이 세상은 숯검
정으로 그 순간에 변하는 것이라는 것
을 알라.
50 이 지구상에는 아무것도 존재할 수
없는 숯검정으로 변할 것이니라.
51 그렇지 아니하면 이것은 하늘에서 이
루어진 천국처럼 여기서 이루어질 것
이니, 너희가 설계도를 지켜야 한다는
것을 잊지 말라, 사랑하는 나의 아들
딸들아!

6,975 번째 하나님 말씀

2003년 8월 3일 08시 37분

1 사랑하는 나의 아들아!
2 "네, 아버님! 말씀하옵소서."
3 모든 백성 너희가 믿음의 길을 가면
서 지금 가는 백성 그들 또한 그러하
니라.
4 수천 년 동안 흘러온 그들의 마음이
어떤 줄 알겠는가?
5 저희가 죄를 짓지 않고 죄를 씻고 살
며 십계명대로 살아야겠다는 마음을
가지고 사는 백성이 또한 있음이니라.
6 그리고 그리 지키고 살아야 한다 생
각하며, 그와 같이 살려고 노력하는
자들이 있음이니라.
7 그러나 그리 살지 못하는 것이 오늘
날 그 백성이니라.
8 그리하여 내일은 지켜야 하겠다, 내일
은 지켜야 하겠다, 내일은 십계명대로
지키며 내일은 자신의 죄를 다 씻고
다시 거듭나는 백성으로 살아야 하겠
다고 내일, 내일모레 미루다가 어느
날 죽음의 그 선을 넘게 됨이니,
9 그때서야 너희가 나에게 심판을 받는
것이 얼마나 두렵고 무서운 것인지를
알게 됨이니라.
10 이제 나로부터 선택된 백성 너희는
또한 알아야 할 것이니라.
11 너희가 깨닫는 그 순간에 용기를 내고
결단하여 그를 행하고 지키는 것이 너
희가 일반 백성들과 차별화된 것이라
는 것을 잊지 말라.
12 수천 년 동안 그 믿음 속에 있는 모든
백성이 죄를 씻으며 깨끗한 사람으로
거듭나며, 그리고 계명대로 살 수 있
는 그와 같은 삶을 살겠다 깨달으면서
도, 저희가 그 순간에 행하지 못하느
니라.
13 모든 종교 지도자들도 또한 저희가
잘못 가르치고 잘못 가는 것을 알았으
면 그 순간에 바로잡아 나의 피조물
만백성이 참진리의 그 길을 갈 수 있
도록 인도하면 되는 것을,
14 '조금만 더 있다가, 조금만 더 있다가'
그와 같은 마음을 가지고 있는 종교
지도자들 또한 수없이 있으며,
15 그 밑에 가서 구원을 받겠다는 백성도
내일은 변해야 하겠다, 내일은 변해야
하겠다 하며, 그와 같이 변해야 하겠
다는 소리만 하다가 어느 날 갑자기
나에게 부름을 받음이니,
16 그때는 이러지도 저러지도 못하는 그
와 같은 형국이 되어 버리는 것이 지
금까지의 삶이니라.
17 너희의 모든 조상이 '내일은 천사처럼
변해야겠다, 내일서부터는 죄를 짓지
않는 삶을 살겠다'는 그 약속을 수없
이 하나,
18 그 약속을 지키지 못하여 지금 지옥의
길에 가 고통을 당하는 것이 너희의
뿌리들이 간 그 길이라는 것을 알라.
19 이제 선택된 나의 백성 너희는 이것
을 용단을 내려, 그 순간에 다스려 지
켜 나가는 것이 차별화된 백성이라는
것을 알아야 할 것이니라.
20 지금 선택된 백성 너희 자신도 흰 눈
처럼 그리고 천사처럼 죄 없는 백성이
요, 죄짓지 않는 백성으로 거듭나는
그 역사를 이루겠다 하면서도, '내일

그리할 것이다, 모레 그리할 것이다,
다음날부터 그리할 것이라' 하며 부질
없이 미루고 미룬다면, 너희도 그들과
같이 죽음의 문턱에서 나에게 오르는
것이 아니요, 지옥으로 가게 됨이니,
21 나의 법전을 접한 백성 너희는 다 잡
은 꿩을 놓치고 섭섭해하는 마음과
같을 것이니라.
22 그보다 천배 만배 더한 것이 너희가
나의 법전을 접하면서 그를 행하고 지
키지 않으면서 내일은 변하겠다, 모레
는 변하겠다, 내일은 악습을 고치겠
다, 그와 같이 미루고 미루다 나에게
왔을 때,
23 네 품에 들어와 있는 날짐승을 다 잡
았다가 놓치는 것보다 천배 만배 억
울함을 느낄 것이며 통곡할 것이니라.
24 그러니 너희는 그와 같은 삶을 살아
서는 아니 되며, 그리 살다가는 결국
무너져 나에게 올 수 없다는 것을 알
아야 할 것이니라.
25 그 모두는 나 여호와가 존재함을 믿지
못하는 것이며, 지옥과 천국의 심판에
따라 그 죄를 치르고 천국에 오른다
는 그 자체도 너희의 마음이 흔들리
기 때문이니라.
26 그러니 내가 너의 제자들에게 하나의
계명을 더 내리지 아니하였더냐?
27 나 여호와가 존재함을 믿는 그 자체가
구원의 길에 들어서는 길이요, 빛이라
그리하였던 그 뜻을 너희가 깊이 가
슴에 새기도록 그리하라.
28 너희도 미루어서는 아니 될 것이니라.
29 너희도 똑같이 미루는 백성이면 지금
수천 년 동안 믿음 속에서 살다 지옥
으로 간 그 백성과 아무것도 다름이
없음이니,
30 여기서 차별화된 백성으로 거듭나도
록 그리 전하라, 사랑하는 나의 아들
아!
31 나 여호와의 뜻이 아니니라.
32 인간의 계명에 의하여 지금 너희를
유혹하는 그 종교 집단이요, 지도자들
의 감언이설에 속아 너희가 지금 죽
음의 길을 가고 있다는 것을 잊어서는
아니 될 것이니라.
33 그러니 너희가 용기를 내야 할 것이
며 결단을 내려야 할 것을 알라.
34 사랑하는 나의 아들아!
35 "네, 아버님! 말씀하옵소서."
36 너의 제자들에게 간곡히 전하라.
37 지금의 종교 집단이요, 지도자들이 존
재하는 이 세상에서는 사랑하는 너희
형제들을 구원의 길로 인도할 수 없다
는 것, 그들의 현란한 유혹이 존재하
는 것은 너희가 구원을 받을 수 없으
며,
38 너희가 안다 해도, 지금의 종교 집단
그들이 잘못 가며 잘못 가르치는 것을
아는 백성이라 해도,
39 너희가 '내일은 고쳐야지, 내일은 고
쳐야지.' 하며 고심하다 죽음의 문턱
을 넘어오듯이,
40 그 속에서 고심하고 고심하다 그들도
또한 죽음을 맞게 되는 것이니, 그들
에게 용기를 심어 주라.
41 그리고 그들이 결단하여 구원의 길로
올 수 있도록 그리하라.
42 그리 인도하고 전하는 것은 나의 법전
이니라.

43 그러니 너희가 깨끗한 마음으로 나의 법전을 만들며 나의 법전을 가지고 그들을 구원하라.
44 내가 너희에게 뭐라 말하였느냐?
45 나 여호와가 사탄이요, 사악한 자요, 나의 법전이 사악한 자의 마음으로 기록된 것이라면 내가 그저 갖다 뿌리라고 하며 전할 것이니라.
46 그러나 내가 너희에게 어떤 명을 주었더냐?
47 너희가 법전을 전한 사람이 천사와 같은 마음이 되었을 때, 그 법전을 받은 자가 그 뚜껑을 여는 그 순간에 그가 깨달음을 얻는다 하였음이니, 너희가 항상 아름답게 깨어 있으면 되는 것이 아니더냐?
48 나의 법전이 사탄이요, 사악한 자가 너희에게 내린다면, 너희 마음이 깨끗하게 변화됨으로써 전해야 남이 깨달으며 법전을 접한 자가 깨닫는다는 그와 같이 어렵고 힘든 역사의 명에의 굴레를 주지 아니할 것이니라.
49 내가 사탄이요, 사악한 자라면 그저 너희는 전하면 될 것이며, 갖다 뿌리기만 하라, 그러면 너희는 은혜와 영광을 받을 것이라 그리 전할 것이니라.
50 그러나 그와 같이 해서는 나에게 오를 수 없음이니,
51 너희가 천사와 같은 마음으로 변해야 구원을 받으며, 천사와 같은 아름다운 마음으로 스물네 시간 그와 같이 존재할 때,
52 너희가 한 권을 전한 법전을 접하는 그 백성, 또는 백 권, 천 권을 전한 것을 접한 백성이 그 순간에 진리요, 하나님의 뜻임을 깨달아 온다 하였음이니,
53 이 무겁고 어려운 굴레를 너희에게 내려 주는 나 여호와의 마음을 이제는 헤아릴 때가 되지 아니하였더냐?
54 이것이 진실이요, 나 여호와의 뜻이요, 공의의 하나님이요, 창조주 내가 가는 길이요, 너희가 가야 할 길이기 때문이니 그리 알라, 사랑하는 나의 아들딸들아!
55 너희로 하여금 나의 법전을 전하여 만 백성을 구하되, 너희가 천사와 같은 마음으로 먼저 변해야 그 법전을 보고 깨우친다 했으니,
56 아무리 전하고 전해도 너희가 천사가 되지 아니하였을 때는 그 법전을 보고 깨우치는 자가 없다 함을 명심하라, 사랑하는 나의 아들딸들아!
57 나 여호와가 내리는 이 간곡한 뜻을 알겠는가?
58 안다면 시행하도록 그리하라.
59 너희가 법전을 만드는 것도 마찬가지이니라.
60 내일로 미루고 또 모레로 미루다 보면 너희의 정해진 시간은 가며 너희의 생명줄은 감아짐이니라.
61 그리고 법전을 만들어 전하는 것도 미루고 또 미루며 그와 같이 해서는 이루어지는 것이 없음이니라.
62 나의 아들이 너희에게 하소연하지 않더냐?
63 하나의 기계 테이프라는 것에 나의 음성을 기록하고자 함이니,
64 기도하지 아니하며 경배하지 아니하면 그 테이프는 천년만년이 가도 그대

로 서 있음이니,
65 그리하여 어쩔 수 없이 그는 기도하며
또 경배하는 그 길을 갈 때 그는 감아
지며, 나의 음성은 거기에 기록되어
만백성을 구하는 책으로 만들어진다
하지 않더냐?
66 이와 같은 그 길을 너희는 가야 함을
잊지 말라, 사랑하는 나의 아들딸들아!

6,976 번째 하나님 말씀

2003년 8월 3일 08시 45분

1 사랑하는 나의 아들아!
2 "네, 아버님! 말씀하옵소서."
3 예수가 나의 뜻을 받아 세상에 내려가
죄 없는 세상을 만들고자 하며, 죄짓
지 않는 백성이 살아가는 그와 같은
천국을 만들고자 하였음이니라.
4 그가 모든 것에 실패하는 결과로써
끝났다 내가 그리 말하지 아니하더냐?
5 그러니 그 사악한 자들이 그와 같이
그 길을 막았으며, 나의 아들 예수가
가지고 나간 그 설계도를 빼어 갈기갈
기 찢어 그를 볼 수 없도록 다 태워 버
렸다 그리 말하지 아니하였더냐?
6 그러니 그들은 반드시 알고 있음이니
라.
7 나의 아들 예수가 내려왔을 때 저희가
그를 무너트렸음이니,
8 나 여호와가 그와 같이 나의 아들 예
수를 내려보내는 것이 아니요, 나 여
호와가 직접 관장하여 예수보다 더 강
한 자를 내려보내어 모두를 다 역사한
다는 것,
9 그리고 그때는 그들이 정녕 견디기가
힘들며 그 이기기가 어려울 것이며 버
티기가 어렵다는 것을 그들은 알고 있
음이니라.
10 그리하여 그들이 나의 사랑하는 백성
을 유혹하여 복음을 전한다 하여 끌
어들여, 그들이 성곽으로써 장막으로
써 나의 백성을 지금 사용하고 있다
고 내가 그리 말하지 아니하였던가?
11 그러면서 그들은 그것을 다 알면서 그
리 말하느니라.
12 나의 아들 예수가 다시 세상에 재림하
여 내려와, 저희가 2천 년 전에 역사
한 것처럼 그와 같은 역사를 다시 이
룰 것이며 그 시대가 올 것이라 하여,
13 너희는 그때를 기다리라, 그리하면 그
역사가 이루어질 것이며 그때 구원을
받는다고 그리 말함이니라.
14 그러니 그들이 얼마나 간교한 방법으
로써 사탄의 지시에 따라서 사탄의 뜻
에 의해 그와 같은 말을 전하고 있는
가?
15 내가 예수는 재림하지 아니하며, 예수
는 2천 년처럼 내려가서 기적을 이루
며 재림하여 너희를 구원할 자와 버
릴 자를 그와 같이 하지 아니한다 하
였으며, 사탄들도 그리 아느니라.
16 그들이 한번 나의 아들 예수가 능력을
가지고 세상에 나와 그가 이루고자
하는 그 뜻을 짓밟아 그를 죽게 하였
으며, 내가 내리는 설계도까지 빼어
찢어버려 지금의 암흑의 세상을 이루
는 이룬 그들은, 나의 아들 예수가 다
시 내려오지 않는다는 것을 알고 있음
이니라.
17 나의 아들 예수가 내려오면 저희가

또 이길 수 있는 것을 알면서, 나 여호
와가 저희에게 내려보내지 아니한다
는 것을 알고 있음이니라.
18 그러면서 그들은 감언이설로 나의 백
성을 유혹함이니, 왜 그러느냐?
19 예수가 재림하지 않는다는 것을 알고
있기 때문에, 그를 기다리고 기다리다
보면 지쳐 있는 백성이 저희의 뜻을
따르며,
20 오지 않는 예수가 올 그날을 기다리
는 것을 영원히 이 지상이 존재하는
동안까지 그리 가르치고 그리 설교하
고 그리 유혹하며 저희 마음대로 끌
어갈 수 있기 때문에 그들은 그와 같
은 행위를 하고 있음이니라.
21 사탄이요, 사탄의 그 뿌리는 알고 있
느니라, 절대로 예수는 재림하지 아니
하며 예수가 2천 년 전에 와서 저희
마음대로 농락했던 그와 같이 농락당
하는 예수를 내려보내지 아니한다는
것을.
22 그리하여 나 여호와가 철퇴를 내릴 수
있는 더 무서운 자, 더 강한 자를 세상
에 내려보내어 저희를 무너트린다는
것을 그들은 알고 있음이니라.
23 그는 곧 내가 직접 행한다는 것을 알
고 있기 때문이니라.
24 그리하여 그들은 그때 내가 직접 행했
을 때, 저희가 잘못된 것이 무너지며
그 모두가 들통나는 것이 두렵고 무서
워,
25 지옥을 가는 한이 있다 해도, 지옥으
로 가고 천국에 오지 못한다 해도, 성
곽을 완전히 만들어 그를 막으려 하며,
26 참빛이 내려와 저희를 가르는 그 불
칼을 막아 보고자 하는 것이 그들의
욕심이니라.
27 그러니 너희는 여기서 깨우쳐야 할
것이니라.
28 나의 아들 예수가 재림하여 다시 와
죽을 자와 산 자를 구분한다는 그 뜻
을 사탄들은 영원히 오지 않는다는 것
을 아느니라.
29 그리하여 영원히 오지 않는 자를 온다
고 속이고 또 속여 그들을 기다리게
하며,
30 그리하여 그들이 지쳤을 때 그들을 끌
어들이는 자들이며,
31 그리하여 그 유혹에 넘어가 끌려가서
또 그들이 지옥 속에 살다 지옥으로
끌려가는 그와 같은 삶이 계속 반복되
고 있는 것이니,
32 이 이치를 나의 아들의 제자들이요,
백성은 알아야 할 것이니라.
33 오지 않는 나의 아들 예수가 재림하여
온다 하여 다시 기적을 이루며 죽을
자와 버릴 자를 구분한다고 그리 전하
는 것은, 오지 않는 것을 알고 있기 때
문에 그리하는 그들의 간교한 방법이
며,
34 다만 예수보다도 더 무섭고 더 강한
그와 같은 방법으로써 모두를 다스리
며 철퇴를 내린다는 것을 알고 있음이
니, 그는 내가 등장하며 내가 직접 한
다는 것을 그들은 알고 있음이니라.
35 그리하여 그와 같이 예수가 재림한다
하여 나의 백성을 지치고 지치게 하
여 오지 않는 그를 기다리다가, 그들
이 성곽의 역할을 하며 사탄의 앞잡이
노릇 하다 그저 지옥으로 가는 그와

같은 것을 저희가 임의로 하기 위하
여 그와 같은 이중적인 방법을 쓰고
있음이니, 거기에 속지 말라.
36 한번 내려보내 실패한 나의 아들을
두 번 다시 내려보낸들, 그 사탄들이
그 방법을 알며 그를 쓰러트리는 그
방법을 알며 그가 가지고 내려간 그
설계도를 뺏어 찢어 버린 경험이 있
는 자들이 얼마나 쉽게 행할 수 있겠
는가?
37 그리하여 그들은 아느니라, 저희가 절
대 뺏을 수 없는 자 그리고 뺏기지 않
는 자를 세상에 내려보낸다는 것을.
38 그래서 그를 대비하여 그들이 성곽을
이루는 사악하고 간악한 자요, 그 교
묘한 수법을 너희가 모르고 속는 것
이니라.
39 사탄의 그 잔꾀에 욕심에 차 있는 그
백성 너희가 넘어가 그리 끌려가고
있는 이와 같은 형국이니,
40 하늘의 뜻을 내가 기록하여 내려보내
니, 이를 너희가 읽고 깨우치며 만백
성에게 이와 같은 가르침을 주도록 하
라, 사랑하는 나의 아들딸들아!

6,977 번째 하나님 말씀

2003년 8월 3일 12시 05분

1 사랑하는 나의 아들아!
2 "네, 아버님! 말씀하옵소서."
3 내가 나의 아들 예수를 너희에게 던
져 주었으며 보냈음이니라.
4 그리하여 너희가 죄짓지 않는 백성이
요, 죄짓지 않는 세상을 만들어 이 지
상에 살다 나에게 오를 수 있는 그와
같은 역사를 이루고자 하였음이니라.
5 그것이 너희가 그리 갈망하고 소원하
는, 하늘에서 이루어진 것같이 이 땅
에서 이루어지는 그 역사요,
6 그리하여 너희의 그 뜻을 들어주고자
하여 내가 그리 역사했으나, 너희가
그 밀알을 싹이 트지 못하도록 태워
버렸다 내가 그리하지 아니하였던가?
7 그리하여 그 순간에 아름답고 예쁜 그
옷의 단추를 잘못 끼웠음이라 하였음
이니라.
8 그리하여 나 여호와는 2천 년 동안 그
암흑의 세월 속에서 그 단추를 바로
끼우는 자, 바로잡는 자가 너희 백성
중에서 누군가 나오기를 기다리고 기
다렸다면 과연 너희는 내 말을 믿겠
느냐?
9 너희 스스로 깨우쳐서 그와 같은 의인
이 세상에 나왔으며, 어떠한 종교 집
단이요, 지도자가 그를 바로잡고자 세
상에 나왔다면 나 여호와는 그에게 힘
을 줄 것이며, 그가 단추를 바로 낄 수
있도록 해 주었을 것이니라.
10 그러나 2천 년 동안을 너희가 돌이켜
생각해 보라.
11 세상은 더 험악해졌으며, 너희 마음은
메말랐으며 황폐한 백성으로 변하지
아니하였던가?
12 그리하여 더 이상 이를 볼 수 없으며
더 이상 지탱해서는 아니 되기에, 지
금 내가 나의 아들을 보내어 너희의
잘못된 것을 바로잡고자 하는 나 여호
와의 뜻이 여기에 있음이니라.
13 너희는 손에 쥐여 주어도 믿으려 하
지 아니하며 지키려 하지 아니함이니,

14 너희가 잘못 가는 것이요, 잘못된 것
을 내가 하나하나 집어 나의 법전에
기록하여 너희에게 깨우쳐 주어도 너
희가 이를 보고 따를까 말까 함이니,
15 내가 그리하여 상세한 내용을 기록하
여 전함이니, 너희는 마음 아파하지
말라.
16 너희가 그와 같은 방법으로써 나의 피
조물 만백성이요, 지금의 종교 집단이
요, 지도자들을 깨우칠 길이 없음이니
라.
17 너희가 아무리 참진리를 가지고 가서
말한다 해도 그들은 절대 듣지를 아니
하느니라.
18 그리고 그들은 그를 타협하지 않으려
함이니라.
19 너희가 깨끗한 생수를 오른손에 들고
썩은 물을 왼손에 들고 갖다 주어도,
20 저희가 썩은 물에서 살았기 때문에 그
들은 생수를 받으려 하지 아니하며 썩
은 물이 제 편이요, 그것이 진리라 말
할 정도로 되어 있음이니, 이를 어찌
한단 말이더냐?
21 너희가 색깔로 표시하여 그를 주어도
아니라 그리 믿음이니라.
22 그들이 가진 것이 붉은색이요, 너희가
가진 것이 흰색이라 할지라도, 그들은
붉은색이 하늘에 오르는 길이요, 나에
게 오르는 길이요, 구원을 받는다고
그리 말함이니,
23 내가 흰색을 거둬들이며 거둬들인다
고 아무리 말해도 그들은 믿지 아니할
것이니라.
24 그들은 목숨은 바쳐도 너희 말을 들
으려 하지 아니하니, 내가 그들을 하
나하나 해부하여 그를 분해해서 내놓
지 아니하면 그들이 알 수 없음이니라.
25 내가 저희들의 머리서부터 발끝까지
모두를 다 하나하나 해부해서 그를 벌
려 놓듯이 세상에 너희에게 그를 들
여다볼 수 있도록 하지 않으면 그들은
절대로 아니할 것이니라.
26 너희가 숨을 쉴 때까지, 숨이 끊어지
기 전까지 절대 그를 보지 않으려 함
이니,
27 내가 그래도 사랑하는 나의 백성이
앞으로 이 세상에 새 영혼을 가지고
나온 백성이 더 많기에,
28 내가 지금 지난날의 너희 모두를 다
머리서부터 발끝까지 하나하나 해부
하여 그를 보여 주기 시작함이니,
29 그것이 얼마나 썩어져 있으며 인간의
능력으로서 할 수 없는 것을 보여 주
고자 하는 것이 오늘의 내가 잘못됨을
지적하며 나의 이 법전에 기록하여 전
함이니,
30 너희는 그와 같은 나의 뜻에 대하여
가슴 아파하지 말며 마음 아파하지
말라.
31 어쨌든 이는 영원히 존속되는 것이며
영원히 기록되는 것이요, 그리하지 아
니하면 모든 백성을 깨우치며 하늘에
인도할 수 없기 때문임을 너희는 알
아야 할 것이니라.
32 너무나 썩고 썩어져 있음이니라.
33 모두가 다 썩은 것이 이 세상을 덮고
있음이니, 이를 어찌 거둬들일 수 있
단 말이더냐?
34 다만, 내가 너희를 통하여 이 모두를
거둬들이고자 함이니, 너무 어렵고 힘

든 고비이니라.
35 그러나 너희는 두려워하지 말라.
36 너희는 성경에 기록된 나의 뜻을 알고
있을 것이니라.
37 결국은 너희가 승자이니라.
38 아무리 사탄들이 나의 백성을 갖다 성
곽을 이루고 벽을 두껍게 쌓고 아무
리 높이 쌓는다 해도,
39 내 진리의 칼은 그들을 다 치고 헤치
고 나갈 것이며 그를 다 자를 것이니
라.
40 저희가 아무리 해도 견딜 수 없다는
것을 그들은 알고 있음이니라.
41 다만, 그것을 연장해 보고자, 그 시간
을 더 끌고자 하여 지금 나의 법전이
사탄이요, 이단이요, 그리고 너희를
죽이고자 하며 너희를 쓸어버리고자
하나,
42 그들도 알고 있느니라, 결코, 이길 수
없다는 것을.
43 이길 수 없는 것을 저희가 버티고 있
는 것이니, 너희는 모르고 있으나 그
들은 알고 있음이니라.
44 나의 아들이 이 세상에 내려오지 아니
하며 예수가 다시 재림해서 구원할
자와 구원하지 아니할 자를 구분하지
않는다는 것을 저희가 알고 있으며,
45 더 무서우며 저희가 감내할 수 없는
그와 같은 나의 불 칼이 내려와 모두
를 무너트린다는 것은 그들은 알고 있
음이니, 그들이 공포에 젖기 시작하였
음이니 두려워하지 말라.
46 모든 승자는 너희니라.
47 그리고 그 역사가 너희가 죽기 전에
육으로써 끝나기 전에 그 모두를 보는
것이 나에게 은혜요, 축복받은 백성이
라는 것을 알라.
48 육의 세상에서 내가 모두 역사한다면
오늘날 너희의 믿음의 자세가 다를 것
이며 나를 믿는 것이 다를 것이며 너
희의 각오가 다를 것이며 생각하는 것
이 다를 것이니라.
49 그때는 하나의 오차도 없으며 하나라
도 악한 것을 네 가슴에 두지 않는 천
사와 같은 백성으로 변하는 날이 그날
이니라.
50 내가 모든 역사를 했을 때 너희는 천
사가 될 수 있는 백성이니,
51 하루아침에 천사가 될 수 없듯이 오늘
의 훈련과 훈련을 거듭하여 하나하나
지우는 방법을 배우며 버리는 방법을
배워,
52 내가 역사했을 때 그 순간에 너희는
완전히 굳어질 것이니라.
53 사탄들이 나의 아들 예수가 내려간
것을 그 역사를 이루지 못하게 그를
무너트리고 막았다 하나,
54 그들의 결속이 아무리 단단해도 나를
믿으며 나의 성령으로 굳어진 너희만
큼 단단하지 못함이니,
55 아무리 그들의 성곽이 크다 해도 너희
마음이 천사와 같이 굳어진 마음으로
그 성곽을 때릴 때, 그 성곽은 견디지
못하며 무너질 것이니, 그때 가서 너
희는 알게 될 것이니라.
56 내가 너희에게 모두를 역사의 은혜를
내렸을 때 모든 사탄을 무너트릴 수
있는 단단한 너희가 되니, 그보다 더
단단한 보석은 세상을 없을 것이니,
57 가장 귀중하고 단단한 보석으로 되어

너희가 사탄의 성곽을 무너트리는 날
을 살아서 보게 될 것이니 그리 알라,
사랑하는 나의 아들딸들아!

6,978 번째 하나님 말씀

2003년 8월 3일 17시 11분

1 사랑하는 나의 아들아!
2 "네, 아버님! 말씀하옵소서."
3 내가 구약의 시대의 모세에게 그 역사
할 수 있는 설계도를 만들어 그리 내
려보냈음이니,
4 그가 그를 제대로 관리하지 못하고 지
키지 못하여 사탄에게 그가 빼겼으며,
그리하여 그와 같은 광란의 짓을 하고
있었다 하지 않았던가?
5 그러나 그 모두는 지도자라 하여 나로
부터 명받은 그 선택된 자들이, 너희
로 말하면 나로부터 명을 받아 나를
대역하는 자로 선택된 자들이 그 직분
을 다하지 못했기에,
6 그와 같이 험악한 지금의 역사가 흐른
다는 것을 그 책임을 진 자들이 잘못
함을 뼈저리게 느껴야 함을 알아야
할 것이니라.
7 모두가 다 내가 명한 것을 관리하지
못하고 지키지 못하였으며, 그는 허점
이 있었고 그대로 지키지 못하는 약점
이 있었기 때문에 오늘과 같은 험악한
세상이 되었다는 것을 너희는 이제
돌이켜 보아야 할 것이니라.
8 마지막 나의 아들을 따라서 나의 뜻을
받아 수행하는 너희는 그와 같은 전
철을 밟아서는 아니 될 것이며,
9 오늘의 나의 아들 또한 그와 같은 역
사를 밟아서는 절대 아니 됨을 너희는
알아야 할 것이니라.
10 내가 구약의 시대에 모세를 통하여 역
사하고자 했던 것, 그들이 관리를 잘
못했으며 다스리지 못했으며 그들이
역사하지 못한 것은 그들의 책임이 큼
이니라.
11 나의 아들 예수가 또한 성령으로 세상
에 나가 그 모두를 이루도록 내가 설
계도를 주었으며 그 모두를 주었으나
그 역사를 이루지 못하며, 지금 하늘
에서 이루어진 것같이 지상의 낙원이
이루어지지 못한 것은,
12 그들이 관리하고 보관하는 그 모두를
다스리지 못하였기 때문에 그 책임이
있음이니라.
13 지도자요, 책임자라는 것은 그래서 중
요함을 너희는 알아야 할 것이니라.
14 오늘 나의 아들 너를 아들이라 불러
내가 나의 모든 성령을 내려 너로 하
여금 160권의 법전을 만들어 만백성
을 구하고자 하는 마지막 시대를 엶에
있어서,
15 네가 얼마나 바로 서고 네가 어찌 가
느냐, 네가 이를 소화시키느냐 소화시
키지 못하느냐에 따라서,
16 이게 죄가 되고 보배로움이 되는 것은
바로 여기 있음이니라.
17 그리 못 했을 때, 너는 그 책임을 면치
못할 것이며, 너 또한 그 책임에 대한
벌을 받아야 할 것이며, 거기에 대한
책임 추궁을 면하지 못함을 알아야 할
것이니라.
18 뭐라 말해도, 너는 내가 이루고자 하
는 역사로 선택된 나의 아들로서 그리

가지 못하며, 천 년에 걸쳐서 하늘에
서 이루어지는 것같이 지상의 낙원이
이루어지지 못했을 때, 그 책임은 네
가 져야 할 것이며, 우선 네가 제1의
책임이 있음을 알라.
19 지도자요, 책임자가 그 모든 책임을
지는 것과 마찬가지니라.
20 그리고 너를 따라서 나의 강론을 들으
며 내가 불러 쓴 그 제자들 또한 내가
이루고자 한 그 뜻이 이루어지지 않을
때 두 번째 그들에게 그 책임이 있을
것이며 그 책임을 그들은 면치 못할
것이니라.
21 그저 너희가 시계추처럼 왔다 갔다
시간 나는 대로 나의 성전에 와 나의
아들의 강론을 들으며 법전 몇 줄을
읽는 것으로써 깨달음의 길을 가는 자
며 세상에 얻을 것을 다 얻은 것처럼
안일한 자세로 그리 가지 말라.
22 너희가 밤을 새워 나의 법전을 읽고
공부하고 깨우쳐,
23 내가 역사하는 길이 무엇이며 내가
이루고자 하는 뜻이 무엇인가, 그 일
익을 담당할 너희가 해야 할 일이 무
엇이며 너희가 역사하고 지킬 것이
무엇인가를 스스로 찾으며 대명을 찾
도록 그리 전하라.
24 너희가 구원을 받고 못 받는 것도 너
희 노력이요, 내가 너희에게 명한 것
또한 지키고 지키지 못하는 것도 너희
의 깨달음의 노력에 있음이니 그리 알
라.
25 너희가 나의 법전을 손에서 떼지 말며
항상 정독하고 깨우치라 했으며, 내가
나의 아들을 통하여 내리는 강론을 너
희가 메모하고 기록하여 그를 지키라
내가 그리하지 아니하였던가?
26 그와 같은 지상의 명령이요, 나 여호
와의 뜻을 과연 얼마나 지키고 행하는
가?
27 그것부터 행하지 아니하며 지키지 못
한다면 너희는 나의 뜻을 이루어서 행
할 수 없는 자들임을 알라.
28 내가 너희에게 십계명을 기록했을 때
깨달음이 무엇이며, 지금까지 나의 강
론을 들었으며 또한 지금 공부를 했으
며 너희가 법전을 읽고 깨우친 그와
같은 깨달음을 다 기록하여 그를 내
법전에 기록하여 만백성 후손에게 거
울로 삼으라 그리하였거늘,
29 그를 준비하는 백성이 얼마나 있으며
과연 그를 대비하여 역사하고자 하는
자들이 얼마나 있으며 시작한 백성이
얼마나 있는가?
30 네가 그를 또한 확인하여 점검해야 할
것이니라.
31 그 간단한 것 하나도 시행하지 못하며
지키지 못하는 너희가 어렵고 힘들 때
과연 나의 뜻을 역사할 수 있다고 말
할 수 있는가?
32 그러기에 너희는 아무도 역사할 수
없음을 알아야 할 것이니라.
33 너희는 나의 아들을 평가하며 나의 아
들을 점수를 매기고 있음이니라.
34 그러나 너희 스스로 네 점수를 매겨
보도록 그리해야 할 것을 절대 잊어서
는 아니 될 것이니라.
35 너희는 모두 나로부터 점수를 받기를
원하며, 내가 너희를 어찌 생각하며
내가 너희를 얼만큼 사랑하며 얼만큼

비중을 두고 있는가를 알고 싶어 하
며 깨닫고자 하는 것이니라.
36 그리고 너희가 하늘에 구원을 받을
것인가 못 받을 것인가,
37 너희 점수는 어디며 너희 위치는 과
연 어디에 있는가 그와 같은 것을 알
고자 하는 것이니라.
38 그러면 너희는 네 주변에 심판관이
있다는 것을 잊지 말라.
39 네 주변에 있는 너희 형제요, 동료가
너희를 평가하는 것이며,
40 너를 느끼는 그것이 바로 내가 너희에
게 느끼는 점수이며 너희가 가지고
있는 것이라는 것을 잊지 말라.
41 나의 아들이 변하고자 노력하는 것을
너의 제자들이 그를 보고 노력하며 열
심히 살아가며 변화된 모습으로 살아
간다고 그들이 말할 때, 그게 바로 내
가 너를 보는 눈이며 내가 너를 다스
리는 결과임을 알라.
42 그들이 네가 아직도 변하지 못했으며
네가 미래가 보이지 아니하며 선지자
로서 갈 자격이 없는 자라 그리 그 눈
에 비치고 그 마음에 비쳤다면,
43 그게 바로 내가 보는 너의 잘못된 것
이며, 네가 나의 아들로서 자격이 없
으며 그 역사를 임할 수 없는 것이니,
44 그러니 네 제자가 보는 그 마음이 나
로부터 심판을 받음이요, 네가 있는
자리이니라.
45 그러니 그들에게 내리는 것을 네가 항
상 알아야 할 것이니 그들이 생각하
는 것을 알아야 할 것이며, 그들이 네
가 변하는 모습을 보고 행복하며 변하
고 있는 너를 느낄 때 그것이 내가 너
를 보는 마음이니라.
46 너의 제자들 또한 그러니라.
47 너의 제자들의 형제지간에 너희를 보
는 그 점수요, 그 보는 눈이요, 그들이
평가하는 것이 내가 너를 평가하는 것
이며 나로부터 받는 점수이니,
48 그러니 너희가 인간 세상에서 형제들
이요, 너희 동료요, 같은 이웃에게 어
떠한 점수를 받는가, 너 스스로 그를
다스려 보라.
49 이제 나의 아들 너 또한 그러니라.
50 너의 제자들이 네가 변하는 모습을 보
고 기쁨으로 변할 수 있는 선지자요,
나로부터 선택된 자라는 것을 믿고 그
들이 생각할 때, 그와 같은 변화를 볼
때 내가 너를 믿는 것이요,
51 그들이 불안해하며 너를 믿지 못할 때
내가 너를 믿지 못하며 내가 너를 믿
지 못한다는 그와 같은 생각이 들 때
너는 이 역사를 이룰 수 없는 것이 너
임을 알라.
52 그러니 네 제자가 너를 보는 그 눈이
나에게 받는 점수라는 것을 생각해,
네가 행동을 바르게 할 것이며 삶의
자세를 바로 가도록 그리하라.
53 그들의 눈에 비치는 것이 내가 너를
믿고 너에게 점수를 매기는 것이니,
54 그 점수를 높고 낮게 받는 것은 네가
나로부터 신임을 받고 못 받는 것이
요, 내가 너를 믿고 못 믿는 것이 거기
에 있음이니라.
55 그와 같이 모든 것은 다 너희 동료요,
형제요, 같이 더불어 공부하는 그 제
자들이 너희에게 느끼는 그것이 그 점
수이니,

56 과연 너희가 그리해서 하늘에 오를
수 있으며 천사가 될 수 있는 것인가,
너희 스스로 평가하여 얻도록 그리하
라.

6,979 번째 하나님 말씀

2003년 8월 3일 17시 21분

1 사랑하는 나의 아들아!
2 내가 나의 깨끗하고 고운 그 성령을
내려보내 너희 인간을 한 사람으로서
세상에 내려보낸 것이 나의 백성이라
그리하였음이니라.
3 수천 년 동안 믿음의 길을 온다는 너
희 믿음의 조상들이 그 첫 단추를 잘
못 낀 가르침으로 얼룩지고 찌들 대로
찌든 종교 집단이요, 지도자요, 그 속
에 구원을 받았다는 백성,
4 그리고 인간의 도리를 다하고 산다며
각종 신 앞에 고개를 숙이며 마음을
다스려 가는 이방인이요, 또한 믿음의
길을 가는 길이요, 그와 같은 백성의
그 모든 실태를 바라보는 나 여호와의
마음이 어떤 줄 알겠는가?
5 너희 삶이 그러니라.
6 너희는 진정한 진리요, 나의 뜻에 따
라 의인이요, 천사와 같은 백성이 있
는 것이 아니라,
7 겉으로는 번지르르하며 아주 호화롭
고 화려한 것 같으나 너희가 그 모두
는 다 썩어져 있으며 병들어져 있음
이니,
8 너희는 생각하는 것과 행동하는 것이
다른 자가 이루 말할 수 없으며, 말로
써 하는 자와 또 그 행동하는 것을 말
로써는 화려하며 천사와 같은 짓을 하
나, 이면에 사악한 마음이 도사리고
있는 자가 있는가 하면,
9 생각조차도 사악한 마음으로 가지고
가는 자, 자기를 위해서 살아가는 자
들만이 득실거림이니,
10 겉으로는 화려하고 겉으로는 위대한
것 같으나 다 썩어져 있으며 다 죽은
자들임을 너희는 알아야 할 것이니라.
11 모든 종교 집단이요, 지도자 그들이
살아 있어야 할 것이며 그들은 정녕
속이 썩지 않는 백성으로 있어야 할
것이나,
12 믿음이라는 그 길을 가는 백성이 사탄
의 자식으로서 전락하여 나의 뜻을
거역하는 대표자며 선봉장으로 가는
자들이 그들이기에,
13 그들의 속은 숯검정보다도 더 썩어 있
으며 죽은 자들이 바로 그들이니라.
14 그들을 구원하고 살린다는 것은 정녕
어떠한 처방으로써도 그를 이룰 수 없
음이니,
15 오로지 태워도 찢어버려도 변하지 않
는 그저 오뚝이처럼 무너져도 또 일어
서며 밀어도 또 일어서며 발로 차도
일어서는 그와 같은 나의 법전이요,
나의 성령으로써 기록한 '하늘에 오르
는 길'이요, '하나님! 말씀하옵소서'라
는 이 대장정의 책밖에 그들을 다스리
고 깨우칠 길이 없음을 너희는 명심
해서 들어야 할 것이니라.
16 그 대목을 이루고 그 기초를 이루는
것이 나의 아들을 따르는 제자 너희가
하는 일이요, 나의 법전을 읽고 깨우
친 백성 너희가 역사해야 되는 것이

니 그리 알아야 할 것이니라.
17 나의 백성에게서 재물을 거둬들이고
자 하는 지금의 모든 종교 집단이요,
지도자도 그들이 어찌하는가?
18 입으로 모두를 만들어 그들이 기도하
느니라.
19 호화찬란한 말로써 저희의 생각으로
써 인간의 머리로써 인간의 입으로써
그 모두를 망가트리는 것이 그들의 기
도이니라.
20 그저 축복의 기도를 드린다, 영광의
기도를 드린다, 나의 피조물 만백성들
에게 은혜를 내린다 그리 말하면서,
21 그들이 챙기는 것은 바로 금화와 은화
요, 재물을 거둬들이기 위한 그와 같
은 장사 속으로써 그들이 행하는 것이
오늘의 종교 집단이요, 지도자들이 가
고 있는 행위라는 것을 내가 수없이
너에게 기록하여 전하였음이니, 이를
만백성에게 전해야 할 것이니라.
22 모든 종교 집단의 지도자들은 저희가
일한 것만큼 그 품삯을 받고자 일하는
자요, 품삯을 거둬들이려고 그와 같이
역사하는 것이 오늘의 그들이니라.
23 모든 종교 집단이요, 지도자들이 책임
을 지는 자와 책임을 지지 않는 자의
차이점이 무엇인 줄 알겠느냐?
24 그 일을 시키는 주인은 모든 책임을
가지고 있는 자요, 품삯을 받는 자는
그 품삯을 받으려고 시간만 보내면
되며, 해가 질 때까지 정해진 그 시간
만 맞추면 되는 것이니라.
25 그러니 그들은 책임이 없으며, 그 잘
되고 잘못된 것에 대한 그 어떠한 보
상의 책임도 그들에게는 없느니라.
26 그저 시키는 대로 하는 것이며 그저
그 시간만 채우고 가는 것이 품삯을
받는 자들이 아니던가?
27 그러니 지금의 모든 종교 집단이요,
지도자들이 과연 그들이 한 역사의 책
임을 지려 하며, 그와 같은 책임 있는
행동을 하려 하는가?
28 모든 종교 지도자요, 정녕 책임을 져
야 할 종교 집단이요, 지도자라는 사
람들이 모든 일에 책임을 지려는 자가
없음을 너희는 알아야 할 것이니라.
29 책임을 지지 아니하려 하며 그 회피하
는 말장난으로써 모두 얼버무리는 너
희의 그 형태를 보고 분개하고 있으며
얼굴을 붉히는 것이 이방인들이라는
것을 너희는 모른단 말이던가?
30 얼마나 말장난으로써 만행을 저지르
고 있는지 너희는 그것을 모를 것이
니라.
31 너희는 잘못한 것을 절대 잘못했다고
시인하지 아니하며 책임을 지려 하지
아니하며, 이리 굴리고 저리 굴리고
하여 모두 남에게 책임을 전가하는 것
이 오늘의 종교 집단이요, 지도자들이
니라.
32 남의 것을 훔친 종교 지도자를 현장에
서 잡았으며 그가 사람들이 종교 지도
자가 남의 물건을 훔쳤다고 그리 말해
도,
33 너희는 그 책임자들이 와서 우리가 잘
못했으며 그 훔친 것은 잘못했다 그리
하지 아니함이니라.
34 그 여건이 어찌하여 훔칠 수밖에 없었
으며, 그것은 훔친 것이 아니라 그것
을 잘 보관하고 있다가 주인에게 돌려

주려 했다는 그와 같은 미화하는 말로
써 돌려 대며 끝까지 버티며 그걸 시
인하지 않는 자들이 너희니라.
35 그가 그것을 훔친 것이 아니요, 그것
을 잘 보관해서 주인에게 돌려주려 했
다 하며,
36 남들이 남의 물건을 가진 것은 도둑놈
이요, 훔쳐온 자라 그리 말하며 너희
가 남의 물건을 주인이 모르게 가져온
것은 잘 보관하고 있다가 준다고 억
지를 쓰고 말도 안 되는 것을 밀어붙
이는 것이 너희니라.
37 그리고 만행을 저지르고 변명할 길이
없으면 너희는 책임이 없는 자요, '우
리는 하나님 말씀을 전하는 목자로서
모든 행동은 하나님께서 책임지는 것
이니, 내 뜻대로 한 것이 아니요, 하나
님의 뜻대로 한 것을 어찌한단 말이
냐?'
38 그리하며 악을 품고 또 거기에서도 책
임을 지지 아니하는 자들이 너희니라.
39 그러니 그게 삯꾼이요, 급료를 받으며
대가를 받고 부림을 받는 자들이니,
40 그것도 너희 생각과 판단으로써 나의
피조물 만백성에게 장사하는 그와 같
은 장사꾼으로서 전락되었음을 너희
는 알아야 할 것이니라.
41 너희는 축복에 대한 설교요, 기도한다
하면서 너희 신도들이 잘못된 것을
가르치고 다스리는 그와 같은 역사는
하지 못하며, 말로써는 그저 축복을
내린다 영광을 내린다 그리 말하여 나
의 사랑하는 백성을 현혹하는 것이
너희니라.
42 성경 구절을 바로 읽고 깨우칠 만한
능력도 없으며 내가 명한 그것도 지키
지 못하는 것이 너희라는 것을 알아
야 할 것이니라.
43 순종하는 길이요, 너희가 받들어야 하
는 것, 그리고 역사하는 것, 그리고 나
에게 오르는 것, 그리고 지도자가 가
는 그 어렵고 힘든 그 고통의 길은 설
명하지 아니하며 가르치지 아니하느
니라.
44 너희가 나에게 순종하는 그 길이 어렵
고 힘들며 그것이 진리라 해도 그와
같은 것은 가르치지 아니하며 설교하
지 아니하느니라.
45 너희에게 유리하고 도움이 되는 것,
나의 피조물 만백성들을 우롱할 수 있
는 것, 그리고 너희를 받들라는 그와
같은 대목만 침이 마르도록 강론하며
가르치고 있으며,
46 너희가 지켜야 할 것 그리고 백성이
지켜야 할 것 그리고 너희가 불이익
을 당하며 어렵고 힘든 그와 같은 내
용은 가르치지 아니하며 얼버무려 그
냥 넘어가는 것이 너희의 가르침이니,
47 이것이 바로 너희가 얼마나 사악한
자들이라 말할 수 있느냐?
48 한 획도 고쳐서는 안 되며 한 자를 더
넣고 빼서도 안 된다고 하는 너희가,
너희에게 불리한 것은 가르치지 아니
하며 너희가 욕되는 것은 말하지 아
니하며 너희에게 이익이 되지 않는 것
은 가르치지 아니하며, 나의 백성이
너희에게 잘못하였다고 그를 따지고
단죄하려는 그와 같은 것은 아예 차단
해 버리며, 그와 같은 내용은 성서에
있지도 않은 것처럼 그리 가르침이니

라.
49 너희에게 이익이 되고 도움이 되며
너희에게 순종하게 만드는 그와 같은
대목만 가지고 지금 단상에서 울부짖
는 것이 2천 년의 그 세월이 흘러왔으
니, 거기에 세뇌된 백성이 독소인 줄
을 모르고 그것이 생수인 줄로 먹게
되어 있음이니, 벌써 그들이 독소를
먹기 시작하여 그 독에 중독되었음이
니라.
50 너희가 먹는 그 독도 너희가 먹는 그
극약도 조금씩 죽지 않을 만큼 먹어
그를 계속 훈련한다면 그 양은 늘어
나게 되며 그것을 먹어도 죽지 않는
것이 너희의 신체 구조며 지금 가지
고 있는 특성이니라.
51 하물며 너희의 정신세계요, 마음의 세
계는 어떠하던가?
52 악에 찌들고 악에 찌들기 시작하면 너
희는 더 큰 악도 모름이니라.
53 더 큰 죄도 모름이니라.
54 처음에는 두근거리며 마음이 불안하
며 초조하며 겁을 먹고 작은 도둑질을
하나,
55 그 즐거움을 얻기 시작하면 더 큰 것
을 하고 더 큰 것을 도둑질해도 불안
하고 초조하며 겁먹는 것이 없어지는
것이 나의 백성 너희니, 그와 같이 마
음이 무섭게 변하는 것이 너희니라.
56 그리하여 그와 같은 마음을 바로잡는
길은 나의 법전을 읽고 정독하는 것밖
에 없다는 것을 너희는 알아야 할 것
이니라.
57 그렇거늘 너희는 나의 법전을 보지도
아니하며, 지금의 그 모든 성경이요,
구약과 신약에 있는 것은 너희가 필요
한 것만 골라서 가르치고 가르침이니,
거기에 스스로 세뇌되어 너희 자신이
빠져 있으며 나의 백성도 또한 그에
젖어 있으며 그것이 당연하니 그와 같
이 가는 것이니라.
58 극약을 조금씩 먹어 훈련하면 죽지
않듯이 점점 양이 늘어나는 것처럼,
너희가 잘못 가고 사악한 것이 늘어
나고 또 늘어나 이제는 어디까지 늘어
져 있는지 그것도 모르는 자들이 오늘
의 종교 집단이요, 지도자 자신이요,
59 또 듣고 배워 하늘에 오르겠다 울고불
고하는 그 백성 그들도 또한 그리 만
성이 되어 있다는 것을 잊지 말라.

6,980 번째 하나님 말씀

2003년 8월 3일 17시 37분

1 사랑하는 나의 아들아!
2 **"네, 아버님! 말씀하옵소서."**
3 나의 피조물 만백성이, 구약의 시대를
살아온 그 많은 백성이 구원을 받지
못했으며 신약의 시대를 흘러오는 그
백성이 구원을 받지 못했다면, 셀 수
없는 나의 아들딸들이 세상에 나가 내
품에 돌아온 자가 없다 하면, 과연 그
를 보는 나의 가슴은 얼마나 아프겠는
가?
4 부모가 열 자식을 두었을 때, 그 열 자
식이 다 잘못되었을 때 그 부모는 두
다리 뻗고 한탄을 함이니라.
5 내가 전생에 무슨 죄가 있으며 무슨
업이 있기에 남들은 하나 둔 자식도
그렇게 부귀영화를 누리며 부모를 기

뻐게 하며 주변 사람으로부터 칭송을
듣는 바른 사람으로 크거늘,
6 어찌하여 내 자식은 하나같이 이렇게
못났으며 하나같이 남에게 누를 끼치
며 이와 같이 남 앞에 이름을 댈 수 없
는 자식으로서 살아가느냐고 두 다리
뻗고 통곡하며 울고불고하는 것이 인
간의 마음이 아니더냐?
7 열을 둔 자식들이 잘못되었을 때 그
부모의 가슴이 찢어져 통곡하고 울거
늘,
8 나는 셀 수 없는 그 많은 아들딸을 세
상에 내려보냈으나, 그들이 내 품에
와 재롱 피울 자 한 사람도 없어,
9 내가 재롱을 부리는 그 자식을 보고
사랑하는 그 마음을 베풀 수 없으며,
그 마음을 가질 수 없는 것이 나 여호
와가 할 수 없는 내가 가장 이룰 수 없
는 하나의 과제라 너희에게 그리 말
하지 아니하였던가?
10 지금의 백성이 그리 살아갔음이니라.
11 그리고 모두 다 나에게 등을 돌렸으
며, 나 여호와의 마음을 이리도 아프
게 한 것이 그 백성이니라.
12 그리하여 그들이 종교 지도자라 하여
믿음의 길을 가는 백성이라 하여 그
들이 지금까지 나의 사랑하는 백성을
나에게 이끌어 온다 하면서 그들이
어떠한 길을 갔으며 어떠한 가르침의
길을 갔는지 너는 알아야 할 것이며,
너의 제자들 또한 알아야 할 것이니
라.
13 어떠한 길을 그들이 왔으며 어떠한 길
을 갔기에 그들이 구원할 자가 없으며
나 여호와가 너희를 다시 이리 몰고
또 몰아 이 어려운 길을 가도록 내가
그리 독려하는 것인가를 너희는 알아
야 할 것이니라.
14 수천 년 동안 오는 그 믿음의 집단이
요, 종교 지도자들이 어떠한 일을 했
는지 너희는 아는가?
15 악을 선이라 그들은 가르쳤느니라.
16 그리고 선을 악이라 가르치고 선을 접
하지 못하도록 한 것이 그들의 가르침
이요, 거짓을 진실이라 그리 말하였으
며, 진실을 거짓으로써 가르친 것은
지금의 모든 종교 집단이요, 지도자들
이 사탄의 자식으로 전락하였기 때문
에 그와 같은 역사를 했음이니라.
17 참진리를 저버리고 참진리는 비진리
요, 비진리요, 말이 되지 않는 저희의
생각으로 하는 것은 참진리라 그들이
가르쳤으며, 하늘에서 찬란한 구원의
빛을 내리고자 하는 그 빛을 막았으며
암흑의 세계를 만드는 데 그들이 모든
역점을 두고 지금까지 존재해 온 자들
이 그들이니라.
18 그와 같은 것으로써 역사하며 나의
백성을 깨달음이요, 구원의 길로 인도
한다는 종교 집단들이 한 일이 그것이
니라.
19 나 여호와의 뜻을 거역하고자 하는 것
이 그들이 지금까지 존재한 그들의 가
치며 살아 있는 의무인 것처럼, 저희
자신의 생각대로 저 자신의 뜻대로 그
들이 욕망과 욕심을 채우는 그것에만
연연하였으며,
20 감히 나의 아들과 나의 이름을 팔아
그들이 제왕적인 행위를 하고자 하였
으며 왕과 같은 대우를 받고자 하는

것, 세상의 모든 욕심을 다 제 기준에
맞추어 제 마음에 맞춰 제 가슴에 맞
춰 채우고자 하는 그와 같은 길을 역
사한 것이 그들이었음이니, 이를 보는
나 여호와의 마음이 얼마나 아프겠는
가?
21 그러니 그들이 지금이라도 바로 서서
나에게 올 수 있는 그 빛을 볼 수 있으
며 그 길을 가고자 한다면 내일을 기
다리는 희망이 있음이니, 나 여호와의
기쁨이 이루 말할 수 없을 것이니라.
22 너희가 세상에 살아가면서 어렵고 힘
든 것은 시간이 지나면 희망이 있다고
그리 말하지 아니하였던가?
23 그와 같은 희망이 나에게 있었다면 나
여호와는 오늘 같은 어려운 이 대명을
너희에게 내리지 아니하였을 것이니
라.
24 가면 갈수록 그 희망은 멀어지며 가면
갈수록 나의 백성은 지옥으로 감이니,
25 내가 더 이상 그를 볼 수 없어 내가 너
희를 선택하여 이를 바로잡고자 함이
니,
26 너희가 다 썩은 그 속에서 하나의 겨
자씨를 뿌린 그것이 언제 성장하여 그
를 덮는 그 고통의 역사가 얼마나 힘
들 것이며, 나 여호와가 기다리며 나
여호와 또한 벅찬 일인가를 너희는
알아야 할 것이니라.
27 육을 가르치는 것은 육의 형태를 한
너희가 그 백성을 가르칠 수 있기 때
문이니라.
28 보이지 않는 나 여호와요, 만질 수 없
는 나 여호와가 직접 너희를 가르칠
수 없는 것이 하늘과 지상의 그 법도
임을 너희는 알아야 할 것이니라.
29 그리하여 형체를 가진 너희를 통하여
내가 그들을 깨우치고자 함이니,
30 그들이 같은 형제요, 같은 형체를 가
진 너희가 아무리 말해도 너희나 나
나 똑같다면서 너희가 나보다 못한
자들이라 그리 비아냥거리며 너희를
통하여 내리는 것을 듣지 않으려 하며,
31 나의 아들을 통하여 기록하여 내리는
나의 성령을 모두 태워 내리는 하늘에
오르는 길이요, '하나님! 말씀하옵소
서'라는 이 책자를 들여다보지 아니하
는 것이 그들이니라.
32 그들이 나를 찾으며 나를 부르며 나의
아들 예수로써 하늘에 오르고자 그리
하며 새로운 말씀이 내려온다고 그리
말하면서,
33 '하나님! 말씀하옵소서', '하늘에 오르
는 길'이라 그리 기록한 나의 책을 들
여다보지 아니하며 열어보지 아니하
는 그 심성이 어디 있는가?
34 오로지 제 것이요, 저만의 것이 최고
라는 그 오만한 생각을 버리지 못하는
자들이기 때문에 그러하니라.
35 이제는 나 여호와는 아무나 사랑하는
나 여호와 하나님이 아님을 모든 백성
에게 이제 전해야 할 것이며, 너의 제
자들 또한 알라 그리 전하라.
36 나 여호와는 죽은 자를 사랑하는 하나
님이 아니니라.
37 나 여호와는 육이 죽은 자요, 영혼이
죽은 그와 같은 자를 사랑하는 하나님
이 아님을 알라.
38 산 자를 사랑하는 하나님임을 알라.
39 나 여호와는 산 백성을 사랑하며 살아

있는 나의 아들딸을 사랑한다는 것을
잊지 말라.
40 나 여호와는 죽은 자의 하나님이 아니
요, 나 여호와는 산자의 하나님이니라.
41 너희는 죽은 자의 하나님이 아니요,
살아있는 자의 하나님이라는 것을 명
심하라.
42 영혼으로 죽어 있는 자, 육으로 죽어
있는 자, 나 여호와는 그들의 아버지
가 아니요, 그들은 나를 아버지라 부
를 수 없다는 것을 너희는 알아야 할
것이니라.
43 오로지 나 여호와를 아버지라 부르며
내가 그들을 아들이라 부르는 것은 산
자들만이 나의 아들이라 내가 부르며
나의 딸이라 부른다는 것을 알라.
44 네 목숨을 다하고 네 뜻을 다하여 나
여호와를 사랑하라, 그리고 나의 뜻에
따라 삶을 살라는 성경에 기록되어 있
는 그 구절을 너희가 읽고 깨우쳤다
면, 오늘 내가 나의 아들을 통하여 내
리는 이 뜻을 알 것이니라.
45 내가 하늘에 오르는 길이요, 나에게
오르는 길이 무엇이라 했더냐?
46 그리 복잡하고 어려운 길이라 했더냐?
47 내가 직접 써 내린 나의 친필인 십계
명을 지키며, 네 이웃을 네 몸과 같이
살아가는 그와 같은 마음 하나만 갖는
다 해도 너희는 지옥 불에 와 그 문을
들어가지 않으려고 발버둥치고 통곡
하는 일은 없을 것이거늘,
48 어찌하여 너희는 네 이웃 하나 사랑
하는 마음 하나도 갖지 못하는가?
49 과연 너희가 네 이웃을 사랑하는 마
음으로 살아가는가?
50 너희가 비둘기 집처럼 성냥갑 같은 집
을 짓고 살며 아침저녁으로 만나는 네
이웃에게 어떠한 다정한 인사 한마디
라도 던지는가?
51 그리고 이웃의 고통을 물어보는가?
52 그 고통을 같이 나누고자 하는가?
53 너희는 그와 같은 역사를 이루지 않는
자들이니라.
54 그러면서 너희가 이웃을 사랑하며 사
랑을 베풀며 모두를 나누며 하나님의
뜻이라 그리 말하니,
55 성냥갑 같은 그 집에서 사는 너희가
서로 모르는 체하며 이웃의 슬픔을
모르는 체하며 이웃이 통곡하고 있어
도 너희가 그 집의 통곡함이 무엇인
가, 네가 도울 길이 무엇인가를 바라
보는 것이 아니요,
56 그저 철문을 꽝 닫고 들어가는 것이
너희니, 그와 같이 하는 자들이 어찌
나에게 구원을 받을 수 있으며 나의
백성이라 말할 수 있느냐?
57 너희 자신이 한번 들여다보라.
58 너희가 나에게 구원을 받을 수 있는
백성이요, 나로부터 성령을 받은 백성
이요, 내가 생명을 내려 준 은혜를 아
는 백성인가?
59 그리고 믿음의 길을 간다는 백성 너희
가 행하고 살아가는 자신을 들여다보
라.
60 이방인보다도 더 사악하고 냉정한 것
이 너희임을 알아야 할 것이니라.

6,981 번째 하나님 말씀

2003년 8월 3일 21시 15분

1 사랑하는 나의 아들아!
2 **"네, 아버님! 말씀하옵소서."**
3 너희가 나에게 오르며 나의 아들딸로서 거듭나는 그 길은 남이 잘못되며 남이 잘못 흘러가는 것을 보고 그를 듣고 아는 것이 아니라,
4 너 자신을 바라보며 너 자신이 흐트러짐이 없는 삶이요, 너 자신이 바로 살아가는 그와 같은 삶을 살아갈 수 있도록 너 자신을 다스리며, 너를 먼저 들여다볼 줄 알며 너에게 스스로 매질을 할 줄 아는 그와 같은 백성으로서 살아가지 아니하면 아니 됨을 이제 너희는 알아야 할 것이니라.
5 너를 따르는 제자요, 나의 법전을 읽고 깨우친 백성 너희는 나 여호와가 이루고자 하는 뜻이 무엇이며 하늘의 뜻이 무엇이며 너희가 가야 할 길이 무엇인가를 알고 있느니라.
6 그리고 사랑을 베풀며 너희가 어렵고 힘들 때 양보하고 이해할 수 있는 그와 같은 마음을 가지고 있으며,
7 남을 위해서 네가 스스로 양보하고 희생할 수 있는 그와 같은 마음의 생각도 하고 있느니라.
8 그리고 너희는 그리 노력하고 살아가려 하느니라.
9 그러나 정녕 너희가 부닥쳤을 때 그와 같은 용기가 필요할 때, 과연 너희는 얼마나 실천하며 얼마나 행하고 있는가, 이를 너희 스스로 돌아다보아야 함을 잊어서는 아니 될 것이니라.
10 너희가 그와 같은 행위를 하는 것 또한 남을 위해서 남을 의식해서 남이 봐 주기를 바라며 남 앞에 네가 이와 같은 행위를 한다는 것을 과시하고자 하는 그와 같은 생각이 머리카락보다 작은 생각이 있다 해도 그것은 나를 속이는 자며 너희가 거짓된 자라는 것을 잊어서는 아니 될 것이니라.
11 그러니 너희가 이제는 이론적으로 무엇이든지 어떠한 것이든 행할 수 있는 자라 생각하며 또 갈 길이 무엇인가를 알며, 어떠한 마음의 자세로 살아갈 것인가 그것도 너희 마음속에 다져 가고 질서가 잡혀 가고 있지 않으냐?
12 그러나 막상 너희가 오늘의 생활에서 부닥칠 때마다 과연 얼마만큼 실천하며 행하는가?
13 너희 자신을 냉혹하게 분석하고 비평하며 비판하는 그와 같은 삶으로 너희 자신이 살아가야 함을 잊어서는 아니 되느니라.
14 냉정히 너희를 비평할 수 있으며 비판할 수 있는 그와 같은 마음을 갖고 과연 하루의 일과 중에 나 여호와의 뜻에 따라 과연 얼마큼 살았으며 얼마큼 행했는가, 너희가 생각해 봐야 할 것이니라.
15 작은 것을 버릴 때 양보하며 사랑을 베풀 수 있으나, 너희가 가장 소중하고 귀한 것을 가지고 나누지 못하며 베풀지 못한다면 정녕 너희는 깨달음이 있는 것이 아니요,
16 작은 것으로써 모두를 행할 수 있는 것처럼 그것을 보여 주는 것은 허세이며 다 허황된 것이니라.

17 정녕 너희가 이룰 수 있는 것은 소중
하고 귀한 것, 큰 것을 놓을 수 있느냐
하는 것, 그리고 그와 같이 베풀 수 있
느냐 하는 그와 같은 마음의 자세가
되어 있어야 하는 것이니라.
18 그러니 그 우발적인 행동에서 너희
자신도 모르게 반격을 하며 그리고 감
정을 돌출시키며, 또한 남들의 감정을
유발할 수 있는 말이나 행동을 과연
함부로 하지 않는가?
19 너희 자신이 이를 하나하나 이제 챙
겨 볼 때가 되었음을 너희는 알아야
할 것이니라.
20 하루의 생활을 반성하며 하루의 생활
에 과연 무엇은 잘못되었으며 무엇은
잘했으며, 역사할 수 있는 것을 역사
하지 못했으며 너희가 행할 수 있는
것을 행하지 못한 것, 그리고 행하지
못할 것을 행한 것 그 모두를 너희 스
스로 하나하나 점검해 너희에게 점수
를 매겨야 함을 절대 잊지 말라.
21 그렇지 아니하면 너희를 다스려 갈
수 없음이니, 내가 너희에게 매일의
생활을 기록하라는 것이 바로 그와 같
은 반성의 의미를 들여다보도록 하고
자 함임을 잊지 말라.
22 이는 너희가 행함을 어느 정도 행하
고 실천하는가 그를 들여다보는 그와
같은 삶을 살도록 하라.
23 그것이 너의 제자들이 가야 할 길이며
나의 법전을 읽은 백성 너희가 해야
할 길이니라.
24 너희가 하루에 백 가지라는 일을 당할
때마다 너희가 많은 횟수를 잘하고
잘 다스리고 있는 것 같으나,
25 결정적일 때 너희는 가장 큰 것을 놓
지 못하는 그와 같은 마음을 아직도
가지고 있다면,
26 심신이 고달프고 힘이 들어서 그와 같
은 행위를 하지 않을 때는 없는가?
27 그리고 남이 보아 주지 아니하기 때문
에 하지 아니하는 것은 없는가, 남들
이 보고 있기 때문에 하는 것은 아닌
가?
28 정녕 너희는 어렵고 힘든 것을 나누
어 쓸 수 있는 그 마음을 가지고 있는
가?
29 정녕 네가 없으면서도 남에게 나누어
줄 수 있는 그리고 네 모두를 다 털어
서 나누어 줄 수 있는 그와 같은 마음
은 가지고 있는가?
30 너희가 하나의 지폐를 주고 기계를 타
고 간다면 몇십 리를 갈 수 있는 것을,
남을 주고 네가 걸어갈 수 있는 그와
같은 마음은 과연 있는가?
31 과연 너희는 그 용기가 있는가, 그와
같은 행동을 하고 있는가?
32 이와 같이 너희 자신을 다스려 보았
을 때, 너 자신이 어디에 서 있는가를
알 수 있을 것이니라.
33 그때 얻어지는 것은 무엇이던가?
34 아무것도 너희가 깨달음이 없다는 것
을 스스로 알게 될 것이니라.
35 내가 너희에게 십계명을 암송하고 쓰
라 하는 그 이유가 무엇인 줄 알겠느
냐?
36 너희가 하나하나 계명을 짚고 넘어가
며 따져 볼 때 과연 욕심이라는 다른
신을 가슴에 두지 아니하는 백성이 얼
마나 되는가?

37 그리고 너희가 모두를 다 사랑하는
마음이 과연 없는가?
38 일 계명서부터 넘어갈 수 없는 것이
나의 아들을 따르는 제자들이요, 오늘
나의 법전을 놓고 공부하는 너희니라.
39 일 계명을 넘지 못함이니 너희가 어
찌하여 십계명을 다 넘어갈 수 있느냐?
40 열 개의 계명을 넘어갈 수 없으니 하
나도 지키지 못하는 자요, 너희 스스
로 계명을 암송할 자격도 없다는 것을
스스로 알고 깨달을 것이니,
41 그와 같은 깨달음이 있을 때 너희가
그를 지키는 길에 들어섬을 알게 될
것이니라.
42 이를 명심하여 행하도록 하라, 사랑하
는 나의 아들딸들아!
43 점검해 보고 한번 따져 보도록 하라.
44 하나하나 꼼꼼히 너희가 냉정히 짚어
보라.
45 과연 너희는 얼마나 역사하고 얼마나
이루었는가?
46 십계명에 '네 부모를 공경하라' 했음
이니라.
47 과연 너희가 네 부모를 얼마나 공경
하고 사는가 그것을 돌아다보라.
48 너희가 네 부모를 공경하는 마음이 있
을 때, 그 작은 사랑이 있을 때, 나 여
호와를 본다 하였음이니,
49 너희 육의 부모도 부모요, 내가 영으
로 내려 주는 나 여호와 또한 너희 아
버지임이니, 너희가 아버지라 부르지
않느냐?
50 그리고 영혼이 육보다 더 위대하다 했
으니, 너희 육의 부모보다 너희를 내
가 더 사랑하는 것을 모르는가?
51 너희는 알 수 있을 것이니라.
52 그러니 네 부모를 사랑하라는 것은 육
의 부모를 사랑하며 나 여호와를 사랑
하라 함이니라.
53 과연 너희가 나 여호와를 부모라 생
각해서 얼마나 사랑하는가?
54 너희가 창조주 아버지라 부르며 얼마
만큼 나를 사랑하며, 나를 따르며 나
의 뜻에 순종하는 그와 같은 삶을 사
는가?
55 네 부모를 공경하라 함은, 육의 부모
를 공경하면서 창조주 나를 따르며 공
경하는 마음을 가지고 살라는 그 깊은
의미가 거기에 있음이니 너희는 그를
알아야 할 것이며,
56 과연 너희가 얼마만큼 나를 공경하며
사랑을 베풀고 사는 것인가 한번 너
자신을 오늘 뒤돌아보아 점수를 매겨
보도록 그리하라.
57 그러면 너희는 깨달음이 있을 것이니
라.
58 오로지 육의 부모만을 위하여 십계명
에 기록된 것처럼 생각하나, 십계명은
육의 부모를 공경하며 창조주 나 여호
와를 따르며 나를 사랑하며 나를 공경
하는 마음으로 살아갔을 때, 너희가
육의 부모요, 하늘의 영의 부모인 나
에게 똑같이 하는 길이니,
59 이는 아래위를 다 같이 행하라 내린
것이니, 그 뜻을 알고 가르치는 지도
자들이 과연 얼마나 있으며 그 의미를
아는 자들이 얼마나 있느냐?
60 그와 같은 마음으로 나를 공경하고 사
랑하는 마음이 과연 어디 있는가?
61 낳아 주고 길러 준 육의 부모도 공경

하지 못하는 자들이 과연 나를 공경하
며 나를 아버지라 얼마나 나를 사랑하
며 공경하고 따르는가?
62 그리고 나를 얼마나 부모라 생각하고
사느냐?
63 말로만 아버지요, 창조주라 부르면서,
정녕 내가 너희를 낳아주며 너희를
길러준 부모와 같은 그와 같은 따뜻한
마음으로 나 여호와를 아버지요, 부모
로 생각하고 사는 백성이 과연 얼마
나 있는가?
64 이제 너를 따르는 제자들이요, 나의
법전을 읽은 백성은 이 의미를 알아
그와 같이 깨우쳐 가도록 그리하라,
사랑하는 나의 아들딸들아!

6,982 번째 하나님 말씀

2003년 8월 3일 21시 24분

1 사랑하는 나의 아들아!
2 **"네, 아버님! 말씀하옵소서."**
3 너희의 모든 행동을 남에게 보이고자
남들 앞에서 과시하고자 하지 말라
내가 너희에게 일찍 기록하여 전하였
음이니라.
4 너희가 행하는 모든 것은 은밀한 중
에 역사하며,
5 또한 나의 뜻이요, 나의 복음을 전하
는 것도 은밀한 중에 그 역사를 하라
내가 성경에 미리 기록하여 너희에게
전하였음이니라.
6 그러나 지금 복음을 전하는 그 행위가
얼마나 요란한 방법으로 이 세상을 들
끓게 하는 방법으로써 그리 전하는가?
7 내가 성서에 기록하여 말하지 아니하
였느냐?
8 복음을 전하는 그 모두는 은밀한 중에
전하는 그와 같은 역사를 하라 하였으
니,
9 너희가 나의 뜻을, 이를 거역하면서
나의 백성이라 말할 수 있느냐?
10 너희는 기도할 때 내가 어떻게 하라
했더냐?
11 골방에서 기도하되, 그것도 문을 닫고
은밀한 중에 나에게 기도하라, 그러면
내가 너희가 원하는 것을 들을 것이
며 네 기도를 듣는다 그리 기록하지
아니하였더냐?
12 어찌하여 너희는 그와 같은 나의 뜻
을 거역하며, 그리 요란하게 궁궐과
같은 곳에 모여 대중적으로 각자가
생각이 다른 자들이며 아우성을 치고
그와 같은 광란의 짓을 하며 나의 백
성이요, 나에게 오른다 그리 말하는가?
13 내가 일찍이 나의 법전에 기록하여 너
희에게 전하지 아니하였더냐?
14 가족 단위로 가정에서 직장에서 '감사
합니다.' 하고 기도하면 된다 하였으
며,
15 내가 존재함을 믿으며 모두는 나의 은
혜로써 역사했다는 토론을 하며 그와
같이 마음을 하나로 이루었을 때, 그
기도를 내가 접한다 하지 아니하였던
가?
16 너희가 어찌 이 뜻을 거역하고 교회
요, 성당이요, 성전을 그리 호화롭게
지어 놓으며, 그와 같이 호화롭게 만
들어 놓은 그 속에서 세를 과시하며
그리고 남에게 보이고자 하는 그와 같
이 기도하는 행위를 하는가?

17 은밀한 기도를 내가 들어준다 하였음이니라.

18 그와 같은 광란의 짓이요, 생각이 다른 자들이 모여서 울고불고하는 그와 같은 기도는 나와 관계없다 하였으니,

19 너희는 나와 관계없는 짓만을 골라서 선택해서 하는 것이 아니더냐?

20 나의 뜻을 거역하는 기도는 듣지 아니함이니, 너희가 복을 달라고 애걸복걸하며 대중적으로 하는 그 행사요, 설교요, 그 예배는 나와 아무런 관계가 없는 그와 같은 행사를 하는 것이며, 나는 그곳에 어떤 의미도 부여하지 않는다는 것을 너희는 알아야 할 것이니라.

21 내가 너희에게 기도할 때 이방인과 같이 중언부언하지 말라 그리 말하지 아니하였던가?

22 믿는 자는 말이 필요 없는 것이니라.

23 믿는 자요, 진정한 진리의 길을 가는 자는 할 말이 없음이니라.

24 나 여호와의 위대함을 알며 나 여호와의 그 뜻의 두려움을 알며, 그 끝이 없는 나의 진리 앞에 너희가 진정한 믿음의 길을 가는 자라면 무엇을 말할 수 있겠는가?

25 다만, 너희가 할 수 있는 것은 '하나님, 감사하옵나이다.

26 그리고 은혜에 감사합니다.' 그와 같은 기도를 드리라 하였음이니라.

27 그리고 너희는 '모든 백성의 어려운 고통을 제가 지고 갈 수 있도록, 제가 그를 감당할 수 있도록 저에게 내려 주옵소서.' 하는 그와 같은 애절한 기도만이 내가 들으며 내가 원하는 기도라 하지 아니하였는가?

28 그러나 너희는 기도하면 무엇을 말하는가?

29 그저 너희는 장사하는 사람이 물건을 파는 것보다도 더 애걸복걸하며, 축복이라는 것을 챙기고자 하며, 재물을 하늘에 바치면 구원의 길을 갈 수 있다는 그와 같은 생각으로써 재물을 바치는 자가 있는가 하면,

30 그것을 빌미로 하여 나의 사랑하는 백성에게 재물을 갈취하는 그 기도만 드리며, 그 기도로만 발전하였으며, 재물을 거둬들이고 갈취하는 방법으로 그쪽으로만 기도가 발달한 그것이 오늘의 종교 집단이요, 지도자들이니,

31 그들이 단상에서 울며불며 소리 지르고 기도하는 그 속에 정녕 나 여호와가 너희에게 은혜를 베푸는 것처럼 착각하며 은혜를 받은 것처럼 착각하는 속에서 수천 년 동안 그와 같은 형국으로 흘러온 것이 오늘의 종교 집단이요, 지도자들이 지금까지 온 일이니라.

32 그러한 기도는 아무리 너희가 울고불고한다 해도 나는 듣지 아니하며, 그는 파도 소리만큼도 듣지 아니하며 밤에 짖어 대는 강아지 소리만큼도 나와 관계없으며 내가 듣지 아니한다고 엄히 내렸음이니 너희는 이 뜻을 알아야 할 것이니라.

33 너희는 뭐라 말하느냐?

34 그저 기도라 하여 입만 열면 나에게 구원해달라, 이루어 달라, 역사해 달라, 그저 달라는 것으로서 중언부언하는 것이 너희가 몇천 년 동안 흘러온 오늘날 믿음의 대표적이요,

35 또한 종교 집단 지도자들이 너희에게
복을 내린다, 축복을 내린다, 은혜를
내린다, 내가 몇 배로 역사하는 은혜
를 받는다는 그와 같은 말로써 지금
까지 끌려오고 끌고 오는 그것 외에는
남은 것이 아무것도 없는 것이 지금의
믿음의 길을 가는 백성이요,
36 가르치는 종교 지도자들이 너희와 거
래하는 그와 같은 형국으로써 이루어
지는 것이 오늘의 현실이라는 것을 알
라.
37 전지전능한 나 여호와는 너희가 행하
는 것을 모두 다 알고 있다 했음이니
라.
38 번갯불보다 빠르게 스쳐 가는 너희가
행하는 선한 일, 악한 일을 나 여호와
가 모두 다 알고 있다 하였거늘,
39 가장 소중한 것, 너희가 어떻게 한들
어떤 것이면 어떠하랴 하는 그와 같은
마음을 가진 자가 있으며,
40 너희가 행하는 것을 나 여호와가 모를
수 있으며 보지 못할 것이라는 것, 그
리고 그 작은 것은 너희가 행해도 그
건 죄가 되지 아니할 것이며, 너희가
큰 것을 선한 일을 했으니 작은 악한
것은 수십 번 해도 그를 다 면죄 받을
수 있다는 이와 같은 계산적인 생각이
있는 것이 오늘의 믿음의 길을 가는
자들이 아닌가 너희 자신을 한번 들
여다봐야 함을 알아야 할 것이니라.
41 지금의 모든 종교 집단 너희는 내가
모두를 다 안다 하였거늘, 너희는 내
가 안다 함을 인정하지 않으려 하며
그것을 인식하지 않는 자들이니라.
42 그러니 감히 그와 같이 흉악한 짓이
요, 사악한 행위를 하면서도 죄인 줄
을 모르며, 내가 속아 넘어갈 수 있을
것이며 나를 속일 수 있다는 그와 같
은 생각을 하고 있음이니,
43 너희의 어떠한 행위도 내가 다 알고
있으며 너희는 나를 속일 수 없다는
그와 같은 것을 먼저 깨우쳐야 너희가
바로 설 수 있는 그 밑거름이 될 것임
을 잊지 말라.
44 절대 나를 속일 수 없으며 모두를 내
가 다 알고 있다는 그 무서운 사실을
너희가 비켜 가면 아니 됨을 알라.

6,983 번째 하나님 말씀

2003년 8월 4일 09시 22분

1 사랑하는 나의 아들아!
2 "네, 아버님! 말씀하옵소서."
3 나의 피조물 만백성 너희는 마음이
아침저녁으로 변하는 그와 같은 심성
을 가지고 살아가는 백성이라 하였음
이니, 오죽하면 하루에 아침과 저녁으
로 그 마음에 변화를 이루는 백성이라
표현을 했겠는가?
4 그러니 너희가 믿음의 길을 가는 것
또한 약속이요, 신의요, 그 모두가 조
석으로 변할 수 있는 그와 같은 인간
의 기질을 가지고 있음이니, 거기에서
무슨 역사를 이루며 무엇이 이루어진
다 그리 생각할 수 있겠느냐?
5 그러니 믿음의 길을 가는 그 백성도
수시로 변할 수 있는 자들이며 수시로
떠날 수 있는 자들이며 스스로 올 수
있는 자라는 것을 너희는 알아야 할
것이니라.

6 지금의 모든 종교 집단이 철옹성과 같
이 되어 있으며 굳어져 있다 하며, 그
곳에서 돈으로 직급을 산 자들이 절
대 변하지 않을 것같이 그리 굳어져
있으나,
7 그들 또한 진정한 믿음이요, 참진리라
는 것을 알았을 때 그들이 무너지고
파멸되는 것은 별것 아니니라.
8 그건 다 때가 있으며, 때가 되었을 때
그와 같은 역사가 이루어질 것이니,
너는 두려워하지 말며 불안해할 이유
가 없음을 알라.
9 모든 백성은 참진리의 길을 찾으려고
이곳저곳 철새처럼 따라다니며 그곳
에 가서 정녕 멈추는가 생각하면 한곳
이요, 두 곳이요, 몇 곳을 왔다갔다하
는 그 백성은 절대 그 마음을 정착하
지 못하며 한 곳에 두지 못하는 것이
그들의 믿음의 자세이며 마음의 자세
이니라.
10 그러니 더 나은 것, 더 좋은 것을 찾아
다니는 것은 인간이 가진 심리 상태
이니라.
11 그것이 또한 다 욕심이니라.
12 참 진리의 길이라는 것은 무엇이던가?
13 내가 진리는 가장 바닥에 있음이니,
가장 낮은 자세로 살아가는 것이 진리
라 하였음이니라.
14 내가 나의 성령으로써 나의 법전을 기
록하여 너희를 깨우쳐 주고 전하는
그 내용 외에 너희는 진정한 진리요,
하늘에 오르는 그 길을 알 수가 없음
이니라.
15 내가 나의 아들을 통하여 내리는 것은
가장 낮은 형태요, 가장 낮은 자리에
서부터 시작하게 됨이니,
16 어떠한 진리든 어떠한 나 여호와의 뜻
이든 이보다 더 낮은 곳에서부터 시작
함이 없음이니라.
17 그저 너희는 높고 높이 올라가며 높
은 곳에서 시작하는 것이 믿음의 깨달
음이요, 하늘에 오르는 지름길이라 그
리 생각하나 그와 반대의 현상으로 모
두가 이루어짐이니라.
18 하늘로 오르고자 하는 자는 오르지 못
할 것이며 땅으로 내려가고자 하는 낮
은 자는 너희가 말하는 구원의 길을
볼 수 있으며 나의 진리를 볼 수 있는
것이니라.
19 내가 너희에게 일찍이 말하지 아니하
였던가?
20 익은 곡식은 고개를 숙이며 익지 않는
곡식은 고개를 들며, 빈 깡통이 소리
가 요란하다 하였음이니,
21 너희가 참진리요, 나 여호와의 뜻을
가슴 깊이 새기는 것은 그보다 더한
배움의 상식이 없으며 지식의 깨달음
이 없으며 하늘에 오르는 그 이치의
깨달음이 그보다 더 강한 자가 없음이
니,
22 너희가 가장 낮은 자요, 밑으로 내려
가는 자가 돼야 하는 것이 당연한 것
이니라.
23 참진리를 가슴에 안고 곡식이 익는 그
와 같은 형국의 너희가 고개를 들려
하는 것은 아직도 익지 아니하였으며
알이 차지 아니하였기 때문에 그와 같
은 행위를 하는 것이니라.
24 그리하여 나의 백성 너희가 그저 수
시로 떠났다가 수시로 왔다가 그리고

스스로 이곳저곳을 다니며 이곳저곳
을 찾아다니는 백성은 결코 한곳에 안
주할 수 없는 것이니라.
25 나의 성전에 와서 나의 법전을 공부하
고 깨우친 그 백성이 등을 돌리고 떠
난 자들은 절대 안정을 찾을 수 없으
며 어느 곳에도 상주할 수 없는 자들
이니라.
26 이제 너희는 기다리고 기다리면 정녕
너희와 더불어 갈 수 있는 자, 무너지
는 깨달음 속에서 나오는 자, 그리고
정녕 믿음이 무엇인가를 알면서 저희
가 잘못 가는 것을 후회하고 깨닫는
자, 그와 같은 백성이 너희에게 와 그
들의 갈 길을 인도해 달라 할 것이니,
27 그들을 잘 거둬들이고 다스려 그들에
게 깨우침을 전해 주며, 기초가 되어
있는 그들에게 진정 나 여호와의 뜻이
요, 나의 성령이요, 나의 법전을 심어
주면 될 것이니, 그날이 머지않았을
것이니 그리 알도록 하라.

6,984 번째 하나님 말씀

2003년 8월 5일 09시 12분

1 사랑하는 나의 아들아!
2 **"네, 아버님! 말씀하옵소서."**
3 인간이 세상에 살아가면서 너희가 지
켜야 할 근본이 있으며 너희가 또 행
해야 할 근본이 있느니라.
4 인간이 살면서 그와 같은 본분을 다하
고 살 때, 그것으로써 인간이 제대로
된 삶을 살았다 말할 수 있으니,
5 인간이 제대로 된 삶을 살았을 때 구
원이요, 하늘에 오를 수 있는 그 영광
의 길을 볼 수 있는 것이 너희가 살아
가는 형국이니라.
6 너희는 남들을 위하여 남들이 너희를
대신하여 살아 주는 것이 아니요, 남
의 노고요, 수고로움으로써 너희가 그
와 같은 은혜를 입는 것이 아니니라.
7 너희가 인간 세상에서 노력한 것만큼
거둬들이듯이, 너희가 죽어 하늘에 와
천국이냐 지옥이냐 하는 그와 같은 심
판대에 서는 것, 그리고 너희 영혼이
그 심판대 위에서 어찌 가느냐, 지옥
과 천국은 하늘과 땅보다도 더 멀고
먼 그와 같은 관계거늘, 인간의 생명
이 다시 태어나고 태어나지 못함을 어
찌 남의 능력으로 남의 힘으로 세상
에 태어날 수 있다고 생각하는가?
8 육의 세상에서도 너희가 부모의 몸을
빌려 세상에 나옴이니,
9 너희가 부모의 몸을 빌려 세상에 나오
게 한 뜻이 있으며 너희 스스로 하늘
에서 떨어질 수 있다는 어리석은 백성
이 무슨 백성인 줄 알겠느냐?
10 저희가 남의 죄를 대신 갚아 주며 대
신 죄를 역사할 수 있다고 가르치고
그리 생각하는 자들임을 알아야 할
것이니라.
11 어찌하여 인간 세상에서도 서로 남의
것을 대신 할 수 없으며, 남의 죄를 대
신 받을 수 없으며 감면을 받을 수 없
는 것은 엄연한 사실을 알면서 육을
가지고 세상에서 간 나의 아들이 너희
의 모든 죄를 감면을 받았다 하며 너
희를 대속한 자라 그리 말하는가?
12 나의 아들 예수는 죄 없는 세상에 죄
없는 백성이요, 위로는 나 여호와의

사랑이 무엇인가 그는 실천하기 위해,
사탄들이 그리 유혹했으며 세상 것을
다 준다 해도 나를 믿고 그리 행했음
이니라.
13 예수의 간절한 기도를 너희는 아는가?
14 예수는 마지막까지 눈물의 기도를 드
렸느니라.
15 '아버지, 정녕 이 길을 가지 아니하면
아니 되오며 이 잔을 받지 아니하면
아니 되겠사옵나이까?
16 아버님께서 정녕 저를 버리시겠나이
까?' 그 애절하게 절규하는 그 기도를
과연 너희는 알고 있는가?
17 그는 나로부터 보내진 자이기에 그 또
한 나에게 못 올 수 있으며 그가 오를
수 없는 것이니라.
18 그러나 나의 아들 예수는 그 육의 고
통이나 그 모두를 다 알고 있었음이
니, 그가 그 고통을 견딜 수 있을 것인
가 그것이 두려워 나에게 기도를 했으
며 용기를 달라 기도를 했느니라.
19 사탄이 나의 아들을 유혹하며 예수를
그와 같이 무너트리고자 하며 나에게
구원을 해 달라 그리고 나에게 정녕
그 길을 가지 않게 해달라 하는 것을
사탄들은 수없이 말했느니라.
20 그러면 세상 것을 다 준다 하였으며
'정녕 이 길을 가지 아니하며 다른 길
을 가겠사옵나이다.' 그리 말하면 모
두를 다 준다며 사탄들은 그를 유혹하
며 온갖 것을 다 가지고 유혹했음이
니라.
21 뱀이 아담과 이브를 유혹하는 것보다
더 많은 것으로써 그들은 그 선악과를
따 먹느냐 안 먹느냐 하는 그 사탄의
유혹이요, 나의 아들 예수는 그 고통
속에서 자기도 견디기 어려운 그 죽음
의 길을 갈 수 있는 것인가, 갈 수 없
는 것인가,
22 인간이기에 공포가 있고 불안이 있으
며 그것도 자신이 없었음이니라.
23 그가 고통 속에 죽어 가며 또 제 입에
서 나를 원망하고 나를 저주하는 그와
같은 소리는 과연 나오지 않을까, 그
는 그를 두려워하여 그와 같은 용기를
달라 기도를 하였음이니라.
24 그리고 그 힘을 얻기 위하여 그는 기
도를 했음이니라.
25 그러나 그 길을 선택하여 갔음이니라.
26 사탄의 유혹에 넘어지지 아니하고 그
는 그 길을 갔음이니라.
27 그는 나의 큰 사랑이요, 내가 만백성
을 사랑하는 것을 모든 백성에게 보
여 주겠다는 그 하나의 일념으로 그
육이 견디기 어려운 고통을 모두 인
내하였음이니라.
28 저를 보호해 줘야 할 그 대제사장이
요, 그리고 믿음의 길을 가는 자들이
비웃는 것, 조롱하는 것, 그리고 그 병
사들에게 채찍을 맞고 비아냥거리는
그 모두를 감내하면서 그는 그리 갔음
이니, 그가 결국 무엇인 줄 알겠느냐?
29 나 여호와가 너희를 사랑하는 것이
얼마나 위대한 것이며 나의 사랑이 얼
마나 큰 것이며 나의 사랑이 얼마나
소중한 것인가를 그는 보여 주기 위해
서 그 길을 갔느니라.
30 너희가 당하는 것만큼 그 고통이 있
음이니라.
31 사탄은 말했느니라.

32 '네 다리에 손에 못을 박을 것이며 네
다리에 못을 박을 것이니, 그 못을 박
는 그 고통이 과연 얼마나 저리고 아
픈지 아는가?
33 그러니 너는 그 길을 가지 말라' 하였
음이니라.
34 그리고 오늘의 너희가 변화되어 사악
한 짓을 하는 것을 사탄이 그에게 보
여 주었느니라.
35 그러면서 그를 유혹했느니라.
36 '네가 죽으면 네 후손은 이와 같이 험
악한 시대로 흘러갈 것이며 그리고 너
를 배신할 것이며 나 여호와를 배신할
그 백성을 위해 과연 너는 죽어 가야
하겠는가?' 그리 유혹했느니라.
37 그리고 그것을 다 보여 주면서 유혹했
느니라.
38 그러나 나의 아들은 그를 거절하고 죽
음을 선택했느니라.
39 그는 무엇이더냐?
40 오로지 나 여호와가 원하는 것, 내가
전하고자 한 큰 사랑이요, 내가 만백
성을 사랑하는 것을 보여 주기 위한
그 하나의 집념이요, 그 뜻을 위하여
그는 그와 같은 것을 모두 들어주지
아니하며 듣지 아니하며 타협하지 아
니하고 오로지 그 죽음의 길을 갔느니
라.
41 그가 그 잔을 받지 아니하면 아니 되
겠는가 그 절규를 하며 나를 원망함이
아니니라.
42 다만, 그는 나에게 그를 물어보았으며
그가 그 기도를 한 이유가 고통스러워
서 그 기도를 한 것으로 아는가?
43 그가 고통으로써 견디다 무너질까 봐,
그가 고통스러워서 그를 이기지 못할
까 봐 그는 그 용기를 달라 기도를 했
으며, 그것이 두려워서 기도했음이니
라.
44 '아버님, 제가 이 잔을 받지 아니하며
이 길을 가지 아니하면 정녕 안 되겠
사옵나이까?' 한 것은 그가 나에게 거
부하기 위하여 순종하지 아니해서 한
말이 아니니라.
45 그는 오로지 스스로 무너질 것이 두
려워 그 마음을 다지고자 피눈물의 기
도를 드렸거늘, 그와 같이 죽어 온 나
의 아들이 나의 사랑의 나의 큰 뜻을
전한 그 죽음 앞에 너희는 어찌하여
그가 모두를 대속했다 하는가?
46 하늘에 오르고 못 오르는 것 구원을
받고 못 받는 것은 너희의 행함의 죄
요, 실행의 죄에 해당하거늘,
47 어찌하여 그와 같은 역사를 이룰 수
있으며, 그래서 너희는 하얀 자가 되
며 깨끗한 자가 되었다고 말하는가?
48 너희가 나의 아들을 찾으며 믿고 안
믿는 너희 마음 자세요, 그것으로써
구원을 받고 못 받는 것이 아니라, 너
희가 행함으로써 이루어진다는 것을
절대 잊지 말라.

6,985 번째 하나님 말씀

2003년 8월 5일 09시 31분

1 사랑하는 나의 아들아!
2 "네, 아버님! 말씀하옵소서."
3 '사람에게 보이고자 사람들 앞에서 의
를 행하는 그와 같은 기도요, 그와 같
은 행동을 하지 말며 주의하라.

4 그러지 아니하면 하늘에 계신 너희 아
버지로부터 상을 받지 못할 것이요,
받을 것이 없느니라.' 그리 성경에 기
록하여 너희에게 일찍이 깨우쳐 주지
아니하였더냐?
5 그러니 너희가 의로운 행사인 것처럼
의로운 자인 것처럼 그리고 믿음의 길
을 가는 자처럼, 그리고 나에게 선택
을 받은 것처럼 그와 같은 행위를 하
지 말라 하였음이니라.
6 그리고 또한 나의 법전에 기록하여 너
희에게 전하였음이니라.
7 남들이 할 수 없는 위대한 일을 했다
해도, 남이 베풀 수 없는 사랑을 베풀
며 역사를 했다 해도, 그것이 너희 이
름이 알려지는 그와 같은 짓을 한다
면 그것으로써 자랑이요, 너희가 받을
영광을 지상에서 다 받았음이니, 하늘
에 와 나에게는 받을 상이 없다고 내
가 너희에게 일찍이 가르치고 깨우쳐
주지 아니하였더냐?
8 그와 같거늘 너희가 오늘의 믿음의
길을 가는 그 방향이요, 나의 복음을
전하는 그 행위가 어떠하던가?
9 너희는 거리에서 회당에서 나팔을 불
지 말라고 성경에 기록하여 전하였거
늘, 너희는 지금 정면으로 거역하며
나의 뜻을 순종하지 아니하는 그와 같
은 믿음의 길을 가는 것이 지금의 믿
는 백성이니라.
10 나를 믿는다는 백성이 '불쌍한 백성
아, 예수를 믿어 구원을 받아라.' 그와
같이 소리를 지르고 다니며, 거리에서
남들에게 생활의 불편함을 주는 것까
지도 아는지 모르는지 그저
11 '불쌍한 백성들아, 구원을 받아라. 우
리를 따르지 아니하며 예수를 믿지 아
니하면 너희가 구원을 받지 못한다'
그리 고성방가하며 그저 아무 데서나
불러 대고 아무 데서나 요란을 떨고
있느니라.
12 나의 아들 예수를 믿으면 천국을 가는
것이요, 너희가 믿지 아니하면 지옥으
로 가는 것이라, 그리고 '예수를 믿으
면 천국이요, 불신 지옥'이라며 거리
를 요란하게 떠들고 다니며,
13 너희가 대중들 속에서 분주히 움직이
는 그들의 삶 속에서 그 거리 한복판
에서 그들에게 어떠한 불편을 주는 것
이며 그들의 마음에 어떠한 불쾌감을
주는 것인지도 모르면서 그저 목이 터
지라 찬송을 불러 대며,
14 그저 '불신 지옥이니 믿으라, 믿지 아
니하면 구원을 못 받는다, 불쌍한 백
성들아! 믿으라, 종말이 곧 왔느니라.'
하며 너희가 온갖 방법을 다 해서 십
자가를 들고 그리 부르짖으며 온갖 행
태를 보이며 그리 소리 지르고 있음이
니,
15 '예수를 믿으라, 주 예수를 믿으라'며
고성방가를 하니,
16 한 획도 고치지 말며 한 자도 빼도 더
하지도 말며 그대로 행하라는 자들이
과연 성서에 그와 같은 행위를 하라
어디 있더냐?
17 남들 앞에 보이지 않는 믿음이요, 보
이지 않는 속에 복음을 전하라, 그와
같이 가는 것이 믿음이 가는 길이요,
나의 백성이 행하는 길이라 내가 그리
전하였거늘,

18 정면으로 나의 뜻을 거부하며 역겨운
행동을 그리하면서도 그것이 나에게
죄가 되며 나의 뜻을 거역하는 것인지
를 모르느니라.
19 그리도 복음을 전하는 것과 구제한다
는 그 행동을 내가 성서에 기록하여
은밀하게 하며 은밀한 중에 하며 기
도 또한 은밀한 중에 나에게 기도드
리라 내가 그리 가르치고 전하였거늘,
20 어찌하여 너희는 그리 정면으로 거부
하며 그를 따르지 않는 그와 같은 백
성으로서 가면서 나로부터 선택된 백
성이요, 만백성을 구한다고 그리하는
가?
21 너희 자신이 가는 길이 잘못되었으며
네가 가는 길이 틀렸거늘, 그러면서
어찌하여 남을 따라오라 하며, 남 앞
에 너희가 진정한 인도자요, 지도자
요, 가르치는 자라 그리 말하는가?
22 이제 다시 한 번 깊이 나의 성경에 기
록된 뜻을 깨우쳐야 할 것이니라.
23 너희가 남에게 보여 주기 위하여 남들
앞에서 하는 그와 같은 행위는 나에
게 와 상을 받을 것이 없다 그리하였
음이니, 그것은 복음을 전하는 것도
아니요,
24 무엇을 역사한다 해도 나로부터 구원
을 받는 길은 없음이니라.
25 사랑하는 나의 아들아!
26 너의 제자들이요, 또 나를 따르는 백
성 모두에게도 그와 같이 전하라.
27 남에게 불편을 주며 남에게 마음의 상
처를 주며 나의 법전을 전하려 하지
말며 나의 뜻을 전하려 하지 말라.
28 다만, 그저 원하는 자, 필요한 자에게
주는 것이 나의 아들을 따르는 제자들
이 해야 할 길이며 나의 법전을 읽고
깨우친 만백성들이 해야 할 길이니라.
29 그저 이것저것 아무나 전해 주는 그와
같은 행위를 하지 말라.
30 필요로 하는 자에게 주라.
31 조용히 원하는 자에게 주라.
32 그것이 나의 진리를 전하는 길이니라.
33 필요치 아니한 자에게 아무리 준들 무
엇하는가?
34 배부른 자에게 아무리 고급음식이요,
먹기 어려운 음식을 사 주고 대접한다
해도 그는 배가 그득함이니, 그것이
맛이 없으며 그 감사함을 모르는 것이
아니더냐?
35 아주 배고프고 지쳐 있는 자에게 대접
할 때 감사할 것이니라.
36 나에게 올 자, 참진리를 알고자 갈급
한 백성에게 조용히 물이 흐르듯이
전하라.
37 그저 너희가 뿌리듯이 전하는 나의
법전은 그들이 읽지 아니할 것이며,
그것은 훗날에 너희 뜻을 따르는 자가
볼 수 있고 깨달을 수는 있으나,
38 그와 같은 세월의 기다림보다는 지금
은 조용히 필요한 자, 정녕 구원을 받
고자 하는 자, 나에게 오르고자 하는
그와 같은 백성에게 전해 주도록 그
리하라.
39 그를 원하지 아니하는 백성의 가슴에
안겨 주지 말라.
40 정녕 원하지 않는 자에게 주었을 때,
그들은 그를 찢어 버리고 태워 버리며
더 분개하고 적개심을 가지니,
41 너희가 백성에게 전해 주되 조용히

전하며 원하는 사람 그리고 받고자 하는 사람, 가져가고자 하는 사람에게 주라.
42 떠맡기듯이 밀어붙이듯이 그저 내가
법전이 남아돌아 너희가 그냥 막 던져 주는 것처럼, 아무 의미 없는 것을 뿌리는 것처럼 가볍게 그리 뿌리는 일은 앞으로 하지 말라.
43 그와 같이 전하는 일을 하지 말라.
44 조용히 너희가 듣고 있어서 그를 보
고자 하는 사람에게 주는 그와 같은 방법으로 나의 복음을 전하라.
45 원하는 자 외에는 주어서는 아니 될
것이니 그리 알라.

6,986 번째 하나님 말씀

2003년 8월 5일 11시 40분

1 사랑하는 나의 아들아!
2 "네, 아버님! 말씀하옵소서."
3 너희가 그리 구원을 갈구하며 너희가
나에게 오르고자 하는 것을 갈구함이니, 너희가 그 뜻을 이루는 것은 오늘의 육의 삶을 어찌 사느냐가 가장 소중함을 알아야 할 것이니라.
4 너희가 한평생 살다 죽음이니, 육은
한 줌의 흙으로 돌아가며 영혼은 하늘에 오름이니, 그 육과 영혼이 분리되지 않던가?
5 오늘처럼 너희의 육과 영혼이 같이
존재하는 것은 하늘나라에서는 존재할 수 없음이니라.
6 또한, 너희가 죽어 육이 한 줌의 흙으
로 돌아감이니, 그곳에는 영혼이 없음이니라.
7 그러니 너희가 육이 죽어 흙으로 돌아
가면 영혼이 없으며, 또한 영혼이 하늘에 올라가면 육이 없음이니라.
8 그러니 지금 너희의 육과 영혼이 존
재하는 이 세상의 삶이 바로 무엇이던가?
9 지옥과 천국을 갈 수 있는 것이요, 육
과 영혼이 같이 공존하는 것이 지금 너희가 살아 있는 이 시점이니라.
10 너희가 여기서 살며 육의 행함은 소중
하지 아니하며 믿음만이 소중하다 말하는 것은, 영혼의 세계가 있음을 알며 영혼의 세계의 삶을 위해 사는 것이 아니요,
11 오늘의 육의 삶의 질서요, 도덕이요,
그리고 죄악이요, 그와 같은 것을 뿌리치고 벗어날 수 있다고 생각하나 그것은 잘못됨을 알아야 할 것이니라.
12 너희가 살아가면서 육이 고달프고 지
치고 힘들 때, 너희가 육을 잘못 관리했을 때, 너희의 정신이요, 영혼이 바로 설 수 있으며 무엇을 역사할 수 있다고 생각하느냐?
13 육신이 지쳐 있고 육신이 힘들고 병들
어 누워 있을 때, 그 영혼은 아무것도 할 수 없으며 생각할 수 없으니 일을 할 수 없으며 계획할 수 없으니 바로 영혼이 일하지 못하는 것이 아니더냐?
14 아무리 영혼이 버티고 힘차게 있다 해
도 왕성하게 너희를 지키고 있다 해도 육이 지쳐 쓰러지며 병들어 누우면 영혼 또한 역사할 수 없는 것이니라.
15 아무리 좋은 생각이요, 아무리 좋은
계획을 세우고 뜻을 이룬다 해도 육이 따르지 아니하면 아무것도 역사할 수

없는 것이니라.
16 그러니 지금 너희의 육이 존재하며
영혼이 존재하는 오늘의 그 삶이 얼마
나 소중한 것인지 알겠느냐?
17 그리하여 내가 육을 함부로 다스리지
말라 함이니라.
18 육이 죄를 짓고 영이 사악한 짓을 했
을 때, 너희는 육이 지치는 것보다도
더 어려움이니라.
19 너희의 육이 지치고 병들어 누웠을 때
영혼이 움직일 수 없듯이,
20 너희가 죄를 짓고 사악한 행위를 할
수 있도록 너희의 영혼이 너희 몸에
지탱하지 못하며 집 밖으로 뛰쳐나오
는 그와 같은 결과가 이루어진다는 것
을 너희는 잊어서는 아니 될 것이니
라.
21 그러니 너희가 죄를 짓는 것 그 사악
한 행위가 그리하여 심판의 기준이라
하였음이니라.
22 오늘날 너희의 육과 영혼이 존재하는
이 세상에서의 삶이 가장 소중하고 나
에게 심판을 받는 그 기준이라는 것을
내가 그리 가르쳤어도, 그를 믿으려
하지 아니하며 그를 인정하지 아니 하
려는 백성 그들이 얼마나 오만하고 잘
못되어 있는지 아느냐?
23 이제 나의 아들을 따르는 제자요, 나
의 법전을 읽고 깨우친 백성 너희는
알아야 할 것이니라.
24 오른손과 왼손을 합쳐 놓고 보라.
25 그리하여 왼손이 떨어지는 것은 너희
의 육이 죽어 가고 오른손만 남으니
그게 영혼이 남는 것이요, 너희 영혼
은 하늘에 오르는 것이니라.
26 그리고 두 손을 붙여 영혼이 하늘로
떠난 것은 육이요, 육이 남는 것이니
라.
27 그러니 육이 떨어져 나가 그 육이 죽
으면 그 속에 영혼이 없으며 너희가
죽어서 영혼이 하늘에 오르면 또 거기
는 육이 없음이니라.
28 그러니 육과 영혼이 같이 존재하는 오
늘의 세상이 얼마나 너희에게 준비된
세상이며,
29 오늘 여기서 너희가 어떠한 길을 선
택하느냐가 가장 중요한 것이니라.
30 너희는 다음 사후의 세상에서 살아가
는 것 그 세상을 위해서 살아야 한다
함이 바로 그것이니라.
31 육은 죽어 가며 그 속에서 영혼은 나
에게 오름이니, 나에게와 심판을 받는
그 영혼이 심판을 받는 그 기준이 너
희의 육과 영혼이 같이 존재했을 때
살아온 삶을 가지고 심판을 받는다는
것을 절대 잊어서는 아니 됨이니 그를
중시하라.
32 모든 종교 집단들이 그를 무시하며 그
를 중시하지 아니하기 때문에 오늘날
이와 같은 험악한 세상이 되었음이니,
33 너희가 하늘의 뜻이요, 진리의 가르침
이요, 성경의 비유의 뜻을 모르고 있
기 때문에 너희가 그와 같은 행위를
하고 있음을 잊어서는 아니 될 것이니
라.
34 나의 아들 예수도 그 육의 고통에서
그를 이기지 못할까 봐 그게 두려워
나에게 눈물의 기도를 드렸듯이, 그와
같이 육이 인내하고 견디는 것은 어렵
고 힘듦을 나 여호와가 또한 알고 있

음이니라.
35 그러나 너희는 그 길을 가야 하며, 너
희가 사탄의 유혹을 뿌리치지 못하면
결국 나에게 올 수 없음을 알아야 할
것이니라.
36 사탄의 꼬임에 악마의 꼬임에 넘어진
다면 그 자식이 됨이니, 그 자식이 어
찌 나에게 올 수 있단 말이더냐?
37 그와 같은 이치니라.
38 거기서 넘어지지 않는 자, 버티고 이
기는 그와 같은 백성이 나에게 올 수
있다는 것을 너희는 잊어서는 아니
될 것이니 그리 알라.
39 그것이 너희가 가야 할 길이며 행해
야 할 덕목이니라.
40 그것은 바로 무엇인 줄 알겠느냐?
41 육의 생활의 기초 질서를 파괴하지 아
니하며 남에게 추한 짓 하지 아니하며
죄짓는 행위를 하지 아니하며 아름다
운 모습으로써 살아가는 것, 그리고
내가 너희에게 처음으로 성령을 그득
히 충만시켜 세상에 내보냈으니, 그
충만한 성령이 빠져나가는 그와 같은
형국으로 너희가 삶이니라.
42 너희가 죄를 짓고 사는 것이 무엇인
줄 알겠느냐?
43 충전된 그 축전지라는 것이 방전되는
것처럼 너희 영혼이 그리 방전되어
나가는 무서운 사실을 알라.
44 너희가 죄를 짓고 사악한 행위를 할
때마다 너희의 영혼은 너희에게서 흘
러나오며 빠져나감이니 그들이 있을
자리가 없어 방황한다는 것을 알라.
45 기계를 움직이는 충전기라는 것이 그
충전이 안 되고 그저 방전되어 흘러간
다면 아무 쓸모가 없지 않더냐?
46 너희 육이 그러니라.
47 결국, 나의 영혼이 점점 사악한 죄요,
잘못 살아온 것으로써 방전되어 흐르
기 시작함이니,
48 너희가 나이가 먹으면 먹을수록 그것
이 방전되어 쓸모가 없게 됨이니, 그
리하여 지쳐 버림을 받음이니 곧 너희
는 그와 같이 죽음의 세상에 임하는
것이니라.
49 그러니 나의 영혼을 충전된 그 상태에
서 유지하지 아니하며 계속 충전된 것
을 방출시키며 그것이 나약해지면 결
국 어찌 되겠느냐?
50 설 자리와 견딜 자리가 없는 그와 같
은 형국이니라.
51 방전되지 않도록 다스리고 가꾸는 것
이 너희 임무요, 삶이니라.
52 그는 곧 무엇이더냐?
53 육의 삶을 바로 사는 것이 충전된 것
이 방전되지 않는 것이니라.
54 너희가 죄를 짓고 사악한 행위를 하는
것은 영혼이 견디지 못하며 방전되는
것과 똑같음이니, 남은 영혼이 과연
얼마나 무슨 역할을 하겠는가?
55 그것이 너희의 오늘의 삶이니라.
56 그러니 영혼이 존재할 수 있도록 충전
된 것이 변화되지 않도록 방출되지 않
도록, 방전되지 않도록 관리하고 지키
는 것이 너희의 오늘의 삶이니라.
57 그러니 내가 너희에게 준 것을 지키는
것이 무엇이 그리 어렵고 힘들단 말이
던가?
58 내가 준 대로 그대로 지키고 활용하고
살면 되는 것을, 너희가 사악한 생각

이요, 사악한 쪽으로 다른 생각을 하
고 욕심을 버리지 못하기에 방전되는
그와 같은 형국으로 영혼이 흘러간다
는 것을 잊지 말라.
59 내가 충만하게 해 준 그 영혼이 방전
되듯이 흐르고 흘렀을 때 남는 것은
죽음이요, 또한 영혼의 죽음이요, 지
옥으로 가는 그 길밖에 없다는 것을
알라.

6,987 번째 하나님 말씀

2003년 8월 5일 11시 48분

1 사랑하는 나의 아들아!
2 **"네, 아버님! 말씀하옵소서."**
3 너희가 인간관계로 서로 만난 그 사랑
하는 여인에게 뭐라 말하느냐?
4 그저 별을 따 가슴에 달아 주며 달을
따 가슴에 안겨 주겠다는 그와 같은
사랑의 말을 하며 소중함을 말하느니
라.
5 너희는 육으로써 보이는 그 사랑의 소
중함은 그만큼 애절히 서로 아끼고
사랑하건만, 정녕 나 여호와를 얼마만
큼 사랑하고 나를 생각하는가?
6 그보다 열배 백배 더 나의 은혜에 감
사하며 나의 사랑에 보답하는 길을 가
져야 할 것이며, 그 은혜에 보답한다
면 결국 너희는 나를 더 사랑함이 극
진해야 할 것이니라.
7 너희가 여인을 사랑해 그와 같이 사랑
을 나눌 수 있는 그 관계요, 서로 아끼
는 마음을 가질 수 있는 그와 같은 관
계는 나로부터 너희가 생명을 받아
나가 오늘의 그 역사가 존재함이니,
8 그를 보낸 이요, 그를 내보내 준 나 여
호와요, 너희가 말하는 아버지요, 창
조주에 대한 감사함을 너희가 느끼는
가?
9 그러나 인간 너희는 눈으로 보이는
것, 만지는 것을 먼저 중요시하기 때
문에 그러한 것이 아니더냐?
10 너희는 사랑을 볼 수 있는 것이며 여
인은 접할 수 있으며 그러하기에 그보
다 더 이상 세상에 소중한 것이 없으
며 그리 아름다운 마음을 갖지 않지
않더냐?
11 그보다도 더 아름다운 마음으로써 나
여호와를 사랑하며 과연 나 여호와를
생각하고 있는지 한번 너희 자신의 믿
음을 돌이켜 보도록 그리하라.
12 너희는 육에 보이는 그 사랑은 세상에
무엇과도 바꿀 수 없는 그와 같은 소
중한 마음을 갖고 살면서,
13 육의 세상에서 보이는 그 죄가 얼마나
그 무섭고 두려운 것인지를 모르는가?
14 너희가 육의 세상에 보이는 여인을 사
랑하듯, 여인이 남자를 사랑하듯, 너
희가 죄짓지 아니하는 것을 그와 같이
하지 않을 수 없는가?
15 죄를 짓지 않는 마음을 그와 같이 사
랑으로 충만될 수는 없겠는가?
16 너희는 여기서 알아야 할 것이니라.
17 너희가 육으로써 이루어진 연인의 그
아름다움은 소중히 승화시킬 줄 알면
서,
18 육의 세상에서 짓는 그 모든 죄는 나
에게 와 심판을 받는다는 그것을 모르
고 있느니라.
19 너희가 여인을 사랑하는 것만큼 진리

를 사랑하며 아름다움을 사랑한다면
과연 죄를 짓고 살 수 있으며 사악한
마음으로 살 수 있다고 말하는가?
20 너희가 여인을 사랑하는 것만큼 나의
십계명을 사랑하고 지키려 한다면, 과
연 나의 십계명을 못 지킨다는 말을
할 수 있으며 죄를 안 지을 수 없다,
부모를 공경할 수 없다고 말할 수 있
겠느냐?
21 남녀가 연인 사이에 말하지 않더냐?
22 저 하늘에 딸 수 없는 별을 따 가슴에
달아 주며 그리고 달을 따 가슴에 안
겨 준다 말하는 너희의 그 소중한 사
랑이요, 그 아름다운 만큼 네 부모를
공경한다면 너희가 십계명에 쓰여 있
는 대로 네 부모를 공경하지 못하며
부모를 공경하지 못하여 후회하는 마
음을 갖겠느냐?
23 나의 십계명을 그와 같은 마음으로 지
키고 산다면 과연 그 십계명을 못 지
킬 것이 무엇이 있겠느냐?
24 너희가 그와 같이 죄를 미워하며 질서
를 사랑하며 참진리를 그와 같이 소
중히 생각한다면, 너희가 어찌 죄를
지을 수 있으며 죄에 대한 행위를 할
수 있단 말이던가?
25 이것이 너희의 마음자리임을 알아야
할 것이니라.
26 너희가 여인을 사랑하는 그 마음 사
이에 아무것도 끼어들 것이 없으며,
거기에 목숨을 바쳐도 그를 행할 수
있으며 지킬 수 있는 것이 애절하게
사랑하는 마음이 아니더냐?
27 그와 같이 사랑하는 마음으로 위로는
나 여호와를 사랑하면 너희가 죄를
지을 수 없으며 지옥문에 가는 그와
같은 일은 없을 것이며,
28 지옥문에 가 들어가지 아니하려고 피
눈물 흘리며 악을 쓸 일 도 없고, 너희
가 그 고통 속에서 벗어나려고 몸부
림칠 것도 없음이니라.
29 너희가 나의 계명을 지키지 못할 것도
하나도 없음이니라.
30 제 일 계명서부터 십계명을 지키는 것
을 여인을 사랑하는 마음으로 나의 십
계명을 사랑한다면 너희가 못 지킬
수 있겠는가?
31 무엇을 못 지킨단 말이던가?
32 그러니 너희가 얼마나 나 여호와를 욕
되게 하며, 내가 너희에게 내린 것을
지킬 수 없다고 말하며 행할 수 없다
고 그리 말하는가?
33 너희가 죄를 그와 같이 미워하며 선을
그와 같이 사랑해 보라.
34 너희는 천사가 될 수 없다는 말을 하
지 말라.
35 그리고 거짓말을 하지 아니하고 살 수
없다고 말하지 말라.
36 죄를 짓지 아니하고 살 수 없다고 말
하지 말라.
37 너희가 가장 사랑하는 그 여인에게 거
짓 하는가, 죄를 짓는가?
38 진정한 사랑을 나누는 자가 그와 같은
짓을 하는가?
39 그와 같은 짓을 하지 아니할 것이니라.
40 네 부모를 그와 같이 사랑해 보라.
41 네 부모를 공경함에 소홀히 할 수 있
겠는가?
42 다 너희의 사악한 욕심이요, 변하는
마음이요, 너희가 진정한 사랑을 모르

며 모든 나의 은혜를 모름이니라.
43 첫째는 나 여호와가 내려 준 그 은혜
를 모르며 그를 사랑할 줄을 모르며,
내려 준 나 여호와를 말로만 믿고 사
랑한다 하며 진정한 사랑이 없으며 진
정한 사랑을 할 줄 모르는 자들이니라.
44 너희가 여인보다도 진정 나를 사랑한
다면 내가 내린 십계명을 지키지 아니
할 수 없으며,
45 내가 거짓 하지 말라는 것을 지키지
아니할 수 없으며, 도둑질하지 말라는
것을 지키지 아니할 수 없으며, 이웃
의 집을 탐내지 말라는 것을 탐내지
아니하고 얼마든지 살 수 있고 견딜
수 있느니라.
46 그러니 나의 십계명을 지킬 수 없다고
말하는 그 백성이 얼마나 사악한 자
들이며 죄의 온상이며 나의 뜻을 거역
하며 나를 능멸하는 것인가, 그리고
나를 사탄보다도 못한 자라 저주하는
자들이며 나를 죽이려 하는 것이요,
그래서 나를 죽이고자 함이니,
47 나의 진리를 가지고 간 나의 아들이
요, 새로운 나의 성령인 이 법전을 짓
이기고 태우려 하는 것이 너희의 그
사악한 자세이니라.
48 너희가 정녕 여인을 사랑하는 가장 아
름다운 그 마음으로 세상을 보면 지
키지 못할 것이 없으며 못 넘을 길이
없으며 못 건널 강이 없으며 정복하지
못할 산이 없음이니라.
49 그 사랑이 그리 소중함이니라.
50 그보다도 더한 사랑으로써 나의 계명
을 지키며 나를 사랑하며 나의 성경을
사랑하며 나의 법전을 사랑해 보라.
51 그러면 너희가 못 이룰 것이 없지 않
겠는가?
52 이를 깊이 가슴에 새기도록 하라, 사
랑하는 나의 아들딸들아!

6,988 번째 하나님 말씀

2003년 8월 5일 11시 57분

1 사랑하는 나의 아들아!
2 "네, 아버님! 말씀하옵소서."
3 너희가 모여서 예배하며 모여서 강론
하기 위해서 성전을 지으며 궁궐보다
도 더 아름답게 꾸미는 것이 나 여호
와의 성령이 임하며 내가 너희와 같이
한다 하여 나의 피조물 만백성들의 고
혈을 빨아 이와 같이 오늘의 그 성전
이요, 교회요, 회막을 짓지 아니하였
는가?
4 그리하여 나 여호와에게 경배할 때 거
기에 모여서 경배하고 가르치는 것이
진정한 믿음의 길이요, 나에게 오는
길이라 하여 지금 그와 같은 행위를
하고 있지 않으냐?
5 그러나 내가 성경에 뭐라 말하였느냐?
6 너희가 남에게 나서지 말며, 남이 알
게 하지 말며, 남에게 너희가 있다는
것을 알리면서 복음을 전하지 말라 그
리하였으며, 요란한 행위요, 집단으로
그와 같은 행위를 하지 말라 하였음이
니라.
7 그런데 너희는 오늘날 뭐라 하느냐?
8 너희 손으로 지은 그 죄의 온상이요,
교회에 오지 아니하면 나 여호와로부
터 괘씸죄에 걸려 구원을 받지 못한다
는 그와 같은 협박과 공갈로써 나의

피조물 만백성들을 어르고 다스려 재
물을 갈취하는 그와 같은 행위를 하고
있음이니라.
9 나의 사랑하는 백성으로부터 재물을
갈취하여 인간의 욕심으로 너희가 호
의호식하고 편안한 삶을 살고자 하는
것이 오늘의 종교 집단이요, 지도자가
궁극적으로 가는 길이라면 너희는 믿
겠는가?
10 안 믿을 것이니라.
11 그러나 믿어야 할 것이니라.
12 그렇지 않다면 오늘과 같이 호화로운
교회요, 성당이요, 회당을 지을 필요
가 없음이니라.
13 그저 너희가 많은 백성에게 아는 그
상식을 하나하나씩 가르치면 되는 것
이니라.
14 완벽하게 가르칠 수 없는 것이 너희의
가르침이니라.
15 정녕 교회에 모여서 몇십 년 동안 평
생 가르쳐야만 사람이 변화되며, 나에
게 괘씸죄에 걸리지 않으며 구원을
받는다 하면,
16 몇십 년 동안 다닌 사람이 그 악습 하
나를 제대로 버린 자가 있는가?
17 몇십 년 동안 다니면서 악습 하나를
버리지 못했다면 너희는 결국 무엇이
던가?
18 아무것도 아닌 짓을 하고 있다는 것이
니라.
19 그러니 너희가 아무 성당이요, 회당이
요, 교회를 짓지 아니하고 많은 사람
에게 또 많은 제자에게 가서 그저 환
경과 여건이 되는 그 상태에서 남들에
게 불편을 주지 아니하며 자연적으로
모여진 그 속에서 자연적으로 만나는
사람들에게 한 가지라도 제대로 가르
쳐 준다 하면,
20 하나를 제대로 배운 백성이 깨우쳤다
하면 몇십 년 동안 다니면서 하나도
고치지 못한 그 믿음의 길을 가는 자
들보다 그 가르침이 더 위대하지 않겠
느냐?
21 그래서 정해진 장소요, 교회요, 성당
이요, 회막을 짓지 말라 함이니라.
22 그저 있는 그대로 나의 뜻을 먼저 깨
우친 자가 깨우치고 전하는 그것이
나의 백성을 구원에 오르는 길로 인
도하는 것임을 알아야 할 것이니라.
23 하늘의 뜻이라는 것은 평생을 가르쳐
도 그를 다 알 수 없으며 깨달을 수 없
음이니라.
24 스스로 너희가 하나의 깨달음을 얻었
을 때, 그때서부터 '앗! 하나님, 이게
하나님의 뜻이구나!' 하는 것을 알면
너희는 모든 지혜를 얻게 되며, 내가
그때서부터 너희에게 깨달음을 주는
것이니,
25 너희가 하나님이라 부를 수 있도록 그
입을 열어 줄 수 있는 너희 마음을 다
스리는 훈련부터 먼저 행하도록 그리
하라.
26 그리하면 바로 그와 같은 역사가 이루
어질 것이니라.
27 지금 너희 자신을 누구보다도 잘 아
는 자들이 이 세상 살아가는 백성이
아니더냐?
28 종교 지도자 너희가 잘못된 것도 너
희가 사악한 짓을 하는 것도 너희가
나의 사랑하는 백성이요, 신도들을 속

여 간음하는 짓 도둑질하는 짓 재물
을 갈취하는 것 그리고 거짓 증거하는
것을 종교 집단이요, 지도자 너희가
더 잘 알 것이며,
29 지금 믿음의 길을 가는 백성 너희가
잘못된 것 너희가 사악한 짓을 하는
것 네 마음이 더러운 것 네가 춥고 배
고픈 것 목이 마른 것 그 모두는 너희
자신보다도 더 아는 사람이 없듯이 너
자신을 더 잘 알 것이니라.
30 그러니 너 자신을 더 잘 아는 자가 그
들에게 무엇을 배워서 깨우친단 말인
가?
31 스스로 깨우쳐 부족한 것을 채우며 사
악한 것을 버리며 아름다운 것을 선택
하며 너희 자신이 변화의 삶을 살면
하늘에 오르는 길이니라.
32 너희가 지금 악한 생각을 하는 것 아
름다운 생각을 하는 것 이것이 아름
다운 것이요, 이것이 죄요, 추악한 것
인지를 너희가 너무나 잘 알고 있음
이니, 거기서 선을 선택함은 하늘에
오르는 길로 변화되는 것이니라.
33 더운 것 추운 것 그 모든 육신이 변화
되는 것을 누구보다도 더 잘 아는 자
들이니,
34 너희 스스로 깨우치도록 내가 너희를
만들었으며 그리하여 너희에게 지혜
를 주었음이니라.
35 그리하여 너희가 그를 행하지 아니하
고 남의 가르침이요, 남의 뜻으로 사
악한 자요, 사탄의 앞잡이들에게 재물
을 바치며 그 소리를 들어야 구원을
받는다는 어리석은 나의 백성으로 세
뇌되어 전락되었기에, 내가 너희를
깨우쳐 가르치기 위하여 내가 나의 아
들을 통하여 대장정의 160권의 법전
을 밤과 낮을 가리지 아니하고 그 아
들을 내가 이리 몰고 감이니, 너희는
알아야 할 것이니라.
36 믿음 또한 그러하니라.
37 자신의 단점이요, 자신의 악습이요,
자신이 잘못된 것을 잘 알고 있다 하
였음이니라.
38 그러니 너희 스스로 고쳐 나가면 되는
것이 구원의 길이라는 것을 내가 다시
한 번 나의 법전에 기록하여 너희에게
전함이니 이를 잊지 말라.
39 성경을 특별한 사람에게 배우며 지정
된 사람에게 배우며 선택된 사람이라
는 자들에게 특별한 장소와 지정된 장
소에서 그 설교요, 강론을 들으면서
그 대가를 치르고 듣는 것이 생명의
양식이요, 은혜라 그리고 생명을 구원
하는 길이라 그리 생각하나,
40 너희는 서로 주고받는 장사꾼들이 앉
아서 물건을 사고파는 자들이지, 성령
을 깨달으며 진리를 깨달으며 하늘에
오르는 그 길을 가는 것이 아님을 알
라.
41 설교를 듣고 강론을 듣고 그 대가를
지불한다면 그는 나의 뜻이 아니요,
나의 뜻을 거역하는 자들임을 너희는
알아야 할 것이니라.
42 그리고 서로 주고받는 장사꾼의 거래
이니라.
43 그와 같이 성령이요, 나의 진리가 전
해지고 임하는 것이 아님을 알라.
44 성령이 충만 된다고 생각하는 자, 지
금까지 그 믿음을 오는 자 그리고 충

만 되었다 생각하는 자, 너희는 다시 태어나야 함을 잊지 말라.
45 너희는 성경을 읽고 그 뜻을 그대로 알아들어야 할 것이며 이해해야 할 것이니라.
46 정녕 성경을 이해하지 못하며 그 비유의 뜻을 알지 못하거든 십계명을 암송하고 또 암송하고 그대로 살고자 하는 마음만 굳건히 갖는다면 너희는 깨달음의 길이 있을 것이며,
47 내가 너희에게 '앗! 하나님!'하고 찾을 수 있도록 입을 열어 줄 것이니라.
48 지금의 모든 믿음이요, 지금까지 왔던 그 모든 고정관념에서 벗어나지 못하고 지금 같은 형국으로 간다면, 너희가 만든 죄의 온상인 교회에서 죄의 온상인 성전에서 벗어나지 못하며, 거기서 허우적거리다 그저 어느 날 지옥으로 감이니,
49 너희는 인간이 태어난 값어치를 모르며 영원히 사는 인간의 그 존귀함을 모르며, 그를 알지 못하며 느끼지 못하며 접하지 못하고 죽어 갈 것이니라.
50 그리하여 내가 지금 160권의 법전을 내려 너희를 깨우치고자 하니,
51 하늘의 뜻을 누구나 다 알 수 있도록, 내가 혼자 공부하여 깨우칠 수 있도록 내려보내니,
52 그리하여 나의 법전을 읽고 정독하여 스스로 깨우쳐 하늘에 오르는 길을 알고 너희를 구원하고자 하는 것이 나의 뜻이니,
53 이를 찢어 버리며 사탄이요, 사악한 자요, 말세에 거짓 선지자가 행하는 것이라는 그와 같이 무섭고 두려운 말을 너희 입에 담아서는 아니 됨을 알라.
54 너희가 입으로 말하는 것이 얼마나 무서운 결과를 초래하는지 알 것이니라.
55 이 세상을 뒤엎고 찢어 놓고 다 헤쳐 놓는 것 그리고 이 지구를 엎어 놓는 것 깨 놓는 것 그 모두도 너희 생각에서 이루어지며, 그 생각이 말로 나오며, 그것이 행동으로 실천되었을 때, 무서운 결과를 초래하는 것이니,
56 그중에서 말이 얼마나 소중한 것인가를 잘 알아 깨우쳐 행하도록 그리하라.

6,989 번째 하나님 말씀

2003년 8월 5일 12시 09분

1 사랑하는 나의 아들아!
2 "네, 아버님! 말씀하옵소서."
3 지금의 수천 년 동안 믿음을 온 모든 종교 집단이요, 지도자 그들 머릿속에 기억된 것이며 그들의 머릿속에 입력된 것은 무엇인 줄 알겠는가?
4 진정한 참진리를 위하여 가는 것이 아니요, 이해관계에 따라 언제든지 마음이 흔들리며 무너지는 것이 그들이니라.
5 오로지 그들의 생각에는 나의 피조물 만백성들을 긁어모아 그저 뭉쳐서 힘의 덩어리를 키우면 저희가 사는 것이요, 흩어지면 살지 못한다는 그와 같은 인간의 욕심이요, 집단의 능력으로써 좌우하는 그 생각에 젖어 있는 것이 종교 지도자요, 가르치는 자들의 형태이니라.
6 인간 세상의 집단에서 너희가 많은

사람이 모여 그 힘을 과시하며 그 세
를 과시함으로써 너희가 모든 것을
다 덮고 이기고 나가는 것처럼 종교
집단이요, 지도자가 그와 같은 생각에
그 머리가 젖어 있음이니,
7 그리하여 그저 많은 사람을 모아 세를
과시하며 과시하기 위하여 크나큰 교
회라는 것을 지으며 성전을 지으며,
8 그리고 그를 호화롭게 하여 만백성으
로 하여금 위협을 느낄 수 있도록 그
와 같은 것에만 치중하는 것이 그들이
니, 거기에 진정한 진리요, 아름다움
이 있다 하겠느냐?
9 내 마음이 얼마나 아프고 쓰리면 진정
한 보석을 가진 자는 설명이 필요 없
으며 거짓 보석을 가진 자가 그를 팔
아넘기기 위해 수단과 방법을 가리지
아니한다 하였음이니,
10 지금 모든 종교 집단이요, 지도자들이
그와 같은 행위를 하고 있느니라.
11 가짜를 팔아 득을 얻으려고 모든 수
단과 방법을 다 가리지 않는 자들이니
라.
12 그리하여 그들은 세를 불리는 것이 사
는 길이요, 크나큰 성전을 짓고 위엄
이 있게 하여, 모든 백성을 기를 죽여
그들을 위협적으로 다스릴 수 있는 것
에 더 치중하는 것이 그들이니라.
13 진리를 모르며 아름다움을 모르고 가
는 자들이니, 인간 세상에서 집단의
힘으로써 모두를 해결하려는 자들과
똑같은 자들이니 거기에 무엇이 차별
화가 있더냐?
14 지도자라는 것이 한 점의 부끄럼이 없
이 사는 것이 중요하며 참진리를 연
구하고 깨우쳐 진정한 진리를 깨우쳐
한 점의 부끄럼이 없으며 그가 말하는
것은 나 여호와를 대신함이니 그건 진
리의 뜻이 되어야 하는 것이니라.
15 그러나 그들은 내가 내리는 성경의 그
비유의 뜻도 알지 못하며 내가 원하는
것을 알지 못함이니, 그들이 눈은 있
어도 눈이 감겨 있으며 귀는 있어도
귀는 열리지 않는 것이니라.
16 세상사 육의 세상의 그 한계를 벗어나
지 못하고 그 속에서 살고자 몸부림치
는 자들이니라.
17 그러니 그들이 세를 불리려고 온갖
방법과 수단을 가리지 않으며,
18 인간 집단에서 많은 세를 가진 자, 많
은 숫자를 가진 자가 그 힘으로 그저
밀고 나가는 그와 같은 그 생각에 젖
어 있는 자들이니,
19 수천 년 동안 진리를 위해서 온 것이
아니며 그 세를 불리려고만 했기 때
문에,
20 '우리 교회는 만원사례입니다. 하나님
의 말씀을 듣는 것은 이웃교회도 똑같
으며, 성서를 가지고 가는 것도 똑같
으며, 그 목사가 나보다 더 똑똑하고
훌륭하시니, 저희 교회는 백 명이 들
어올 장소에 지금 120명이 차 있으니,
나머지 분은 이웃의 교회로 가십시
오.' 한다면 그게 무엇이냐?
21 세를 불리고 과시하고자 하는 자가
아니라면 그는 그리 말할 것이니라.
22 그러나 그는 진리로써 만백성을 깨우
치는 것이 아니요, 세로써, 그 부피로
써, 가진 외형으로써 과시하기 위하여
하기 때문에 그와 같이 하는 자가 없

다 하였음이니라.
23 그러니 '만원사례'라 쓴 그 교회만 진
정한 지도자니, 그를 찾아가 그래도
그 밑에서 공부하고 배워 깨우쳤다 하
는 자는 지옥문에 가 들어가지 아니
하려고 문고리를 잡고 몸부림치는 그
와 같은 형국은 면할 수 있을 것이니,
24 내가 가르치는 이 깊은 뜻을 받아들여
다시 한 번 생각해, 너희가 가고 있는
길이 과연 어떠한 길인가 보라.
25 종교 지도자가 과연 '만원사례'라 써
놓을 수 있는 자인가, 그리고 여기는
더 이상 올 자리가 없다 하여 다른 데
로 가서 배우라 할 수 있는 종교 지도
자가 과연 있으며 너희 종교 지도자
는 그런 마음을 가지고 있는가?
26 더 끌어오라, 더 모아라, 그리고 더 넘
치도록 하라, 그래서 더 큰 것을 짓자,
더 위대한 것을 짓자, 더 많이 거둬들
이자는 그와 같은 행위를 하는 자는
그것이 사탄이요, 악마의 자식이라는
것을 어찌 모르는가?
27 눈을 뜨고도 악마를 보지 못하며 귀가
열려 있어도 그 말을 듣지 못함이니,
모두 죽어 있는 자니라.
28 너희가 나에게 와 심판을 받아 영원히
죽는 것만이 죽음이 아니요, 지금 너
희가 죽으면 지옥으로 가려고 죄를
짓고 사는 것, 그 자체가 지금서부터
죽음의 그 길을 가려고 준비하고 있
으며, 그 죄를 더 가지고 더 험난하고
힘든 그 대가를 치르고자 스스로 그
길을 선택해서 가는 자들이니라.
29 그러니 지금 육은 살았어도 너희는
죽은 자이니라.
30 육과 영혼이 사는 이 세상에서 육이
한 줌의 흙으로 썩어져 가기 전에도
죽은 자와 같은 삶을 사는 것 그것이
죄를 짓고 사는 자요, 죄의 두려움을
모름이니라.
31 그 죄로 인하여 너희가 지옥을 가기
때문에 지옥에 가는 그 훈련을 지금서
부터 하고 있으니 그게 바로 죽은 자
라 말하는 뜻임을 알라.

6,990 번째 하나님 말씀

2003년 8월 5일 12시 21분

1 사랑하는 나의 아들아!
2 "네, 아버님! 말씀하옵소서."
3 너희가 말하느니라, 나의 아들 예수의
보혈로써 그가 죽음으로 인하여 너희
는 죄 사함을 다 받았고 면죄 받았으
며 너희의 모든 죄를 대속해 지고 갔
다.
4 그리하여 그 예수의 사랑이 충만하여
그 사랑으로 하여금 모든 죄를 대속
받았음이니, 나 여호와를 사랑한다고
찾으며 나의 아들 예수를 주라 찾으며
그를 사랑한다 하며 그저 찾기만 하
면 된다고 말하느니라.
5 그리하여 너희가 지은 죄는 문제가
되지 아니하며, 너희는 육과 영혼이
존재하는 이 소중한 삶 속에서 죄를
지어도 아무 관계 없다 말하느니라.
6 나 여호와를 위대한 사랑을 베푸는 이
요, 사랑을 베푸는 하나님이요, 모든
것을 사랑으로 받아들이기 때문에, 너
희가 어떠한 죄를 짓는다 해도 나에게
죄가 되지 아니하는 것이며,

7 나의 아들 예수도 너희를 무조건 사
랑하며 너희를 사랑하기에 목숨까지
바쳤음이니, 사랑하는 사람 앞에서 어
떠한 짓을 해도 무슨 죄가 되겠는가?
8 그리하여 나의 아들 예수가 너희를
사랑하기 때문에 나 여호와가 너희를
사랑하기 때문에 너희는 사랑하는 나
의 아들딸이기 때문에 그리고 사랑하
는 아버지가 있으며 너희를 사랑했던
예수가 있기에,
9 너희는 어떠한 죄를 짓고 사악한 행위
를 해도 다 사랑으로써 용서하며 구원
을 받는다고 말하느니라.
10 그리고 용서를 받는다고 그리 말함이
니라.
11 어떠한 악한 행위도 하고 싶은 대로
행하고 죄를 짓고 싶을 때 죄를 짓는
것도 나의 아들 예수는 사랑으로써 너
희를 용서하는 자요, 나 여호와는 위
대한 사랑으로써 너희를 용서하는 것
이기 때문에, 사랑해 주는 자요, 용서
해 주는 자이기 때문에, 너희가 임의
대로 죄를 짓고 싶을 때 죄를 짓고 사
악한 짓을 하고 싶을 때 사악한 짓을
해도 되며 그 대가를 치르지 않는 것
이 너희라 그렇게 가르치며, 지금 그
와 같이 이끌어 가는 것이 종교 집단
이요, 지도자이니,
12 그를 믿고 따르는 불쌍한 신도라는 그
백성이 그 말에 감복하여 '아멘' 할렐
루야, 믿습니다, 믿습니다.' 하며 그저
있는 재산, 없는 재산 바치라는 대로
봉투에 이름 써서 그를 바치는 자들이
너희니, 그 모든 헌금을 그저 갖다 바
치느니라.
13 오늘의 밥상에 찬이 없어서 네 가족이
굶는다 해도 너희는 그저 은혜를 받
기 위해 바치는 것이 영광되며 잘하는
길이라 하며, 네 가족은 굶어도 갖다
바치는 것이 나의 아버지요, 하나님을
기쁘게 하는 길이라 그리함이니, 네가
굶기는 그 자식은 나의 자식이 아니며
나의 백성이 아니더냐?
14 어찌하여 너희가 내 백성을 굶겨 가
면서 너만 구원을 받겠다 그리한다 해
서 축복과 은혜를 받는단 말이냐?
15 네 부모는 과연 누구더냐?
16 그도 또한 나의 백성이니라.
17 너희가 똑같은 나의 아들딸이요, 그
백성을 굶기고 고통스럽게 하면서 그
를 나에게 바침으로 하여 내가 너에게
상을 내리며, 굶는 자에게 벌을 내리
겠는가?
18 그리고 굶는 자들은 나로부터 어떠한
대우를 받으며 내 마음이 어떠한 것인
지를 생각해 보았는가?
19 그저 모두 굶기든 어떤 고통을 주든,
너희가 구원을 받으려고 그저 재물을
갖다 바치면 내가 그들을 돌아다보지
아니하고 바치는 너만 사랑한다고 가
르치니,
20 나는 그와 같이 사악한 자를 사랑하지
아니하며 그와 같은 사악한 자를 내
자식으로 둔 적이 없음이니라.
21 그들도 내 자식이요, 내 백성이니 그
들을 다스리고 가꾸는 그와 같은 마음
의 자세로 살아가는 자를 내가 사랑하
며 그 기도를 들어줌이니라.
22 내가 너희에게 뭐라 말하느냐?
23 첫째는 내가 너희에게 생명을 준 그

은혜에 감사하며, 너희 가족과 더불어
사는 그 자리를 지키는 것 그리고 거
기서 네 할 일을 다 하는 것 그것이 나
의 백성을 돌보는 길이요, 나의 백성
을 깨우치는 길이니라.
24 너희에게 딸려 있는 식솔의 그 모두도
해결하지 못하며 그들도 사랑하지 못
하는 주제에, 어찌 남을 사랑하며 이
웃을 사랑한다고 그리 말할 수 있는
가?
25 제 자식과 제 가정에 고통을 주면서
어찌 너희가 깨우침으로써 남을 구원
하고 남을 이해할 수 있단 말인가?
26 그들도 다 나의 백성이요, 나의 아들
딸이거늘, 똑같은 이 세상의 나의 아
들딸 중에서 너희가 관리하며 너희들
과 인연을 가지고 세상에 나온 그 자
식과 형제요, 나의 아들딸을 관리하고
보호하지도 못하며 그리 신경 쓰지 아
니하고 구원만 받겠다 몸부림치는 자
들이 어찌 이웃을 사랑하고 남을 사랑
할 수 있단 말이던가?
27 그와 같이 이 세상에서 나의 피조물
만백성들을 계산법으로 가르치며, 오
로지 저만 구원을 받으면 된다는 계산
으로써 그리 가르침이니,
28 그것밖에 모르는 자는 세뇌되어 있어
저 자신이 착각 속에서 살며 저 자신
을 분별하지 못하는 그와 같은 혼미한
상태에 빠진 자들이 제 식솔들이요,
저 자신이 소중한 것을 모르고 그저
갖다 바치면 구원을 받는다고 생각하
니 그것이 잘못됨이니라.
29 그도 내 자식들이요, 내 아들딸임을
잊지 말라.
30 그 모두를 보살피고 관리하는 자를 내
가 사랑함이니라.
31 너희가 가정에서도 아내는 남편을 사
랑하니까 그리고 아내가 남편을 사랑
하기 때문에, 남편은 나가서 어떤 짓
을 하며 간음을 하며 다른 살림을 차
려도 되며 그저 방탕해도 되며, 아내
는 모두를 다 용서하고 이해할 것이라,
32 사랑하는 아내이기 때문에 아무리 너
희가 죄를 지어도 남편이 하는 일을
아내는 다 용서하며 이해하니까 저는
방탕하게 살아도 된다며 그와 같이 살
아가는 자가 있다면 과연 그게 바른
남편이며 바른 인간성을 가진 자더냐?
33 너희가 나의 아들 예수가 사랑으로써
충만되어 있으며 나 여호와는 사랑으
로써 용서하기에 위대한 하나님이라
하여 내 앞에서 살아가면서 무슨 죄를
지어도 그것은 죄가 아니며 다 용서를
받는다고 그리 가르치고 있느니라.
34 그러면서 저희가 재물을 중간에서 가
로채는 사탄이요, 사악한 짓을 하느니
라.
35 재물을 바치고 용서를 받으면 열배 백
배 더 용서의 효과가 있다 하니, 부적
이라는 것을 써 주면서 돈을 받는 것
이 무엇이더냐?
36 그 부적을 몸에 지니고 베개 밑에 넣
고 요 밑에 깔고 자고 몸에 붙이고 다
니면 너희가 은혜와 영광을 받는다
하는 것과,
37 재물을 많이 바치면 그저 용서의 하나
님이요, 모두를 다 사랑하는 하나님으
로부터 큰 사랑으로 용서받으며 큰 죄
를 지어도 죄가 아니 되도록 너희를

용서한다고 그리 가르치는 것이니, 얼
마나 사악하고 추하고 더러운 모습이
냐?
38 아내가 남편이 나를 죽도록 사랑하니
까 용서받지 못할 짓 어떠한 행위를
해도 다 관계없다 하여 그저 밖에 나
가 돌아다니며 가정을 돌보지 아니하
며 제 마음대로 방탕하고 타락한 생활
을 해도 남편이 자기를 용서해 주니까
자기는 죄가 아니다, 그리고 제 가정
은 제 마음대로 할 수 있다고 한다면,
이런 계산법은 없음을 알라.
39 세상의 인간관계에도 그런 계산법이
없거늘 어찌하여 너희는 하늘과 나
사이에 그와 같은 계산법을 가지고 나
를 능멸하려 하는가?
40 나에게 그와 같은 것이 통하지 아니함
을 알라.
41 친구가 나를 사랑하니까 그 친구를 배
신해도 되며 그 친구를 도탄에 밀어
넣어도 되며 그 친구를 고통스럽게 해
도 되며, 내 마음대로 그 친구의 모든
것을 가지고 휘둘러도 상관이 없다고
한다면 이는 곧 무엇이냐?
42 그 친구가 자기를 사랑하고 용서하기
에 그러하다면 이 얼마나 어리석은 발
상이요, 얼마나 사악한 자들이더냐?
43 무모하며 이기주의요, 욕심에 그득 차
인간으로서는 할 수 없는 소리를 하고
있는 것이 지금 나의 아들 예수의 보
혈로써 그 사랑으로써 모두를 구원받
았으며, 용서하는 사랑의 하나님이요,
44 너희가 아무리 죄를 지어도 그저 울고
불고 재물을 바치면 용서를 받는다고
가르치는 사악한 자는 더 말할 것도
없으며, 그걸 듣고 믿고 가는 어리석
은 자들은 무엇이 그들과 다르겠느냐?
45 사랑하는 사람을 배신하지 아니하며
사랑하는 사람을 슬프게 하지 아니하
며 그를 기쁘게 하며 그와 더불어 아
름다운 삶을 사는 것, 그리고 그로 하
여금 너를 사랑하고 믿은 만큼 실망시
키지 않는 것이 사랑을 주고받는 인간
관계의 삶의 도리일 것이니라.
46 그러니 너희가 사랑이요, 용서를 하는
나 여호와라면 그를 받을 수 있도록
내가 실망하지 않도록 내가 괴로워하
지 않도록 너희가 나의 십계명과 나
의 율법을 지키고 살아가야 하는 길이
거늘,
47 그를 지킬 수 없다 하니, 너희는 일방
적인 사랑을 하는 것이기 때문에 아무
리 해도 관계없는 자들이니라.
48 이제 그와 같은 것을 깨우치고자 내가
나의 법전을 기록하여 내리니, 나의
법전을 읽지 않고 일방적인 인간의 삶
을 사는 자, 자기 방식대로 사는 자,
인간의 계산법대로 사는 자, 그 모든
백성 너희는 들어야 할 것이니라.
49 너희가 오늘과 같은 삶으로써는 구원
을 받을 수 없음이니라.
50 변화되지 않는 삶을 살고는 너희가
나에게 올 수 없음을 알라.
51 오늘의 모든 종교 집단이요, 지도자들
의 말에 현혹되어 귀를 기울이지 말고
귀를 막으라.
52 그리고 그들을 무슨 벌레처럼 그리 생
각해야 할 것이며 너희를 지옥으로
이끌고 가는 저승사자라는 것을 알라.
53 모든 종교 집단이요, 지도자들을 저승

사자처럼 보지 아니하면 너희가 구원을 받을 수 없다는 무서운 사실을 알라.

54 그리고 너희는 십계명대로 살라, 그리고 나의 율법대로 살라.

55 그리고 지금 내가 내리는 새로운 성경이요, 나의 법전대로 살라.

56 정녕 너희가 나의 법전을 보고 지키기 힘들고 어렵다 하거든 그리고 이게 불안하거든, 너희는 바로 십계명대로만 지키고 살라, 그러면 구원의 길을 볼 것이며 내가 너희 입을 열어 주었을 때 나의 법전을 보면 깨달음이 있을 것이니라.

57 내가 너희를 모두 사랑함이니, 그리 알라.

6,991 번째 하나님 말씀

2003년 8월 5일 12시 49분

1 사랑하는 나의 아들아!

2 **"네, 아버님! 말씀하옵소서."**

3 너희가 나 여호와가 존재함을 정녕 믿으며 내가 존재함을 믿고 가는 백성이라면, 너희는 두려움이 없으며, 이 세상에 어떠한 것도 너희 앞에 거칠 것이 없으며, 너희의 행보를 막을 수 있는 것이 없음을 알아야 할 것이니라.

4 나 여호와가 너희와 항상 같이하고 있다는 것을 믿으며 내가 너희들과 같이 있다는 것을 안다면 무엇이 두려우며 무엇이 무섭다 할 수 있겠는가?

5 그리고 진리를 지키고 나감에 무엇이 주저함이 있단 말이던가?

6 너희는 정녕 나 여호와가 존재함을 믿지 못하며 내가 존재함을 너희 마음속에 깊이 간직하고 살지 못하기 때문임을 알아야 할 것이니라.

7 나 여호와가 존재함을 믿지 못하기 때문에 불안한 마음이 떠나지 아니하며, 초조한 마음을 버리지 못하며, 좌절감이요, 좌절하는 마음을 버리지 못하고 허덕이고 있음을 너희는 알아야 할 것이니라.

8 이 세상에 나를 사랑하는 것보다 더 사랑하는 것이 없으며, 나를 사랑하는 마음보다 그 무엇도 너희 앞에 가는 마음이 없다 하면,

9 너희는 절대 흔들리지 아니하며 무너지지 아니할 것이며, 이 세상에 이루지 못할 것이 없음을 알아야 할 것이니라.

10 모두를 다 바치는 것보다도 더 소중한 것이 나를 사랑하는 마음이라 믿고 그리 살아간다면, 너희는 이 세상에 아무것도 두려울 것이 없으며 좌절이 없을 것이니라.

11 그러나 나를 믿는 마음이 흔들리는 것은, 너희가 여인을 사랑하는 것만큼도 나를 믿지 못하며 나를 사랑하지 아니하며 나를 따르지 아니하고 있기 때문이니라.

12 그리하여 내가 너희에게 뭐라 말하였느냐?

13 별을 따 가슴에 달아 주며 달을 따 가슴에 안겨 준다는 그와 같이 소중한 여인들 앞에 말하는 마음 자세보다 더한 마음으로 나를 믿고 나를 사랑하며 살아가 보라 함이니라.

14 그렇다면 너희가 이루지 못하는 것이
없으며 불안한 것이 없으며 두려움이
없음이니라.
15 그와 같은 마음이 바로 무엇인 줄 알
겠는가?
16 성령이 너희에게 임하게 되는 마음이
니라.
17 성령이 임했을 때, 아무것도 거칠 것
이 없는 것이 너희니라.
18 그러니 너희가 성령으로 임하는 그와
같은 삶을 살아야 하는 것을 잊지 말
라.
19 너희가 두려움과 불안과 모두를 거둬
들이는 것은 성령이 임하는 삶의 그
길밖에는 없음이니라.
20 선택된 삶을 살도록 그리하라.
21 너희가 지금 선택되지 못한 삶을 살며
육의 향락을 위하여 그저 흐르는 대로
살아가며, 그리고 죄에 편승해 흘러가
면서 그것이 죄인 줄을 모르며 잘못
살아가는 것인 줄을 모르고 살아가며,
22 흘러가는 그 속에서 같이 흘러가다
보면 결국 죽음이라는 것을 맞이하게
될 것이며 너희는 지옥문이라는 그
문을 통과하게 되어 있음을 알라.
23 이제 너희 스스로 죄인임을 깨달으며,
너희가 살아가는 그 삶이 죄 속에서
같이 흘러가는 그 유형에서 벗어나는
용기 있는 자만이 구원을 받을 수 있
음을 알라.
24 그보다도 더 소중하고 강한 마음은 무
엇이더냐?
25 항상 내가 너희와 같이하고 있으며,
그리고 너희의 모든 일거수일투족을
내가 거르는 것이 없으며, 내가 바라
보지 아니하는 것이 없으며, 내가 주
관하는 것이 없다 그리 생각하며 살아
보라.
26 너희를 심판할 때 그 모두를 그때 가
서 알 것이니라.
27 나 여호와가 너 자신도 모르는 네가
생각했던 그 마음까지도 심판대에서
선과 악을 놓고 다루게 됨이니, 너희
의 모든 행함이니라.
28 그때 가서 두려워하며 후회하기 전에,
지금 바로 설 수 있고 너희 자신을 다
스릴 수 있으며 너희의 육신과 영혼
을 마음대로 부리고 다스리고 행할 수
있으며 그리고 선택의 길이 열려 있는
오늘의 삶을 성령으로 임하는 그와 같
은 아름다움 삶으로 승화시키라.
29 그러지 못하면 너희는 영혼이 구원받
지 못한다는 그 사실을 알도록 하라.
30 그때 가서 후회하지 말라.

6,992 번째 하나님 말씀

2003년 8월 5일 12시 56분

1 사랑하는 나의 아들아!
2 **"네, 아버님! 말씀하옵소서."**
3 나의 아들을 죽게 한 자들의 후손이
요, 그 뿌리요, 그들이 지금 믿음의 그
길을 가고 있음이니, 첫 단추가 잘못
끼워졌다 하였음이니라.
4 첫 단추가 잘못 끼워진 그 믿음을 가
지고 지금까지 흘러오기에, 나에게 오
르는 백성으로 인도하는 것이 아니요,
지옥으로 가는 길을 인도하는 자들이
오늘의 종교 집단이요, 지도자라 그리
하였음이니라.

5 그러나 그 모든 백성이 지금까지 믿
음의 길에서 나를 욕되게 하였으며 나
를 능멸하였으며, 나의 아들 예수의
죽음까지도 저희가 짓밟은 그와 같은
짓을 하고 살아온 백성이요, 종교 집
단이요, 지도자라 해도,
6 또 거기에서 재물로써 구원의 길이요,
천국의 문에 들어올 수 있다 하여 몸
부림치는 그 백성의 행함이 잘못이요,
마음속에 욕심이라는 그 우상을 두고
산 자, 그리고 모든 형상을 깎아 놓고
우상을 섬기면서 우상인 줄을 모르고
살아온 백성,
7 그 모든 백성이 회개하고 깨우쳐 반
성하였을 때, 나는 그들을 받아들일
것이며, 그들을 나무라지 아니할 것이
나 여호와임을 알라.
8 너희가 정녕 참진리의 길을 찾고자
변화돼서 오고자 할 때, 나 여호와는
그들을 나무라지 않을 것이며 그들을
가슴에 안을 것이니,
9 그들에게 나의 법전을 읽도록 그리 전
하라, 사랑하는 나의 선택된 아들딸들
아!
10 그리고 그들의 죄를 절대 질책하지 아
니하며 그를 묻지 아니한다고 전하라.
11 너희의 지난 과거의 삶을 가지고 내가
탓하지 아니하며 오로지 너희의 변화
되는 마음이요, 진정한 참진리를 가고
자 진심으로 변화될 때, 나 여호와는
너희를 가슴에 안을 것이며, 그 상이
반드시 있을 것이며, 너희를 구원할
것이며 구원을 받을 것이니라.
12 그러니 그와 같은 삶으로 변하도록 모
두를 깨우치고 인도하는 것은 나로부
터 선택된 너희요, 나의 법전을 가지
고 공부하는 백성이요, 나의 강론을
듣는 백성이니, 너희가 가장 중요한
자들이라는 것을 알라.
13 그들이 깨우치지 못하며 그들이 돌아
서지 못하는 것은 너희가 잘못 가르
치고 잘못 갔으며 나의 법전을 전하는
데 게을리했음이니라.
14 너희는 그와 같은 이치를 알라.
15 그리고 그들에게 용기와 희망을 가지
라 하라.
16 그들이 아무리 사탄의 무리에 들어가
사탄 속에서 지금까지 살아왔다 해도,
아무리 강성한 사탄이라 해도, 아무리
너희가 무너트리지 못할 것 같다 해
도, 그 악한 자는 내 앞에 나를 능가할
수 없으며 나를 넘어설 수 없으며, 내
앞에 그들이 감히 대적할 수 없기 때
문이니, 너희를 내가 모두 용서하며
가슴에 안고 다스릴 수 있음을 알라.
17 너희가 악하다 해도 그 원조인 사탄만
큼 악하지 못하며, 그들도 내 앞에 와
서 나에게 감히 대적지 못하거늘, 너
희가 지금까지 살아온 그 죄를 내가
질책하며 나무라겠는가?
18 진리의 길이요, 나의 뜻에 따라 살아
가고자 변하는 그 삶을 산다 할 때, 나
는 너희를 사랑으로 받아들일 것이니
라.
19 악한 자의 힘이 아무리 크다 해도 나
여호와의 뜻을 넘을 수 없음이니라.
20 그러하기에 나의 아들을 따르는 제자
들이요, 나의 법전을 읽고 깨우친 백
성에게 두려워하지 말며 주저하지 말
며 용기 있게 살아가라 함이니라.

21 그 모두는 내가 너희와 같이하고 있
으며, 나를 감히 대적할 자가 없기 때
문이니라.
22 나의 십계명대로 나의 법전대로 살
때, 나의 사랑의 힘이 너희에게 넘치
며 성령이 너희에게 임하니,
23 나의 성령이 너희에게 임했을 때 그
누구도 너희 앞에 근접할 수 없는 그
무서움이 있음을 알라.
24 나 여호와는 나의 백성을 사랑함이니
라.
25 그리고 창조주인 나는 피조물 만백성
을 모두 사랑함이니라.
26 그들을 구원하는 길은 나의 법전이 세
상을 덮는 날이라는 것을 내가 너희에
게 다시 전함이니 그리 알라.
27 그리하여 나의 백성을 구하는 길은 나
의 법전이 세상을 덮는 것이니,
28 이 귀중한 보물을 만들어 내고 전하는
그 대명을 받은 자들, 나의 법전을 만
드는 백성이요, 나로부터 선택되어,
이 세상에 무엇과도 바꿀 수 없는 이
귀중한 보물을 만들어 만백성들에게
전하고자 하는 너희는 어떠한 마음으
로 살아가야 하는가?
29 나의 만백성을 다시 태어나는 그 길로
인도하고 그를 깨우쳐 구원의 길에 오
르도록 하는 것은 오로지 너희뿐이니
라.
30 너희가 나의 법전을 얼마만큼 소중히
정성을 들여 잘 만들고 관리하여 만백
성에게 전하느냐 거기에 달렸음을 알
라.
31 이 세상에 아무리 귀중한 것이 있다
해도 나의 법전만큼 귀중한 보물이 없
음을 알라.
32 그 보물을 만지고 깎고 다스리는 너희
야말로 어떠한 자들인가를 깊이 깨우
쳐, 그를 만백성이 느낄 수 있도록 그
들에게 전하도록 그리하라, 사랑하는
나의 아들딸들아!

6,993 번째 하나님 말씀

2003년 8월 5일 15시 38분

1 사랑하는 나의 아들아!
2 "네, 아버님! 말씀하옵소서."
3 이 법전으로 역사하는 이 길고도 긴
길을 가는 그 이유를 너는 과연 알겠
는가?
4 이와 같이 내가 밤과 낮을 가리지 아
니하고 너를 내가 그리 달구어 이 길
고 긴 대장정의 역사를 이루는 그 뜻
이 무엇인 줄 알겠느냐?
5 모든 믿음의 길을 오는 그 백성이요,
종교 집단에 속해 있는 그 백성이 저
희가 가는 길만이 진정한 길이요, 하
늘에 오르는 길이라 하여 그들이 변화
될 줄 모르며 깨달을 줄 모르는 어리
석은 백성으로 전락하였음이니라.
6 그저 주인이 이끄는 대로 끌려가는 애
완견처럼 이리 끌리고 저리 끌려가는
것이니, 내가 높은 지혜를 준 생각과
이성을 잃고 저희가 어찌 가는 줄도
모르고 끌려간다면 과연 그들은 무엇
이더냐?
7 생각이 단순한 짐승과 무엇이 다르단
말이더냐?
8 그들이 그와 같이 전락되었으며 그렇
게 어리석게 지금 떨어져 가는 백성이

니 그를 깨우치고자 함이니라.
9 내가 너희에게 일찍 가르쳐 말하기를,
인간이 생각하는 지혜요, 내가 내려
준 영혼이 없다 하면 들개에게도 먹
히는 그와 같은 사람이 될 것이라 내
가 그리하지 아니하였더냐?
10 그러니 지금 모든 종교 집단이요, 지
도자들에게 코를 꿰여 끌려가는 짐승
처럼 이리 끌면 이리 끌려가고 저리
끌면 저리 끌려가는, 그와 같은 생각
과 판단이요, 사고력을 모두 다 잃어
버리고 가는 너희들이 되었음이니,
11 과연 너희는 무엇으로써 지금 전락되
었는지 알겠느냐?
12 내가 사랑하는 백성 너희를 인간으로
만들어 세상에 내보냈음이니라.
13 가장 아름다운 모습으로 가장 높은 지
혜를 주어 너희를 만들어 세상에 내
려보냈는데,
14 어찌하여 사악한 사탄의 그 종이요,
앞잡이들에게 그리도 매료되고 세뇌
되어 그 세 치 혓바닥의 감언이설에
속아 코가 꿰어 끌려다니는 짐승처럼
이리 끌리고 저리 끌려다니는가?
15 너희가 그리 끌려다니며 사는 것이 바
로 무엇인 줄 알겠느냐?
16 그곳에서 너희를 구원하고자 하는 나
의 이 애절한 마음을 어찌 그리도 모
른단 말이더냐?
17 너희는 지금 모든 성경을 한 획도 한
자도 고쳐서는 안 된다며 이것만이 하
늘에 오르는 길이라 하며, 그 비유의
뜻을 제대로 가르치지 못하며 인간이
편한 대로 생각하며 인간이 유리한
대로 계산하여 그것으로 가르쳐 너희
를 이끌어 가는 올가미로 만들어 너
희를 끌어가고 있거늘 어찌하여 여기
서 벗어날 수 있는 그와 같은 지혜를
얻지 못한단 말이던가?
18 어찌도 그리 어리석은 자로 그리 전
락하였단 말이더냐?
19 내가 사랑하는 나의 백성이요, 내가
지혜를 주고 능력을 주어 너희 스스로
판단하고 모든 것을 행하며 살다 나에
게 올라오라 하여 그와 같이 높은 은
혜 속에 내가 지혜를 주었건만,
20 어찌하여 너 자신의 그 소중한 삶을
그저 남에게 코 꿰여 끌려가는 짐승
처럼 이리 끌리고 저리 휘둘려 살아간
단 말이더냐?
21 내가 그 불쌍한 너희를 구하고자 함
이니라.
22 너희가 그리 끌려다니며 그 노동력으
로 힘써 번 재물을 다 갖다 바치는 것
이 정녕 하늘에 오르는 길이요, 천국
에 오르는 길이라면, 내가 어찌하여
사랑하는 나의 아들을 통하여 이렇게
160권의 대장정이요, 하늘의 뜻을 기
록하여 전하겠느냐?
23 아무리 어떠한 역사가 온다 해도 너희
를 마음대로 이용하며 너희 앞에 군
림하는 그들은 무엇으로도 너희를 놔
주지 아니하며 너희가 돌아서 가지
못하도록 고삐를 조이고 또 조이는 것
이 그들이니라.
24 그러니 나의 아들이 기적을 보이며 너
희에게 무엇인가를 보여 주며 구원하
고자 한다면 그들은 그는 사탄이요,
사악한 자의 능력이요, 사탄도 나 여
호와와 같은 능력을 가지고 있음이니,

사탄의 능력이라 그리 욕하며 너희를
더 조이고 조일 것이니,
25 불쌍하게 또 구원의 길을 보지 못하며
끌려가고 조이는 것은 나의 백성이니,
이를 그리할 수도 없는 나 여호와의
입장이니라.
26 그리하여 내가 글로써 책으로 만들어
서서히 읽고 깨우쳐 만백성이 구원의
길을 올 수 있도록 나의 아들을 이렇
게도 달구고 또 달구어 160권의 법전
을 세상에 내려보내며,
27 이를 가지고도 깨우쳐 바로 서는 백성
이 되지 못할 때, 나는 나의 아들이 죽
을 때까지 나 여호와의 뜻을 하늘에서
내려보낼 것이니,
28 그 장서는 너희가 상상할 수 없을 만
큼 세상에 쏟아질 것이니라.
29 그리 쏟아지는 것을 보고도 너희가
믿지 아니하며 그를 축복이요, 너희를
위하여 내가 내려보낸 심판의 책이요,
심판의 성령이요, 심판의 새로운 성경
이라 믿지 아니한다면, 그때 너희는
어쩔 수 없을 것이니라.
30 너희가 지금 육의 세상에서 이 세상의
아름다움을 느끼고 자유로이 살도록
내가 모두를 다 주었거늘, 짐승처럼
코가 꿰어져 이리 날리고 저리 날린다
면 너희는 무엇이더냐?
31 너희가 수천 년 전 인간을 짐승처럼
노예로 팔고 사는 그때만 인간을 팔
고 사는 처참한 광경이라 생각하지 말
라.
32 오늘날 너희가 사탄이요, 사악한 자들
에게 코 꿰인 짐승처럼 이리 끌리고
저리 끌리며 '아멘, 할렐루야, 옳습니
다.' 하며 시간과 재물을 갖다 바치며
그 영혼을 구원받겠다고 불쌍하게 가
는 그 길이 어떤 길인 줄 아느냐?
33 그것이 지옥으로 가는 길이요, 나를
멀리하는 길이라 함이니라.
34 그리하여 내가 너희를 바로 세우고자
이 법전을 내리는 것밖에 없으며 책으
로써 근거할 수밖에 없으며, 이 장서
밖에는 너희를 깨우칠 길이 없어 이리
역사함이니,
35 너희는 어찌하여 이를 보고 깨우치려
아니하고 사탄이요, 이단이요, 사악한
자라 말하는가?
36 너희는 나의 아들이 기적을 보이며
역사한다면 그는 왕사탄이라 하여 이
를 돌로 쳐 죽일 것이니,
37 내가 글로 써 책으로 이리 서서히 뿌
리내려 가는 역사를 시작함을 너희는
알아야 할 것이니라.

6,994 번째 하나님 말씀

2003년 8월 5일 15시 46분

1 사랑하는 나의 아들아!
2 **"네, 아버님! 말씀하옵소서."**
3 나의 사랑하는 백성 너희가 죄를 짓
는 그 행위를 하고 사는 그것이 어떠
한 길인 줄 알겠느냐?
4 너희가 구원을 받고 못 받는 것은 어
떠한 행위를 하고 사느냐에 달렸음이
니라.
5 두 가지의 길 위에 사는 것이 나의 사
랑하는 백성 너희라 하지 아니하였더
냐?
6 나에게 구원을 받아 천국으로 오는 그

길을 오느냐, 그렇지 않으면 영원히
무서운 형벌을 치르는 그 지옥으로 가
느냐, 두 가지의 길 위에 살게 되어 있
으며 내가 너희를 그리 만들었다 하
였음이니라.
7 그러니 그 선택은 너희요, 너희가 노
력하는 만큼 거둬진다 하였음이니라.
8 그러니 너희 자신이 지금 지옥행은
말할 것도 없으며 그 길을 위해서 삶
을 살다 간다는 것을 과연 알고 있느
냐?
9 너희가 죄를 짓는 행위가 그와 같은
삶이라는 것을 모르고 있음이니라.
10 나 여호와가 너희에게 다시 한 번 전
하노라.
11 너희가 죄를 짓고 사는 것은 너희 스
스로 지옥으로 가는 그와 같은 행위
요, 너희가 죄를 짓고 사악한 행위를
하는 것은 나의 아들딸로 태어난 너희
가 나 여호와에게 상처를 입히는 그
행동을 하는 그와 같은 삶이라는 것을
모르느냐?
12 내가 사랑하는 자식들이 나의 성령이
임하여 충만시켜 세상에 내보냈으니,
그를 지키고 살다 나에게 오르라 하였
거늘,
13 너희는 그것이 서서히 방전되는 그와
같은 삶으로 살며 거기에 악한 씨요,
욕심이라는 것이 뿌리를 내리고 잡아
그와 같이 너희가 하나의 욕심을 가
지며 하나의 사악한 행위를 하는 그것
이 나 여호와의 몸에 상처를 내는 그
와 같은 행위를 하고 있다는 것을 너
희는 어찌하여 생각하지 못하는가?
14 너희가 나 여호와에게 상처를 주는 것
이 죄의 행위이니라.
15 너희가 죄를 짓는 것은 나에게 상처를
입히며 나를 아프게 하는 것이라는 것
을 잊지 말라.
16 나의 백성이 나 여호와에 대한 믿음
이 약하며, 진실한 믿음이 없기 때문
이니라.
17 그리고 너희가 믿음의 길을 간다면서
그 믿음 자체가 흔들리고 있기 때문에
진실한 믿음으로 가지 못하는 그와 같
은 삶이기 때문이니라.
18 너희가 육의 세상에서 보고 만질 수
있는 것, 가장 갈구하며 가장 소중한
것을 갖고 기뻐하는 것보다 열배 백배
더 기쁜 마음으로 나를 생각하며, 나
를 믿고 따른다 하면, 그리고 내가 존
재한다는 것을 그와 같은 마음으로 믿
는다면 감히 너희가 죄를 짓고 살 수
없다고 내가 그리 말하였거늘,
19 너희는 그저 지나는 길에 남이 다니니
나도 구원을 받으며 남이 믿으니까 나
도 구원을 받으며 남이 그저 찬송 부
르니 나도 따라 불러 그저 구원받으면
좋고 안 받으면 말고,
20 남들이 설교를 듣고 '아멘'을 찾으니,
나도 '아멘, 할렐루야!' 해서 구원을
받으면 좋고 안 받으면 말고,
21 이와 같은 생각으로 믿음의 길을 가는
자들이요, 그리하여 그 믿음의 길을
선택하는 것이 얼마나 소중한 것인지
도 모르고,
22 선택할 때서부터 네 임의대로 그저 네
생각대로 아무 곳이나 선택하여 지금
지옥으로 가는 사탄의 자식들에게 너
희를 맡기고 그들의 고리에 끼어서 코

를 꿰어 끌려가는 짐승처럼 너희 자
신이 끌려가는 불쌍한 백성이라 하였
음이니라.
23 그리하여 내가 너희를 구원하고자 함
이라 내가 너희에게 전하는 것을 잊
지 말라.
24 너희는 믿음이 약하여 흔들리기 때문
에 그와 같은 짓을 하게 되어 있음이
니라.
25 진정한 믿음이요, 나를 사랑하는 마음
이라면 너희가 종교요, 믿음을 선택할
때 좀 더 깊이 생각해 보며,
26 너희가 성서를 정독하여 깊이 읽는다
면 그 속에서도 성서의 뜻을 깨달을
수 있고 얻을 수 있는 그와 같은 길이
다 있거늘,
27 너희가 정성을 들여서 성경을 읽지 아
니하며 정성을 다해서 믿음의 길을 가
지 아니하기 때문에,
28 지금 지옥행 열차를 타고 가면서 하늘
에 오르는 길이라, 많은 너희 형제들
에게 너를 따르라 하여 지금 지옥의
안내자로서 선봉장이 되어 가고 있음
을 스스로 모르고 있음이니라.
29 그리하여 사랑하는 나의 백성이 한없
이 무너지고 있음이니라.
30 끝도 없이 지옥으로 가는 나의 백성을
보는 내 마음의 고통을 너희가 과연
얼마나 아는가?
31 너희가 정녕 사랑하는 나의 아들딸이
지옥으로 가는 그것을 보는 그 고통을
덜어 주고자 한다면 너희가 죄를 짓
지 않고 선한 삶을 살아가는 길뿐이니
라.
32 그리고 나의 계명대로 사는 길뿐이니
라.
33 그리고 계명대로 살다가 눈을 떴을
때, 나의 법전을 읽고 깨우쳐, 이는 정
녕 나 여호와의 성령이라 하여 너희가
그를 지키고 산다면 죄를 짓지 아니함
이니라.
34 그것이 바로 너희가 나 여호와를 위
하는 길이요, 나의 은혜에 보답하는
길이니라.
35 그러나 지금과 똑같은 믿음이요, 똑같
은 방법으로 살아가며 그 행위를 벗어
나지 못한다면 너희는 나 여호와에게
치욕적인 것을 던져 주며 나 여호와를
모욕당하도록 하는 것이니, 모든 사탄
의 특사며 사탄들의 말에 귀를 기울여
'아멘, 할렐루야, 찬송이요, 믿습니다.'
하며 재물과 은화를 갖다 바치고 소리
지르면서,
36 참진리요, 나 여호와의 뜻은 듣지 아
니하고 바라보지 아니함이니, 너희가
나를 얼마나 욕되게 하는 것이며 나의
성령을 듣지 않는 자는 나를 얼마나
모욕하는 것인지 알겠는가?
37 그것뿐인 줄 아느냐?
38 너희는 이제 알아야 할 것이니라.
39 너희가 정녕 그와 같은 삶으로 갔을
때, 지옥문에 매달리는 자가 될 것이
며 들어가지 않으려고 발버둥칠 것이
며,
40 너희가 나의 성령이 너희로부터 방출
되는 것을 모르고 살다 어느 날 스스
로 모두 끝나서 왔을 때, 성령이 방출
되어 하나도 남지 아니하여 그 힘이
없을 때, 너희는 지옥으로 가는 것이
며,

41 나에게 오를 수 있는 그 실마리마저도
찾지 못한다는 것을 알아야 할 것이
니라.
42 너희가 나를 얼마나 치욕적으로 모욕
한 행위를 하고 있는 줄 알겠느냐?
43 이제 너희는 나를 다 저버린 자들이
니라.
44 너희가 지금의 믿음의 길을 계속 그리
간다면 나를 저버리는 행위요, 나를
저버린 그 행위의 대가는 나에게 와
심판을 받을 때, 심판대에 서면서 그
를 알게 될 것이니라.
45 그러나 그때는 이미 때가 늦어 너희
가 이럴 수도 저럴 수도 없는 몸이니,
오로지 몸부림치며 너희를 이끌어 간
지도자를 원망하고 욕하며 지옥으로
가는 길밖에 없다는 것을 절대 잊지
말라.
46 이것이 하늘의 법도이니라.

6,995 번째 하나님 말씀

2003년 8월 5일 15시 59분

1 사랑하는 나의 아들아!
2 "네, 아버님! 말씀하옵소서."
3 내가 나의 법전에 기록하여 너희에게
전하였음이니라.
4 수천 년 동안 살아오는 동안에 나의
백성 너희가 살아오는 그 인생이 바
뀌었으며 삶이 달라졌으며 그 생각하
는 모든 각도가 지금은 달라졌다 그
리 말하였음이니라.
5 그러니 수천 년 동안 흘러오는 그 세
월 속에 지금의 변하는 역사의 새로
운 모델이요, 새로운 형태의 변함에
대한 그 믿음의 길을 가야 함을 잊어
서는 아니 될 것이니라.
6 모든 성서에 기록되어 있는 것은 과거
와 현재와 미래가 다 기록되어 있기
때문에,
7 너희가 나의 성서를 바로 읽고 깨우쳐
왔더라면 오늘날 새로운 모델의 그 형
태로써 믿음의 역사는 변화되었을 것
이니라.
8 너희가 지금까지 온 그 믿음은 과연
무엇이더냐?
9 종교 지도자는 절대적이요, 그리고 종
교 집단의 우두머리는 절대적인 것처
럼 제왕적인 그와 같은 믿음으로 왔음
이니라.
10 그러나 시대의 변함이요, 인성의 변함
이요, 모두가 다 바뀌는 이 오늘의 삶
을 내가 성서에 미리 기록하여 놓았음
이니, 오늘을 대비하여 내가 너희에게
깨우친 변화가 있음이니라.
11 변화되는 그 믿음이 중요함을 알라.
12 새로운 모델이요, 새로운 형태로써 그
믿음이 변화돼야 할 것이니라.
13 지금까지 너희가 온 그 믿음은 종교
집단 우두머리들의 계획에 의하여 그
들을 우상화하여 그들을 중심으로 오
늘날까지 믿음을 왔음이니라.
14 그러나 그와 같은 믿음은 과연 무엇이
더냐?
15 부패와 썩은 길이요, 나 여호와의 뜻
과는 전혀 반대되며 관계도 없는 그와
같은 믿음을 왔음이니라.
16 이제 2천 년의 그 세월이 지나 제3의
시대를 역사하는 지금의 믿음의 형태
는 어찌 가야 하는지 아는가?

17 이제 너희는 변화됨을 몰라서는 아니
됨이니라.
18 지금은 바로 지도자 중심적인 그 믿음
에서 모두가 신도들이 믿음의 중심으
로 가야 할 것이니라.
19 신도들이 너희보다 믿음이 높으며, 너
희보다 깨달음이 높으며, 너희보다 행
함이 더 높은 신도들이 수없이 있음이
니라.
20 그러니 신도들을 근본으로 하여 신도
들을 중심으로 하여 믿음이 퍼져 가며
복음을 전하는 그와 같은 믿음의 형태
로 지금은 바뀌고 변화될 때가 되었다
는 것을 너희는 모르고 있느니라.
21 이제 신도들을 중심으로 하여 모든 역
사가 이루어지며 나의 뜻이 전하여지
며 새로운 시대가 열려야 할 것이니
라.
22 그리하여 내가 지금 160권의 대장정
의 법전을 기록하여 한 권 한 권 책을
내보니,
23 이가 곧 선생이요, 스승의 역할을 한
다 함을 너희는 알아야 할 것이니라.
24 지금의 형태에서 반대의 형국으로 가
지 아니하면 진정한 믿음의 기초마저
도 다스릴 수 없으며,
25 시대의 변화에 따른, 내가 지금 2천
년이 흐른 오늘날 역사하는 그 계획
을 전혀 모르는 것이며, 내가 행하고
자 하는 것을 모르는 자들이니라.
26 지금 나의 법전을 만들어 한 권 한 권
을 전하니, 이를 보는 백성이 그 자리
에서 깨달음을 얻어 행하고 살면 그것
이 모든 백성의 인성이 바뀌며 너희가
아름다운 형국으로 바뀜이니라.
27 수천수만의 종교 집단이 생겨 그곳에
오는 자만이 구원을 받는다 하여 그
종교 지도자가 임의대로 해석하고 가
르치는 그와 같은 형국으로써는 모든
백성이 하나로 될 수가 없음이니라.
28 수천수만으로 헤아릴 수 없도록 갈라
놓고 쪼개 놓은 그 백성이 어찌 하나
의 인성으로써 이루어질 수 있으며 하
나의 뜻으로 다루어질 수 있단 말이던
가?
29 이는 절대로 있을 수 없음이니라.
30 종파가 생기면 생길수록 하나가 멀어
지고 또 하나의 집단이 생기며 생각하
는 것이 다르며 가는 길이 다름이니
이를 다스릴 수가 없음이니라.
31 그리하여 모두를 다 다스릴 수 있는
나의 법전을 내려보내니 나의 법전이
요, 내 뜻이 무엇인 줄 알겠느냐?
32 새로운 모델이요, 새로운 시대를 역사
함이니라.
33 종교 지도자를 중심으로 가는 그와 같
은 역사의 믿음이 아니라, 그 반대의
현상으로써 모든 신도를 위주로 하며
나의 백성을 위주로 하여 모두가 깨
우쳐 가는 그와 같은 변화의 역사로
새로운 모델이 탄생한다는 것을 내가
미리 예언하여 너희에게 깨우쳐 주었
음을 알아야 할 것이니라.
34 이제는 나의 모든 백성이 나의 법전
한 권을 읽고 깨우쳐 이웃 사람을 깨
우치며 또 들은 자가 법전을 읽고 깨
우쳐 그와 같은 역사로써 모두가 이루
어짐이니,
35 신도가 신도를 통하여 나의 백성이 백
성을 통하여 먼저 깨달은 자가 또 다

음에 깨달은 자에게 전하는 그와 같은
역사로써 이루어지는 것이 내 뜻이라
하였음이니,
36 그를 대비하여 나의 법전 160권이 세
상에 내려옴을 너희는 알아야 할 것
이니라.
37 그와 같은 방법으로 새로운 역사의 시
대가 열렸으며 새로운 장이 열렸으며,
38 내가 이루고자 하는 천 년 후에 하늘
에서 이루어진 것같이 지상의 낙원을
이루는 것이 바로 그런 것이니라.
39 어떠한 특정한 인간이요, 종교 지도자
요, 집단의 우두머리들을 중심으로 중
심체를 이루고, 그들의 말 한마디에
이리 끌리고 저리 끌리고 그저 박수하
고 눈물 흘리며 울소, 소리 지르다 밝
은 태양 앞에 가보면 너희 자신이 변
한 것이 없으며 깨달은 것이 없으며
또다시 원점으로 돌아오는 그와 같은
듣고 또 듣는 이야기로써는 너희를
다스려 갈 수 없음이니라.
40 새로운 말씀이요, 새로운 성령을 듣고
나의 법전을 읽고 또 읽었을 때, 너희
가 거기서 스스로 그 자리에서 깨우치
면, 평생 교회를 다니며 재물을 바치
고 종교 지도자요, 목회자의 목소리를
듣고 설교를 들은 것이 하루아침에 무
너짐이니, 몇 줄만 읽어도 그 모두가
다 무너질 것이니라.
41 몇십 년 동안 너희들이 배운 그 믿음
이 몇 줄의 책 내용을 읽으며 새로운
성경인 나의 법전을 읽음으로써 너희
가 눈이 뜨여 무엇이 잘되고 잘못되었
음을 알 수 있다면, 그 위대한 깨달음
은 무엇인 줄 아느냐?
42 참진리요, 나 여호와의 뜻이요, 내가
만백성을 구원하기 위하여 나의 법전
이 참진리만을 기록하여 내려보냈기
때문이니라.
43 여행자가 여행을 하면 끝이 없듯이,
내가 내리는 그 진리의 말씀은 끝이
없으니, 너희가 이를 받아 마시고 또
마셔도 끝까지 마셔서 죽을 때까지 마
셔도 이는 끝나지 않을 것이니,
44 그 마시는 순간마다 너희 스스로 하
나씩 고쳐 가며 하나씩 다스려 가는
그와 같은 새로운 역사를 이루는 것이
니라.
45 신도 나의 백성 한 사람 한 사람이 깨
우쳐 가며 깨우친 백성이 한 사람씩
깨우쳐 가며 그와 같이 역사를 이루어
온 세상을 덮고자 하는 것이 나 여호
와가 이루고자 하는 뜻이며, 천 년에
걸쳐 그 역사는 반드시 이루어질 것이
니라.
46 그리하여 모든 공통어를 만들며 생활
의 습관을 통일하며 읽고 깨우치는 것
을 다 하나로 만들어 통일하고자 하는
것이 나 여호와의 뜻이니,
47 이 찬란한 빛이 동양의 작은 나라에
하늘로부터 내려왔거늘 동양의 작은
백성 너희가 고개 숙여 감사의 기도
를 드리지 아니하고 어찌하여 너희가
이를 찢고 태우려 하는가?
48 너희를 통하여 내려보낸 이 위대함을
어찌하여 그리 모르는가?
49 사막의 뙤약볕에서 태양을 향하여 절
하며 기도하는 그 백성의 그 의지와
그들의 자존심과 그들이 지키고자 하
는 그것을 보고 무엇인가 깨우치고 느

끼는 바가 없던가?
50 너희를 통하여 내린 나 여호와의 하늘
의 태양이요, 하늘의 뜻이요, 내가 내
린 진리를 보고 어찌하여 은혜에 감
사하며 기쁜 마음으로 받아들이지 못
하며, 사탄이요, 이단이요, 사악하다
고 그리 말하는가?
51 너희가 머지않아 그를 알 때가 있을
것이니, 정녕 그때까지도 오만하고 자
만하여 깨우치지 못하고 지금처럼 고
집을 피우고 죽어 왔을 때, 너희는 돌
이킬 수 없는 그 삶 속에 그를 얼마나
가슴 졸이며 살을 찢는 통한의 아픔과
슬픔 속에서 그때 가서 후회하고 통
곡할 것이니 그리 알라.
52 지금 살아서 움직이고 회개할 수 있을
때, 내가 나의 아들을 통하여 너희에
게 내리는 것이 무엇이더냐?
53 육의 세상에 착한 일을 하고 살라 함
이니라.
54 착한 일을 하며 나 여호와를 진심으로
믿으며, 그리고 재물이나 시간을 바치
는 것이 아니요, 때에 따라서 기도하
며 하고 싶을 때 기도하며 나를 찾고
싶을 때 찾으며,
55 모든 것은 나 여호와의 은혜라 하여
범사에 감사하며 육의 삶을 아름답고
한 점의 부끄럼이 없이 살라 함이니라.
56 그것이 나의 법전이거늘, 이 법전이
뜻이 무엇이 잘못되었단 말이던가?
57 남의 죄를 대신하여 죽어 간 나의 아
들 예수라 그리 부르며 그 피로 구원
을 받았다 그리하지 말라.
58 그리 부르지 말며 믿음을 믿으라.
59 너희가 그 믿음의 길을 가되, 나 여호
와요, 나의 아들 예수의 피요, 보혈로
써 모든 은혜를 받고 구원을 받고 죄
를 대속받았다 그리하지 말고,
60 그가 사랑을 전하였던 것, 그가 행했
던 것만 너희가 깨우치고자 하며, 그
저 너희 죄는 너희가 지워야 하며 너
희가 지은 죄만큼 선하게 살아야 하며,
61 너희가 지은 죄는 스스로 너희가 받
으니 죄를 짓지 말고 살아야 하겠다,
그리고 나 여호와가 진정 친필로 써
내린 십계명을 지키고 살아야 하겠다,
62 그것은 나 여호와의 뜻이요, 하나님의
뜻이니 지키고 살아야 하겠다 그래서
그를 지키고 살아가고자 하는 마음을
가지고 살면 그것이 곧 나에게 오르는
그 길에 들어서는 것인데,
63 어찌하여 이 이치를 행하지 않고 암흑
의 산길을 돌고 돌아 험악하고 험악한
길만 헤매다가 그 산 모퉁이에서 고개
하나 넘지 못하고 죽음을 맞이하는 그
와 같은 삶을 살려 하느냐?
64 불쌍한 나의 백성들아!
65 나의 법전을 읽고 그 내용을 들여다보
라.
66 그리하면 알 것이니라.

6,996 번째 하나님 말씀

2003년 8월 5일 16시 20분

1 사랑하는 나의 아들아!
2 "네, 아버님! 말씀하옵소서."
3 너희가 인간 세상에서 살아가면서 하
는 말이 있느니라.
4 '백지장도 맞들면 낫다.' 그리하지 않
는가?

5 그러니 나의 피조물 만백성 너희가
하나가 되어 하나로 합쳐져야 하며
하나로 통일되어 모두 역사하는 것이
참진리요, 한 길을 오는 것이니라.
6 그러니 너희가 힘을 합쳐 힘을 다 모
아 하나로 합쳐졌을 때, 그 힘과 능력
을 발휘하는 것은 이루 말할 수 없음
이니,
7 나 여호와는 너희가 하나로 합쳐져
모든 것을 이루어 주기를 바라는 것이
나 여호와의 뜻이었음이니라.
8 그리하여 나의 아들 예수를 통하여 이
세상에 사랑의 씨앗 하나를 심으려 하
였으나, 그 사랑의 씨앗을 심지 못하
고 뿌리지 못하는 그와 같이 처참하고
고통스러운 그 역사만으로 마쳤음이
니라.
9 그 사랑의 씨앗을 잘라 버리며 그를
다 태워 버리고 난 너희가 지금 어찌
되었는지 알겠는가?
10 하나로 힘을 합쳐진 것이 아니요, 수
천 수억 가지로 지금 갈라졌음이니,
나의 백성이 그와 같이 되었음이니라.
11 그러니 너희가 어찌 힘을 발휘할 수
있으며, 진정한 참진리를 볼 수 있단
말인가?
12 서로 제가 진정한 진리요, 하늘에 오
르는 길이라 아우성치고 지금 버티고
있음이니, 그것이 너희가 가는 길이니
라.
13 그러니 어찌하였든 너희는 하나로 합
쳐져야 할 것이며, 하나로 이루어지는
그 길을 모색해야 할 것이니라.
14 내가 나의 아들 예수를 통하여 사랑이
라는 나의 큰 사랑의 틀로써 모두를
하나로 이루려 하였으나 그게 실패하
지 아니하였는가?
15 그리하여 지금 내가 나의 법전을 세상
에 내려보내 종파도 없으며 믿음도 없
으며 교리도 없으며, 그저 '하나님! 말
씀하옵소서' 나의 성령을 태워 내려보
내는 나의 법전을 보고 그 자리에서
깨우쳐 바른 삶을 살도록 변화되는 나
의 백성을 만들고자 하는 것이 나의
뜻이니라.
16 그리하여 하나로 공통어가 될 것이며,
모두 다 하나가 되는 역사를 이루지
아니하면 너희는 어떠한 것도 이룰
수 없으며 역사할 수 없다는 것을 알
아야 할 것이니라.
17 나의 사랑하는 백성 너희가 어떠한
길을 가든 어떠한 믿음의 길을 가든
어떤 형태로 태어났든, 생명을 가지고
세상에 나온 백성 너희는 다 나의 아
들딸이니, 너희는 다 하나이니라.
18 그를 내가 하나로써 모두를 통일하고
자 하는 것이 나 여호와의 뜻임을 너
희는 알아야 할 것이니라.
19 그러나 너희는 갈라지고 찢어졌으며,
먼저 것은 그저 버리고 또 찢어 버리
며 그리고 먼저 것은 인정치 아니하려
는 것이 너희며,
20 내가 먼저 내린 구약과 신약의 그 모
든 것을 너희 것으로 만들고 참진리
요, 그 의미를 깨달으며 그 비유의 뜻
을 깨달으려 하는 것이 아니라,
21 서로 밀고 당기며 너희끼리 충돌하는
것이 지금의 믿음의 길을 가는 백성
너희니, 서로 상처투성이가 되었으며
지치고 쓰러져 있는 그와 같은 형국에

지금 와 있음이니라.
22 진정한 길이요, 참진리라 하는 것은
끝이 없다 하지 않았는가?
23 그리하여 참진리요, 진정한 길을 찾아
왔더라면 그 길을 달려오기도 바쁘거
늘,
24 중간에서 사악한 짓이요, 사탄의 짓을
하다 보니 온갖 유혹에 빠지게 됨이
니, 그 유혹에 빠진 자들이 수천수만
가지 종파를 만들어 지금 이끌어 가고
있는 형국이니라.
25 그러니 나의 것 나의 능력이요, 내가
너희에게 내리고자 하는 것은 하나도
이루어지지 아니하였으며, 인간의 생
각에 따라 인간의 노력으로 개인의
능력에 따라 방대한 조직을 이룬 자는
그것이 또 하늘에 오르는 길이라 하며,
26 능력이 없으며 생각이 부족하여 크지
못한 자 그리고 방대하게 가꾸지 못한
자는 가꾸지 못한 대로 그것이 또 하
늘에 오르는 길이요, 참진리요, 너희
가 믿는 것이 최고의 믿음이요, 너희
를 따르는 것이 하늘에 오르는 길이
요, 너희를 따르지 아니하면 구원을
받지 못한다는 최고라는 발상,
27 그리고 남을 무시하며 남을 믿지 않는
오만방자한 그 마음이 아직도 가슴에
남아 있고 뿌리를 뽑지 못하며 욕심이
라는 근본의 뿌리를 뽑지 못하는 이상
너희는 더 갈라지고 찢어져 나갈 것이
며, 수많은 나의 이름과 나의 아들의
이름을 파는 그 종파들은 우후죽순으
로 또 늘어 갈 것이니라.
28 그리하여 그들이 늘어날 때마다 달릴
수도 없는 그 형국이 되는 것을 막으
려고 오늘 내가 나의 법전이요, '하나
님! 말씀하옵소서', '하늘에 오르는
길'이라는 새로운 성경을 내가 책으로
엮어 세상에 내려보내어 너희를 하나
로 묶고자 함이니라.
29 너희가 하나로 뭉쳐졌을 때, 하나의
힘을 발휘할 때, 그 힘은 아무것도 너
희를 당할 수 있는 자가 없음이니라.
30 너희가 찢어지고 분산됐으며 갈라졌
기에 그 틈을 이용하여 사탄들이 거기
를 비집고 들어가 나약한 나의 백성부
터 유혹하여 사탄의 길인 지옥으로 이
끌어 가는 사악한 짓을 하는 것이 그
들임을 잊지 말라, 사랑하는 나의 아
들딸들아!

6,997 번째 하나님 말씀

2003년 8월 5일 16시 27분

1 사랑하는 나의 아들아!
2 **"네, 아버님! 말씀하옵소서."**
3 이 세상 너희가 살아가는 그 이치는
모두가 정답과 오답이 있다 내가 그리
말하였느니라.
4 그리하여 정답의 길을 찾는 삶을 살아
가는 것이 너희가 행해야 할 길이라
하였으며, 이 세상에 살아감은 또한
극과 극으로써 모두 다 이루어졌음을
너희는 알아야 할 것이니라.
5 물과 불이 있듯이, 또는 너희가 이길
수 없는 상대성이 있으며 또 모두 서
로 얽히고설킨 상태에서, 내가 있기에
네가 존재하며 네가 있기에 다음의 것
이 존재하는 이와 같이 얽히고설킨 세
상의 삶이니라.

6 그리하여 하나하나 짚어 보면 오답과
정답이 있듯이 극과 극으로써 이루어
지는 것이 있으며, 상대성이라는 것이
있음이니라.
7 그와 같은 힘이요, 너희가 살아갈 수
있도록 나 여호와가 모든 이 세상의
만물을 그리 만들었음이니라.
8 너희는 네가 있어서 다음 것이 있으
며, 또 다음 것이 있으며 또 그다음 것
이 있는 그와 같은 인간관계로서 모두
가 이루어져 살아갈 수 있도록 내가
그리 만들었음이니,
9 너희가 세상에서 노력하고 정답을 찾
고자 할 때 그 모든 아름다운 정답이
다 존재함을 너희는 알아야 할 것이
니라.
10 그러나 나의 피조물 만백성이 정답을
홀대하며 오답을 정답이라 말하는 자
들이 있음이니,
11 바로 2천 년 전 가장 대표적인 것이
나의 아들 예수를 죽게 한 그들이니라.
12 나의 아들 예수를 도우며 그와 함께
역사해야 할 그 대제사장이요, 믿음의
길을 가는 그 백성이 뭐라 말하였느
냐?
13 그들은 나의 아들 예수가 창조주 나
여호와가 보낸 아들이라는 것을 알고
있었음이니라.
14 그러나 저희의 추한 모습이요, 저희의
그 능력과 모든 것이 무너지는 것을
두려워하며 깨달은 백성으로부터 저
주받으며 심판을 받는 것이 두려워,
세상에 내려간 그 정답을 묻어 버렸으
며 오답을 정답이라 뒤집었음이니라.
15 너희 인간 세상에 살면서 가장 작은
것도 정답을 놔두고 오답을 기재했을
때 그 대가를 치르고 받는 것이거늘,
16 하물며 나의 피조물 만백성을 구하느
냐 구하지 못하느냐 하는 나 여호와의
뜻을 가지고 정답과 오답을 선택하는
그 과정에서 너희는 극에서 극으로
그를 선택했음이니라.
17 나의 아들이 나로부터 내려온 자요,
만왕으로서 내려갔으며 만백성을 구
하고자 간 나의 아들이라는 것을 알면
서,
18 그를 정답이 아니요, 오답을 만든 자
로 만들었으며 그리하여 그를 받들고
역사할 수 있도록 해야 하는 너희가
죽게 하였음이니, 정답과 오답이 극과
극으로써 이루어지는 이 세상의 이치
는 다 그와 같이 있음이니라.
19 너희가 어느 길을 선택하느냐는 것이
중요함이 아니던가?
20 내가 너희가 살아가는 것은 마지막
어떠한 길을 선택하느냐는 그 두 길
위에서 산다 하였음이니라.
21 나의 아들이 세상에 나가 그 역사를
이루었으며 그 모두를 보여 준 것을
그들은 뭐라 말하였느냐?
22 나의 아들을 사기꾼이요, 거짓된 자라
그리 말하였느니라.
23 그가 역사하는 것이 모두 다 그가 꾸
민 연극이며 자작극이라 그리 몰아붙
인 자들이 너희 종교 집단이요, 지도
자들이 아니던가?
24 그리하여 나의 아들을 심판하고자 하
며 나의 아들을 곤경에 몰아넣고자
그리하지 않았던가?
25 그것이 바로 너희가 만든 각본이요,

자작극이거늘 너희가 자작극을 만들
고 각본을 만들 수 있는 사악한 자들
이기 때문에,
26 나의 아들 예수가 역사한 그 모두도
사기꾼이요, 자작극이며 거짓된 자로
서 그 모두를 역사했다 너희가 그리
증거하고, 그리하여 나의 아들을 받들
고 따라야 할 너희가 죽게 하였음이
니,
27 너희는 극에서 극을 정답을 선택한 것
이 아니요, 오답을 선택한 것이니라.
28 오답을 선택한 그 백성의 후예가 오
늘날 종교 집단이요, 지도자라 하여
단상에 서서 나의 피조물 만백성 너희
를 다스리고 이끌어 가고 있지 않은
가?
29 너희는 알아야 할 것이니라, 나의 아
들 예수가 사랑을 베풀려 했던 그 마
음을.
30 죄 있는 그 여인을 예수는 뭐라 말하
였던가?
31 이 죄 있는 여인 그리고 너희가 죄지
었다는 여인, 너희가 심판하고자 하는
여인, 그리고 돌로써 쳐야 한다는 그
여인 앞에 과연 돌을 던질 수 있는 죄
없는 자가 있으면 돌을 던지라 하였음
이니라.
32 그래도 그때 그 백성은 저 자신이 양
심이 있어 돌을 던지지 아니하고 돌아
섰음이니라.
33 그러나 지금의 백성은 어찌한다 하였
느냐?
34 죄 있는 자가 더 소리치며 돌을 더 많
이 던지는 그와 같은 사악한 것이 지
금 너희의 형국이라 하였음이니,
35 너희가 극에서 극으로써 선택하는 것
은 2천 년 전에 대제사장들이 나의 아
들 예수를 죽게 모함한 것보다도 더
사악한 방법으로써 나의 법전이 존재
하지 못하도록 할 것이 너희니라.
36 그러니 너희가 얼마나 사악한 자들로
되어 있는가?
37 이제는 나 여호와가 인간 세상에서 너
희가 사악한 역사를 한 것을 지상에
다 묻어 버리며, 나의 뜻에 따라 사는
자, 그리고 하늘에 오르고자 노력하는
그 백성은 내가 구하고자 함이니,
38 인간으로서 만들고 인간으로서 원하
는 것은 인간 세상에 다 돌아갈 것이
며, 하늘에 오르고자 노력한 자, 하늘
의 길을 위해 살아온 자, 미래를 보고
살아온 자, 선을 선택하고 살아온 자,
39 이제는 땅에다 버릴 자와 하늘에 거둬
들일 자를 내가 선별하는 그와 같은
역사가 시작하기에 내가 심판의 시대
라 하였음을 잊지 말라, 사랑하는 나
의 아들딸들아!

6,998 번째 하나님 말씀

2003년 8월 5일 16시 37분

1 사랑하는 나의 아들아!
2 "네, 아버님! 말씀하옵소서."
3 인간 세상에서 이룬 역사의 그 모두는
인간의 삶에서 산 그대로 그들을 다
놓고 옴이라 하였음이니라.
4 그리고 하늘을 위해 살며 참진리의
아름다운 그 빛에 따라 나의 계명이
요, 나의 뜻대로 살아온 그 역사는 모
두 연장선상에서 나에게 온다 그리하

였음이니라.
5 그러니 너희가 어떠한 길의 삶을 살
아가는 것이 소중한 것인지는 너희
스스로 알 것이니라.
6 너희가 살아오며 인간의 생각으로써
역사하고 이루어진 그 모두는 다 놓고
온다 하였음이니라.
7 그러나 너희의 그 영혼의 생각은 하
늘의 뜻에 따라 존재하고 산 것이니
너희의 삶에 대한 그 기록은 다 나에
게 온다 그리하였음이니라.
8 그러니 그 기록을 만들어 나에게 옴이
니, 각자의 그 기록이 어찌 되어야 하
는지를 알겠는가?
9 너희가 인간 세상에서 산 그 기록을
가지고 나에게 온다 하였음이니,
10 그 기록이 죄로써 얼룩진 그와 같은
기록을 나에게 가지고 올 것인가, 그
렇지 아니하면 천사와 같은 아름다움
으로써 기록된 그 기록서를 가지고 올
것인가?
11 너희가 인간 세상에서 살고 생각했던
그 모든 기록을 하나도 빠짐없이 기록
한 너희의 기록의 카드를 나에게 가
지고 온다는 엄연한 사실을 내가 너희
에게 일깨워 주었거늘, 과연 너희는
얼마나 믿고 이를 지키고 살아가고자
하는가?
12 인간 세상에서 너희가 살아가는 삶이
그렇다 했음이니라.
13 너희가 천사와 같은 아름다운 삶을 사
는 것은 나에게 하늘에 오르고자 한
그 삶을 연장해서 사는 것이요,
14 그리하여 그와 같은 삶은 나에게 왔을
때 축복받는 영광에 도움이 될 것이
며 기록될 것이며,
15 너희가 악한 마음을 가지고 사는 것은
지옥으로 가는 그 기록을 쌓는 것이며
지옥으로 가는 삶이니,
16 오늘의 육이 살았다 해도 산 것이 아
니라 이미 죽은 자라 그리 말하였음이
니라.
17 악함을 행하는 것은 죽은 자요, 선함
을 행하는 것은 산 자라는 내 뜻을 수
없이 여기에 기록하여 전하였음이니,
이 뜻을 깊이 깨달아 오늘의 이 삶이
우선 죽은 자의 삶이냐 산자의 삶이냐
를 먼저 선택해 가도록 하라 함이니라.
18 너희는 사후의 세계에서 구원을 받으
며 나에게 오면 축복을 받는다는 것을
생각하며 그를 이루고자 한다면, 오늘
의 육의 세상에서 죽은 자의 삶을 살
지 말라.
19 산 자의 삶을 살도록 그리하라.
20 너희가 죄를 짓고 악한 짓을 행하는
것 그리고 사악한 행위를 하는 것, 사
랑을 못 하며 사랑을 나눌 줄 모르고
사는 것, 그 모두가 죽은 자로서 죽음
을 위한 그 길을 위해 사는 것이라 하
였음이니, 육은 살았어도 지금 죽은
자이니라.
21 그러나 선행을 베풀며 아름다운 생각
을 하고 사는 자는 육이 지금 존재하
고 살아있는 자이니라.
22 너희가 인간의 계산법으로 인간의 생
각으로써 인간의 이해타산으로써 이
루어졌던 그 모두는 다 인간 세상에
버려두고 오게 됨이니라.
23 너희가 그를 가지고 하늘에 오를 수는
없는 것이며, 그것으로써 하늘에 와

구원을 받고 못 받는 것이 아니라는
것을 너희는 알아야 할 것이니라.
24 이루어 놓은 것은 가지고 오지 못하
나, 너희의 그 삶이 기록된 내용은 가
지고 오게 됨이니라.
25 어찌 너희가 살았느냐 하는 그 기록
은 하나도 빠지지 않고 거기에 다 기
록되었음이니, 그 기록이 하늘에 와
너희가 구원을 받고 못 받는 그 결과
라는 것을 잊어서는 아니 될 것이니라.
26 너희가 어찌 살았느냐 하는 그 기록서
는 너희가 태어나서부터 지금까지 살
아오면서 너희가 모르고 행한 것, 알
며 행한 것까지 모두 다 기록되어 그
를 보고 나의 하늘의 심판을 받음이니,
27 너희는 이 기록을 어찌 기록할 것인
가, 지금서부터 너희 자신을 다스려
가며 만들어 가야 할 것이니라.
28 한 인간이 살아가면서도 이력서가 어
떠하냐에 따라서 남으로부터 심판을
받고 쓰임을 받는 이력서가 있듯이,
29 그것보다도 더 상세하게 기록되어 있
는 것이 너희의 기록장이라는 것을
절대 잊지 말라.
30 사랑하는 나의 아들딸들아!
31 너희는 이 세상의 부로써 이 세상의
부귀영화로써 권력으로써 너희의 생
명을 연장할 수도 없으며 생명을 살
수도 없는 것이 너희의 한계요, 능력
이라 내가 그리 말하지 아니하였던가?
32 세상의 부로써 권력으로써 너희의 생
명을 연장할 수도 없으며 생명을 사서
더 살고 싶을 때까지 살 수도 없는 것
이 너희며,
33 그리고 부나 권력으로써는 하늘에 오
르는 길 또한 오를 수 없으며 하늘에
오고자 하는 것과 아무런 관계없다는
그 무서운 사실을 너희는 알아야 할
것이니라.
34 너희가 생명을 연장받으며 사는 삶이
요, 육의 세상에서 살면서 그 삶이 연
장되어 나에게 와 하늘에서 영원히 축
복된 나라에서 아름다운 삶을 사는 것
은 너희가 사랑을 베풂이니라.
35 그리고 너희 가슴을 사랑으로 그득히
채우는 것만이 너희가 지금의 사는
삶이요, 너희의 그 삶을 연장하여 나
에게 오는 길이요, 그렇지 못한 자는
아무것도 얻어지는 게 없음이니라.
36 부와 권력이나 능력으로써는 천국에
올 수 있는 것을 살 수도 없으며 길을
안내받을 수도 없으며, 너희의 생명
하나도 연장할 수 있는 능력이 없다는
것을 알라.

6,999 번째 하나님 말씀

2003년 8월 5일 16시 49분

1 사랑하는 나의 아들아!
2 "네, 아버님! 말씀하옵소서."
3 내가 나의 아들 예수를 통하여 성서에
일찍이 깨우쳐 전했음이니라.
4 너희가 먹고사는 것, 부귀영화요, 육
을 위한 삶을 사는 것보다도 너희가
어떠한 육의 세상의 삶을 사느냐 권력
을 누리며 부귀영화를 누리며 사는 것
보다 가장 중요한 것은 너희 입에서
나오는 그 말 한마디요, 행동 하나하
나, 그 언행이 얼마나 중요한 것인가
를 너희는 알고 살아야 한다고 그리

말하였음이니,
5 너희가 말 한마디를 얼마나 조심스럽
게 하며 인간 세상을 살아가야 하는지
그 의미를 아는가?
6 내가 내려 준 너희 몸에 있는 눈을 어
찌 뜨느냐에 따라서 상대방에게 감정
을 유발하며, 사랑하는 마음을 갖게
한다 하지 않았던가?
7 하물며 너희가 직접 들을 수 있는 그
말이야말로 너희 입에서 토해나오는
그 말은 얼마나 무서운 결과를 초래하
는지 알겠는가?
8 그러니 너희가 매사에 그와 같이 조
심성 있는 삶을 살지 아니하면 아니
된다는 그 중요한 의미이니라.
9 입에서만 나오는 것이 아니요, 너희가
행동하는 것 움직이는 것 그리고 너희
가 모두 다 듣고 대답하는 것, 그리고
걷고 또 몸짓하는 것, 그 모두가 다 어
떠한 형태에서 어찌 이루어지느냐에
따라서 그것은 중요하고 중요하지 않
다 내가 그리하였음이니라.
10 그러니 내가 만들어 준 그 손발을 가
지고 너희가 어찌 쓰느냐에 따라서
얼마나 소중히 쓰이며, 그리고 나에게
상처를 입히는 행위를 하는 것인지 알
며 살라는 그 뜻이 여기 있음을 알아
야 할 것이니라.
11 너희가 정녕 구원을 받고자 한다면 말
과 행동이 중요함을 알아야 할 것이
며, 너희 육신이 움직이는 동작 하나
하나까지도 주의하는 그와 같은 삶을
살지 아니하면 나에게 오를 수 없음이
니라.
12 그는 곧 행동함이니라.
13 너희는 여기서 행동함이 얼마나 중요
한 것인지를 알아야 할 것이니라.
14 그러니 내가 뭐라 말하였느냐?
15 너희는 행동하는 것은 중요하지 않다
하였으나, 너희 입에서 나오는 그 말
한마디 행동이요, 그 동작 하나하나까
지도 얼마나 중요한 것인지를, 행함이
얼마나 중요한 것인지를 내가 성서에
기록하여 전하였거늘, 그를 무시하고
살아가는 것이 너희가 아니더냐?
16 너희는 나의 뜻을 거역하는 그 대명을
맡은 자로서 살아가는 것이 오늘의
종교 집단이요, 지도자들이 행하는 행
위임을 알라.
17 너희는 누구도 남을 심판할 수 없으며
비평할 자격이 없다고 내가 그리 말하
였음이니라.
18 그러나 너희가 입으로써 얼마나 남을
비평하며 남을 혹독하게 다스리며 남
에게 욕된 행위를 함부로 하는가?
19 이것이 지금의 너희가 살아가는 그와
같은 행동이니라.
20 그와 같은 일을 하면서 믿음의 길을
가는 자요, 믿음에 대하여 이 세상에
두 번 다시 없는 가장 위대한 자요, 나
여호와의 뜻에 따라 사는 것이며 나
의 뜻에 따라 모두를 역사하는 가장
위대한 아들딸이요, 선택된 백성이라
그리 말하고 있으니,
21 아무리 그리 외쳐도 나 여호와는 너희
를 알고 있으며 너희의 심성을 알고
있으며 속내를 알고 있으며 너희가
어찌 갈 것인지를 알고 있음이니,
22 함부로 남을 평가하는 그와 같은 행위
를 하지 말라 한 그 무서움을 알아야

할 것이니라.
23 너희가 어찌 감히 남을 평가할 수 있
으며 나의 백성을 평할 수 있단 말이
던가?
24 믿음에 대해서는 아무도 알 수 없는
것이며 그 심판의 결과는 너희가 알
수 없다고 내가 수없이 가르쳤음이니,
너희는 그것을 알아야 할 것이니라.
25 모든 종교 지도자들이 지금 어떻게 가
는 줄 아는가?
26 백성은 너희끼리 서로 평가하지 말며
남을 심판하지 말라 그리 가르친 것
을, 인간이 인간을 서로 심판하지 말
며 신도와 신도 간에 심판하지 말며
믿음의 길을 가진 자들끼리 심판하며
남의 험담을 듣지 말고 살라 그리 전
하고 가르친 것을,
27 너희는 신도들 간에 그와 같이 하라는
말은 하지 아니하고, 너희를 따르는
신도요, 백성이 종교 지도자 너희를
심판하지 말며, 너희의 단점과 사악한
짓을 눈감고 모르는 체하고 살도록
하는 것이 너희들이니라.
28 아는 체하지 말며 나서지 말며 잘못된
것을 일깨워 주려 하지 말며 잘못되었
다 종교 지도자들을 평하지 말라 그
리 못을 박아 특권이 있는 것처럼, 너
희는 특권층에 있는 자들이기 때문에
너희만 그와 같이 누리고 평가를 받지
않는 것처럼 그리 오도하여 가르치고
있음이니라.
29 그리하여 종교 지도자가 어떠한 일을
해도 신도는 평가할 수 없으며 탓할
수 없다고 그리 못을 박았음이니,
30 그것이 위에 있는 모든 백성끼리 심
판할 수 없으며 남을 탓하지 못한다는
그 뜻을 그리 변질되도록 가르치고
지금까지 왔음을 알라.
31 누구든 믿음의 한계요, 믿음의 길에
가는 것을 모르느니라.
32 그러니 그 믿음의 길을 가는 길에 모
르는 자가 심판하지 말며 그 믿음의
길을 가지고 시시비비하지 말라 내가
너희에게 가르쳐 준 것이니라.
33 그러니 진실을 모르기 때문에 누구도
너희는 심판하지 말고 평가하지 말라
는 그 의미는 너희끼리 그와 같이 하
지 말라는 것이니라.
34 그와 같은 것을 종교 집단이 저희를
평가하지 말며 저희에게 시시비비하
지 못하며 해서는 안 되는 것이라 그
리 둔갑하여 나의 피조물 만백성에게
가르침이니,
35 저희의 사악한 짓을 장막을 치며 저
희의 잘못된 것을 가리기 위한 성곽을
치는 것이며 나의 백성에게 저희의
추하고 더러운 모습을 탓하지도 말며
시시비비도 하지 말며 그저 '아멘, 할
렐루야, 옳습니다'만 찾고 살아가라
그리 가르치는 자들이니라.
36 구원의 길을 인도한다는 그 하나의 명
분으로 나의 피조물 만백성의 자유의
시간을 뺏으며 재물을 뺏으며, 그들이
옳고 그른 것을 판단할 수 있는 그 지
각까지도 뺏어 갔으며,
37 자기 자신을 다스릴 수 있는 분별할
수 있는 능력까지도 송두리째 압수해
갔으며 그리하여 너희의 사악한 짓을
보고도 말 못 하게 했음이니,
38 그들의 사악하고 추한 것을 보고도 말

할 수 없고 함구하며 그저 강아지처럼 끌려가는 너희가 그와 같은 사악한 종교 지도자들 앞에서 구원을 받는다는 생각은 꿈에도 하지 말라.

7,000 번째 하나님 말씀

2003년 8월 5일 16시 56분

1 사랑하는 나의 아들아!
2 "네, 아버님! 말씀하옵소서."
3 지금의 모든 종교 집단이요, 지도자들
이 과연 살아가는 그 형태가 무엇이더
냐?
4 나의 아들 예수가 그리 고통스럽게 죽
어 가도록 나 여호와가 둔 것을 너희
는 알고 있음이니라.
5 왜 그랬는지 너희는 그를 알고 있지
않은가?
6 나 여호와가 너희 백성을 사랑하는
큰 사랑을 보여 주기 위함이라 그리하
였음이니, 너희가 나의 백성이요, 나
의 아들 예수로부터 그와 같은 길을
가며 구원을 받고자 한다면 나 여호와
의 큰 사랑을 실천하고 전하는 것이
종교 집단이요, 지도자라 그리 알아야
할 것이며,
7 그 길을 행하는 것이 나에게 선택된
백성이 가는 길이라는 것을 너희는
당연히 알 수 있지 않겠느냐?
8 그러나 너희는 어찌 가느냐?
9 이방인이 죽어 간다 해도 이방인을 살
리는 그와 같은 역사를 하는 것보다
도 너희가 모여 경배하는 그와 같은
장소에서 기도하고 경배하는 것이 나
를 위하는 길이요, 나의 뜻에 살아가
는 길이라 그리 아우성치느니라.
10 너희는 부모 형제가 믿지 않는다 하여
도 그를 이방인으로 취급하며 그들이
어떤 시련과 고통이 있다 해도 그것을
돌보기 전에, 너희 자신부터 먼저 도
와주는 자, 너희 자신을 위해서 기도
하고 경배하는 그것만이 너희가 구원
을 받는다고 그리 가르침이니,
11 이게 정녕 어디서 배운 가르침이며 어
디서 깨달은 가르침이더냐?
12 그 진리가 과연 어디에서 나온 것이더
냐?
13 나의 아들 예수를 통하여 내가 일찍이
너희에게 그리 전하였음이니라.
14 이방인이라 해도 죽는 자를 구하는 것
보다도 더 급한 것이 없으며 더 귀하
고 소중한 것이 없다 내가 그리 말하
지 아니하였던가?
15 그것이 나의 뜻이요, 나를 따르는 백
성이 행해야 할 길이거늘, 어찌하여
그와 같은 것을 접어 두며 그리 행하
지 아니하고 살면서 나를 따르는 백성
이라 하며 나로부터 선택된 백성이요,
구원받은 백성이라 그리 말하는가?
16 내가 너희에게 뭐라 말하였느냐?
17 아무리 너희가 정성을 들여 나에게 제
를 올리고자 모든 것을 차려 놓았다
해도 형제지간에 반목하는 자는 그것
부터 먼저 풀고 와야 나에게 구원을
받는다 하였음이니,
18 너희가 그를 행하고 실천했다면 이
세상에 지금같이 형제지간에 재물 앞
에 싸우며 시시비비하며 송사하는 그
와 같은 형국이 되지 아니하였을 것이
며,

19 부모와 자식 간에 서로 이해관계로써
흘러가는 이와 같은 세상은 만들지 않
았을 것이니라.
20 너희가 아무리 제물을 차려 놓았다 해
도 형제간에 우애하지 못한 자는 먼저
용서하며 화합하고 제를 지내라 하였
음이니,
21 그것 하나만 지켰어도 오늘과 같이 험
악한 세상은 되지 아니하였을 것이니
라.
22 그것 하나도 지키지 못한 너희가 무
슨 입이 있어서 말을 하며 지도자라
말하며, 믿음의 길을 가는 길이요, 구
원을 받은 백성이라 말할 수 있단 말
이더냐?
23 그러니 너희는 너희밖에 모르는 자들
이니라.
24 그러나 나 여호와는 이방인이라도 죽
어 가는 자를 살리는 것이 너희가 제
를 지내는 것보다도 더 감사하며 기도
하는 것보다도 더 소중하고 감사한 그
와 같은 마음의 자세로 살라 내가 너
희에게 그리 말하였거늘, 너희는 그를
지키지 아니하니라.
25 이방인을 벌레 같이 보며 이방인과 상
대하는 것은 지옥을 가며, 천국은 갈
수도 없으며 사탄의 자식으로 전락한
다 그리 말함이니 그게 바로 나의 뜻
을 거역함이니라.
26 너희는 사탄의 자식으로 전락되었기
때문에 이방인이 죽어 가는 것을 살리
는 것이 나로부터 사랑을 받으며 내가
원하는 길이라는 것을 저버리고 사는
자들이니라.
27 그러니 형제간에도, 부부간에도, 부모
와 자식 간에도 모두 황폐하게 한 것
이 너희들이니, 그 죄를 다 어찌 감당
하려는가?
28 너희가 없었다면 오늘과 같은 형국은
이루어지지 아니했을 것이니라.
29 너희가 성서를 잘못 깨우쳤으며 성서
의 비유의 뜻을 알지 못했으며, 오로
지 그 성서를 너희에게 유리한 쪽으로
좋은 쪽으로만 종교 지도자들이요, 집
단들이 만들고 가르쳤기 때문에, 나의
피조물 만백성들이 이리 삭막하며 황
폐해졌으며, 이웃을 모르며 형제를 모
르는 그와 같은 형국이 되었음을 이제
알아야 할 것이니, 그 죄를 너희가 와
서 받을 때 너희가 얼마나 사악한 짓
을 했는지 알 것이니라.
30 지금이라도 이와 같은 대목을 읽고 너
희가 눈을 뜨고 귀를 열어 나의 법전
을 읽고 깨우쳐 하늘에 오르는 그 진
정한 길을 보고 가는 백성으로 다시
태어난 자는 영광을 얻을 것이요, 그
렇지 못한 백성은 영원히 죽음의 그
길로 간다는 것을 잊지 말라.

7,001 번째 하나님 말씀

2003년 8월 5일 20시 57분

1 사랑하는 나의 아들아!
2 "네, 아버님! 말씀하옵소서."
3 너희가 인간 세상에서 살아가면서도
너희가 진실이라는 것은 항상 승리하
게 되어 있으며 그리고 진실은 언제나
밝혀지게 되어 있음이니라.
4 그리고 밝혀짐을 알아야 할 것이니라.
5 사람 앞에 진실이라는 것이 묻히며

그게 힘을 못 써 쓰러지는 그와 같은 일이 있으며, 그 진실이라는 것이 악을 이기지 못하며 거짓을 이기지 못하고 지는 듯하나,

6 세월이 흐른 다음에 그 진실은 밝혀지게 되어 있으며 그 원인과 결과 또한 알게 되어 있는 것이 인간 세상의 삶이니라.

7 그와 같은 것이거늘, 하물며 하늘에 오르는 길이요, 나에게 오르는 참진리의 길을 가지 아니하며 비진리의 길을 가지고 진리라 하며 거짓된 것을 거짓이라 아니 하며, 거짓은 거짓이 아니고 거짓되지 아니한 것은 거짓으로 둔갑시키는 이와 같은 오늘의 그 믿음의 길을 가고 있음이니라.

8 나의 아들 예수가 세상에 나와 교회라는 것을 짓지 아니하였으며 성전을 짓지 아니한 그 뜻도 모르며 지금 얼마나 잘못 가고 있는지 그 자체도 모르는 백성이 나의 피조물 만백성을 인도하여 하늘에 오르는 길이라 안내하고 이끌어 가고 있음이니, 그것이 얼마나 잘못된 것인 줄 알겠는가?

9 '하나를 보면 열을 안다' 하였음이니라.

10 나의 아들 예수가 세상에 와서 어찌 행했는가, 그리고 그가 과연 너희 앞에 그 교회라는 것을 지었으며 성전이라는 것을 지어서 남기고 갔는가 그것 하나만 보더라도, 지금 너희 손으로 지은 성전이요, 그 성막이요, 그 교회라는 것이 얼마나 잘못된 것인가, 그 법도가 어디서 나왔으며 그 전례가 무엇이더냐?

11 너희가 나의 아들 예수를 죽게 했던 그 제사장이요, 그 종교 집단이요, 지도자들이 이끌어 왔던 그 방법이 아니던가?

12 그 모두를 폐하러 왔기 때문에 나의 아들을 그리 죽게 하였음이니, 그러니 그를 폐하러 온 나의 아들이라 믿으면,

13 그 폐하러 온 나의 아들 뜻을 따르는 것이 당연한가?

14 그렇지 아니하면 나의 아들을 고통스럽게 죽게 한 제사장이요, 그 당시의 종교 지도자라는 자들이 회당과 성전을 짓고 그것을 유지하기 위하여 그를 폐하려는 나의 아들을 죽게 한 그와 같은 형국으로써 수없는 교회요, 성전이라 짓는 것이 나의 뜻이요, 나의 아들의 길을 가는 것인가?

15 너희는 나의 아들을 찾을 자격도 없으며 나의 아들 예수의 보혈로써 구원을 받았다 할 자격도 없음이니라.

16 너희는 나의 아들이 역사하지 아니하며 폐하러 왔던 그 교회라는 인간의 손으로 그 건축물을 짓고 그것을 성전이라 하며 거기에서 기도하고 경배하며,

17 그곳에서 온갖 재물을 거둬들이고 사악한 짓을 다 하는 그와 같은 행위를 하면서 나의 아들 예수의 보혈로써 그곳에 오기만 하면 구원을 받는다고 말하니,

18 그곳에 가는 순간에 너희는 나와는 관계없으며 너희는 나의 아들을 욕되게 하며 나의 아들과 관계없는 그와 같은 백성으로 전락한다는 것을 알아야 할 것이니라.

19 그와 같은 이치 하나도 모르며 그 의
미 하나도 모르는 너희가 어찌 하늘
의 뜻을 알며 나의 피조물 만백성을
구원한다 말하는가?
20 나의 아들은 너희에게 그리 말했느니
라.
21 나와 너희는 다 같은 형제라 그리 말
하지 아니하였던가?
22 똑같은 형제라 그리했거늘, 나의 아들
예수가 형제라 한 너희도 더불어 인
간의 형제이거늘 어찌하여 제왕과 같
은 자리를 차지하며 너희가 하고 있
는 사악한 짓도 탓하지 못하며 너희가
하는 것을 시시비비하지 못하며 들여
다보지도 못하며, 잘못 가는 것을 바
로잡을 수도 없는 그와 같은 독재자
요, 제왕과 같은 그 자리를 지키고 가
는가?
23 너희가 과연 나의 아들 예수가 나의
백성에게 형제라 했던 그 말의 의미를
아는가?
24 그를 정면으로 부인하며 정면으로 그
를 거부하고 있는 것이 종교 집단이
요, 지도자 너희니라.
25 그와 같은 사악한 행위를 하면서 하늘
에 오르는 길이요, 나의 백성을 인도
한다 하지 말라.
26 그와 같은 말로써 나의 백성을 지옥
으로 이끌어 가는 자들이니라.
27 너희가 얼마나 사악한 자들인 줄 알겠
는가?
28 이제 신약이라는 성서에 기록된 그 내
용을 하나하나 짚고 넘어갈 것이며
구약이라는 성서를 하나하나 정독하
여 짚고 넘어가 보라.
29 그래도 깨우치지 못하거든 나의 법전
을 정독해서 읽어 보라.
30 그러면 그 속에 너희가 찾지 못하고
알지 못했던 성서의 비유의 뜻이요,
내가 전하고자 역사했던 그 뜻을 알
것이니라.
31 그것마저도 거부하면 과연 너희가 어
디서 깨우친단 말이던가?
32 이제는 너희가 나의 법전을 접하고 읽
어 볼 때가 되었음을 알라.
33 이를 읽어 보지 않고 접하지 않으면
너희는 구약과 신약의 비유의 뜻을 모
르며, 창조주 나 여호와가 역사하고자
하는 그 내용이요, 그 뜻을 정녕 알 수
없는 것이니라.
34 그러니 나의 법전을 읽는 현명함을 얻
어 눈을 뜨도록 그리하라.
35 그리하여 내가 너희를 구하기 위하여
160권의 법전을 세상에 만들어 전함
이니라.
36 160권 중에 어떠한 것을 읽든 한 권을
읽음으로써 너희가 평생 믿음의 길을
가며 구하지 못하고 얻지 못한 것을
여기서 얻을 것이니라.
37 너희가 믿음의 길을 가면서도 정녕 구
원을 받을 수 있는가, 그와 같은 불안
한 마음이요, 초조한 마음이요, 공허
한 마음이요, 그리고 너희 자신이 불
안한 그와 같은 삶에서 벗어날 수 있
으며 두려움에서 벗어날 수 있는 것이
나의 법전에 모두가 다 기록되어 들어
있음이니,
38 이를 읽고 깨우쳐 하늘에 오르는 그
길을 얻도록 그리하라.
39 사랑하는 나의 아들딸들아!

40 이를 보지 아니하고 이를 접하지 않는
백성은 정녕 그 길을 알 수 없으며, 하
늘의 빛을 볼 수 없으며,
41 빛을 보지 못함이니 하늘의 길을 볼
수 없으며, 길을 볼 수 없으니 너희가
나에게 와 구원을 받지 못한다는 것은
엄연한 사실이요, 구원의 대상도 되지
못한다는 그 무서운 사실을 너희가
알도록 그리하라.

7,002 번째 하나님 말씀

2003년 8월 5일 21시 06분

1 사랑하는 나의 아들아!
2 "네, 아버님! 말씀하옵소서."
3 수천 년 동안 흘러오는 종교 집단이
요, 지도자 그들이 과연 누구를 위하
여 살아왔으며 누구를 위하여 일하고
역사했다 말하느냐?
4 그들은 나 여호와의 뜻을 위하여 내
뜻을 이루고자 그들이 역사했으며 나
의 뜻에 따라 순종한 백성이요, 그와
같은 삶을 산 백성이라 그리 말할 것
이니라.
5 그러나 그들은 나의 뜻을 거역하는 자
들이요, 나의 뜻을 순종하지 않는 그
와 같은 믿음의 길이요, 그 길을 왔다
면 과연 너희는 어찌하겠는가?
6 내가 일찍이 나의 아들을 통하여 법전
에 기록한 그와 같은 의미와 뜻이요,
너희가 나에게 오는 길이요, 나에게
순종하지 아니하는 삶을 내가 수없이
기록하고 전했으니,
7 너희가 나의 법전을 넘기고 또 넘기면
그와 같이 내가 하는 말을 알 것이니
라.
8 너희는 나를 능멸하며 나를 거역하는
그와 같은 길을 살아온 자들이니, 너
희가 바로 살아왔으며 바로 가르치고
바로 서 왔더라면 나 여호와는 오늘과
같은 힘들고 어려운 이 길을 가지 아
니하였을 것이니라.
9 해를 거듭하여 너희 인간이 말하는
몇 년이라는 그 세월에 걸쳐 가면서
나의 아들을 통하여 지금 이와 같이
나의 성령을 세상에 내려보내는 이 책
을 만드는 역사는 하지 아니하였을 것
이니라.
10 이 모두는 다 너희가 잘못 섰고 잘못
갔기 때문이니라.
11 너희가 바로 서고 잘 섰더라면 지난날
의 모든 역사함이요, 기적이라는 것은
있을 수도 없었을 것이며, 내가 나의
아들 예수 또한 세상에 내려보내지 아
니하였을 것이니라.
12 너희가 바로 서지 못하고 잘못 가고
있기에 내가 나의 아들 예수를 보내는
것은 지난날의 구약의 시대를 완성하
게 하려고, 나의 율법을 완성케 하며
나의 십계명을 완성하게 하려고 나의
아들을 보냈다는 그 의미의 뜻을 아는
가?
13 너희가 그와 같은 역사를 잘못 잡아
왔으며 바로 세우지 못하기 때문에 그
를 바로 세우려고 내가 사람을 보내는
것이며 나의 아들을 보내며 나의 성령
을 세상에 내려보냄이니라.
14 그와 같은 이치를 안다면 이제는 참진
리를 연구하며 참진리의 길을 찾으며
내가 원하는 그 길을 찾아야 할 것이

며,
15 그를 볼 줄 아는 눈을 떠야 하며 귀를
열어야 할 것이거늘,
16 어찌하여 너희는 눈을 감고 귀를 막
으며 그저 하늘에 오르는 길이라 그리
개구리울음 짓듯이 울부짖고 소리만
지르는 오늘의 실정이니, 과연 너희를
어찌 다스려야 한단 말이던가?
17 나 여호와가 말하는 것, 내가 너희에
게 전하는 것, 내가 역사하는 것을 너
희는 보지 못하며 듣지 못하고 있음이
니라.
18 그러면서 나에게 오는 백성이요, 나에
게 오는 길로 만백성을 인도한다는 종
교 집단이요, 지도자요, 그 신도들, 너
희가 장사하며 팔고 사는 거래와 거래
속에서 이루어지는 그와 같은 오늘의
믿음을 너희는 그것이 아니라 말해도
나는 다 알고 있음이니라.
19 너희는 누구를 경배하며 누구의 뜻에
따라 살아가는 것이며 누구를 위하여
존재하는지 그 모두를 알고 있음이니,
20 너희가 말하는 나 여호와를 위함이요,
하늘에 오르는 길이 아니요, 너희는
사탄을 위함이요, 사탄의 명령에 따라
나의 피조물 만백성을 지옥으로 이끌
어 가는 그와 같은 사악한 행위를 하
는 것이 지금의 너희라는 것을 잊지
말라.
21 창조주 나 여호와가 너희에게 이와
같은 이야기를 되풀이하고 또 되풀이
하고 또 기록하고 또 기록하여 전하는
나의 뜻을 너희가 정녕 알아야 할 것
이니라.
22 그 뜻을 모른다면 어찌해야 하는지
그 스스로 너희가 알게 될 것이니라.
23 나의 성서는 어찌 기록하여 전했다 했
더냐?
24 나의 아들 예수가 전하는 것을 그 제
자들이 듣고, 그 제자들이 가르치고
전하는 것을 또 그 제자들이 3대에 걸
쳐 그들이 기록하고 전한 것이 바로
오늘의 성서라 하지 아니하였더냐?
25 그러니 너희가 어떠한 역사요, 어떠한
기적보다도 성서를 보고 깨우쳐 이를
가지고 하늘에 오르는 길이라 하여 한
획도 고치지 말며 빼지도 더하지도 말
라는 철벽같이 굳어진 이 집단이 생기
지 아니하였던가?
26 그렇다면 나는 내가 나의 아들을 직접
통하여 지금 나의 음성을 직접 기록하
여 전함이니, 이 얼마나 소중하고 귀
한 것이며,
27 여기에는 가감되는 것이 없으며 거짓
되는 것이 없으며 인간의 생각으로 기
록해 놓은 것이 없음이니라.
28 오로지 이것은 나 여호와의 뜻이요,
나의 성령이요, 내가 이루고자 하는
것이라 하여 내가 직접 관리하고 내가
통제하며, 너희가 나의 법전을 여는
순간에 내가 너희와 같이한다 하지 아
니하였던가?
29 이 모두는 내가 직접 임함이니라.
30 이와 같이 소중한 이 보물을 이 귀한
것이 세상에 없거늘, 어찌하여 너희가
이를 보지 아니하며 이를 읽지 아니하
며 사탄이요, 이단이요, 사악한 자라
그리 말하는가?
31 너희가 이제 나의 뜻에 의해 이루는
역사요, 나의 뜻에 따라 모두를 이루

고자 나의 뜻에 살아가는 백성이라 너
희가 그리 말하며, 가슴속에 다른 신
을 두지 아니하며 절대 다른 신은 둘
생각도 아니 하며, 오로지 나 여호와
만을 생각하고 살아간다는 너희의 눈
을 뜨고 귀를 열어야 함을 알라.
32 너희는 나를 거역하는 그 길만을 지금
까지 갔음을 알라.
33 너희가 이제라도 바로 서고자 한다면
나의 법전을 읽고 깨우치며, 그리고
참진리의 길이 무엇이며 하늘에서 내
가 역사하는 것이 무엇이며 나에게
오르는 백성은 어찌 가야 하며 나에
게 선택된 백성이 어찌 살아가야 하는
가,
34 그리고 심판의 기준이 무엇인가를 확
실히 알지 못하면 너희는 캄캄한 밤
에 헤매다 그저 육은 죽어 가고 영혼
은 지옥 불에 가 너희가 지은 죄의 대
가를 육에서 받는 고통 그대로 느끼는
그 세상에서 아우성치고 몸부림치며
영원히 그곳에서 헤어나지 못한다는
무서운 사실을 알도록 그리하라.

7,003 번째 하나님 말씀

2003년 8월 5일 21시 16분

1 사랑하는 나의 아들아!
2 "네, 아버님! 말씀하옵소서."
3 이제 너의 제자들과 나의 법전을 읽고
깨우친 만백성 너희는 알아야 할 것
이니라.
4 2천 년 전 나의 아들이 나의 성령을
받아 세상에 나갔음이니, 그가 나의
뜻에 의하여 기적을 이루었으며 모든
역사의 변화를 이루었음이니라.
5 그러나 그것을 보고 들은 그 백성이
요, 종교 집단이요, 지도자들이 과연
그를 어찌 반겼는가?
6 그는 정녕 나의 아들이요, 나로부터
선택된 백성이요, 만백성을 구원하고
자 세상에 온 자라 그들이 그리 말하
고 따랐더라면 오늘과 같이 험악한 세
상은 결코 이루어지지 아니하였을 것
이니라.
7 하늘에서 이루어진 것같이 지상의 낙
원이 이루어져 너희는 아무런 근심
걱정 없이 살다 그저 하늘에 오르는
영광을 얻는 그와 같은 세상이 되었을
것이니라.
8 그러나 그 사악한 대제사장이요, 종교
지도자들이 어찌했는가?
9 나의 아들 예수가 이룬 그 모든 것은
사전에 각본에 의한 연극이요, 또 사
기극이요, 만백성을 현혹하게 하려고
그가 그와 같이 사기극을 벌였다고
말하느니라.
10 사전에 모든 것이 계획되었으며 철저
하게 그 제자들과 각본을 짜 그를 가
지고 둔갑술을 부리는 것처럼 나 여호
와의 은혜를 받아 기적을 이루는 것처
럼, 그들이 모두 다 사전에 짜 놓은 각
본이라 그 대제사장들이요, 그를 믿는
자들이 그리 뒤집어 씌웠음이니라.
11 그리고 그를 두려워하는 그 종교 집단
이요, 그리고 지금처럼 그들을 따르며
그저 구원을 받았다 말하는 오늘의 너
희 신도처럼 맹종하던 그들이 그와 같
이 뒤집어씌웠으며, 그것을 '옳소, 맞
습니다.' 그리하여,

12 나의 아들 예수가 이룬 그 기적은 어
디론가 밀려가 파도 소리만큼도 들리
지 못하며 많은 백성에게 깨우침을
전하지 못하였음이니라.
13 너희가 얼마나 사악하고 간악하였으
면 그는 다 묻히며, 너희가 말하는 그
진실이 뒤집혔으며, 죽은 자를 살리는
그와 같은 기적의 역사를 보고도 사전
에 다 짜인 각본이요, 계획된 것이라
그리 말하며 그리 종교 집단이요, 지
도자들이 그리 가르쳤음이니라.
14 그리고 그리 전하였음이니라.
15 그리고 그들이 그리 세뇌를 시켰음이
니라.
16 그러니 지금의 너희는 과연 어떠하더
냐?
17 지금 나 여호와가 직접 내려가며 모든
나의 뜻을 따라 나의 아들이 기적을
역사한다 해도 너희는 절대 믿지 아
니하며 그를 따르지 아니할 것이니라.
18 모든 종교 집단이요, 지도자요, 그 신
도라는 자들이 하나가 되어 이는 사탄
의 장난이요, 악마의 장난이라 그리할
것이니, 2천 년 전의 역사보다도 더
사악한 방법으로 단죄하고자 할 것이
니라.
19 그때보다 지금이 더 사악해졌으며 그
때보다 너희가 더 간교한 백성이 되
었기 때문이니 이를 어찌한단 말이더
냐?
20 예수의 시대의 대제사장이나 지금의
종교 집단의 지도자나 사탄의 역사를
하는 것은 다 같음이니라.
21 그러니 그 후손이 오늘에도 그와 같은
짓을 할 수 있는 것이 너희이니, 이를
보는 나 여호와가 그리하여 하루아침
에 나의 법전을 세상에 덮지 못하며,
서서히 높은 곳에서 낮은 곳으로 물이
흐르듯이 이와 같이 역사해 감이니,
22 지금 내가 세월을 기다리고 세월을 기
다림 속에서 하나하나 이루어 가는 그
와 같은 단계를 밟음이니라.
23 기적을 이루며 예수와 같이 그 기적의
역사를 이루었을 때 그들은 사악한 방
법으로 더 잔인한 방법으로 모두를 다
끊을 것이며, 덮어 버릴 것이며, 숨통
을 끊을 것이니라.
24 그러니 내가 마지막 시대에 역사하고
자 하는 것 너희가 그리 갈구하고 원
하는 하늘나라가 지상에서 이루어지
는 그 역사는 이루어질 수 없음이니라.
25 이제 내가 마지막 시대라 하지 아니하
였는가?
26 마지막 시대에 나의 아들을 보내어 이
모두를 내가 직접 관장하며 내가 주관
하여 역사하고자 함이니, 이제 두 번
다시 실패가 있어서는 아니 됨이니라.
27 그러니 서서히 내 계획에 의하여 역사
하고 감을 알라.
28 모두는 사탄이 역사한다 너희가 그리
말할 것이니라.
29 나의 법전 160권이 세상에 나가는 것
도 사탄이요, 나의 아들이 죽을 때까
지 하늘의 뜻을 기록하여 전하는 것도
모두 다 사탄이라 할 것이며, 나의 아
들이 이루는 역사 또한 너희가 믿지
아니할 것이니라.
30 그러니 과연 어떠한 방법과 수단으로
써 너희를 다스릴 수 있는가?
31 오늘처럼 굳어진 너희의 마음의 눈을

뜨도록 하는 길은 없음이니라.
32 다만, 나의 법전이 서서히 한 권 두 권
전해져 이웃 사람이 깨달으며 또 그
이웃 사람으로 인하여 전해져 가는 그
와 같은 세월이 필요함이니, 그것이
천 년의 세월이라 하였음이니라.
33 나 여호와를 믿는 종교 지도자들이 2
천 년 전 나의 아들 예수를 죽게 했던
자들보다도 더 무서운 힘이요, 방법을
아는 자들이 그들이니,
34 그들은 잠시 허점만 보여도 저희가
무너질 것 같은 것을 느끼기만 해도,
저희가 잘못 간 것이 세상에 드러나
며 저희의 추한 모습이 드러날 것만
같아도 그들은 하나가 되어 모두 다
존재하지 못하도록 너희를 공격하고
핍박할 것이니라.
35 그러니 거기에 대적할 자가 누가 있으
며, 거기서 싸워서 이길 자가 인간 세
상에는 없음이니라.
36 다만, 나 여호와가 역사함이니 내가
그 역사를 이루려고 나의 아들을 통
하여 나의 아들을 따르는 제자 너희가
서서히 성장하기를 기다리고 있으며,
37 너희가 나의 법전을 전하여 그저 이웃
부터 읽어 가며 물 흐르듯이 서서히
흘러가,
38 어느 시점에 내가 그들을 이길 수 있
다 할 때 내가 나의 아들을 통하여 기
적의 역사를 이룰 것이며, 나의 법전
을 가지고 모든 역사함을 보여 줄 것
이며, 내가 법전에 기록한 것이 하나
하나 세상에서 이루어지는 그 무서움
과 두려움을 그때 너희가 알게 할 것
이니라.
39 지금은 어떠한 방법으로 역사한다 해
도, 어떠한 것으로써 깨우쳐 바로잡고
자 한다 해도 나의 백성이 더 사악한
자들로 죄만 짓게 되며,
40 천국에 오는 길이 아니요, 지옥으로
가는 것을 두려운 줄을 모르고, 그것
이 나를 위하는 길이요, 나를 받드는
길이요, 나를 경배하는 길이요, 나를
즐겁게 하는 길이요, 나에게 오는 길
이라 하여 가장 사악한 방법으로 그들
이 변할 것이니, 변한 그들을 다스릴
길이 없음이니라.
41 그리하여 내가 기다리며 서서히 가고
있음을 알라, 사랑하는 나의 아들딸들
아!
42 특히나 나의 아들을 따르는 제자들이
요, 나의 법전을 읽고 깨우친 백성 너
희는 조급히 생각하지 말라.
43 서서히 기다리라.
44 너희도 성장해서 다 같이 가고 있음
이니,
45 너희가 성장할 때 나의 법전은 세상에
서 그를 보고 또 성장한 백성이 있을
것이니라.
46 그들과 대적해서 이길 수 있는 그 힘
이 되었을 때, 그때 내가 당당히 너희
를 일으켜 세워 기적의 역사의 힘을
세상에 내려보내 나의 아들이 나의 아
들임을 내가 증명할 것이니 그리 알라.

7,004 번째 하나님 말씀

2003년 8월 5일 21시 25분

1 사랑하는 나의 아들아!
2 **"네, 아버님! 말씀하옵소서."**

3 나의 아들을 따르는 제자들이요, 나의
법전을 읽고 깨우친 백성 너희는 알
아야 할 것이니라.
4 모세 시대의 그 기적과 같은 것, 그리
고 예수 시대에 이루었던 그 기적과
같은 것을 나의 아들로부터 역사하기
를 바라지 말라.
5 나는 이제 나의 아들로 하여금 그와
같은 역사를 이루고자 하지 아니함이
니라.
6 때가 되어 내가 그를 행할 때 내가 알
아서 할 것이며, 내가 모세처럼 처음
부터 그 역사를 이루며 예수처럼 처음
부터 그와 같은 역사를 이루는 형국은
내가 이루지 아니할 것이니라.
7 그를 바라보는 백성이요, 그 제자들이
기대하고 바라는 것을 너희 나름대로
상상의 날개를 펴기 때문이니라.
8 그리하여 하나가 될 수 없으며 너희가
나에게 요구하는 그것이 충족되지 못
했을 때 등을 돌리며 그와 같은 제자
들이 싸우게 되어 있음이니라.
9 나의 아들 예수가 혁명을 일으키고 대
변화를 이루어 육의 세상에 왕이 되어
저희들이 다 한자리를 지키며 무엇인
가를 이룰 것이라 기대했던 제자들이,
그리하기 때문에 마음이 약해졌으며,
10 그들이 목숨을 던져 나의 아들 예수를
지키고자 하는 그와 같은 자신이 있는
행동을 하지 못했음을 너희는 알아야
할 것이니라.
11 그러니 지금 나의 아들을 따르는 제자
들이요, 나의 법전을 읽는 백성 너희
는 나의 아들로부터 역사의 기적이요,
그와 같은 대기적을 이루는 것을 원치
말라.
12 나는 아직 그를 내리지 아니할 것이니
라.
13 다만, 나의 법전을 기록하여 만백성을
깨우치는 그 길로 역사할 것이며,
14 정녕 하늘의 천국이 지상에서 이루어
지는 그와 같은 시기가 필요하며 대변
화를 이룰 때 나의 법전을 읽고 바로
서는 백성이 이 세상을 덮어 갈 때, 이
를 증명하기 위해 내가 역사의 장을
열어줄 것이며 보여 줄 것이니 그리
알라.
15 유월절에 죽음을 피할 수 없다 할 때,
나의 아들 예수가 그 죽음을 피할 수
없으며 그를 피하지 아니할 때 그 제
자들이 얼마나 실망이 컸으며 그 제자
들의 낙담이 얼마나 컸는가?
16 그들은 바로 육의 세상에서 나의 아들
예수가 대혁명을 이루기를 바랐으며
대변화를 이루기를 바랐으며 세상을
지배하는 왕으로서 다스려 주기를 바
랐음이니라.
17 그러나 그가 일순간에 무너짐이니, 그
들의 실망이요, 낙담이 얼마나 컸던가?
18 오늘의 나의 아들을 따르는 제자 너희
도 그와 같은 기대요, 그와 같은 역사
를 이루고자 하여 나의 아들을 따른다
면 너희는 지금서부터 미리 떠나는 것
이 현명한 줄 알라.
19 오로지 나의 아들로 하여금 그와 같은
전철이요, 그와 같은 역사를 밟지 아
니하게 할 것이니라.
20 오로지 나의 법전을 세상에 내보내 이
를 깨우쳐 만백성이 하늘에 오르는 길
을 스스로 갈 수 있도록 그리고 각자

에게 성령이 임할 수 있는 그 역사가
시작됨을 알며, 내가 그와 같이 가고
자 하는 것을 알라.
21 그 이상도 그 이하도 내가 너희에게
아직은 역사할 때가 아니며 그를 내가
보이지 아니할 것이니 그리 알라.
22 나의 아들 예수는 그 죽음을 무엇이라
말했던가?
23 그는 나의 뜻이라 나의 아들 예수가
그리 말하였음이니라.
24 나 여호와의 뜻이라 그는 피할 수 없
으며 그 길을 가지 아니하면 아니 된
다 그리 전하였어도,
25 그를 따르는 제자들이 실망하고 낙담
하는 그와 같은 마음이요, 그 생각이
있는 자들이 과연 나를 믿으며 진정한
믿음의 길을 가는 예수의 제자들이라
그리할 수 있겠는가?
26 그것이 아님이니라.
27 나의 아들이 죽어 가면서 그들에게 전
하지 아니하였던가?
28 이는 나 여호와의 뜻이라 그는 피할
수 없으며 그를 돌아서 가지 아니하려
하며 거부하려 하지 아니한다 그리
말하였음이니라.
29 그와 같이 나의 아들 예수가 죽어 가
면서 마지막 남긴 그 뜻을 보면 나 여
호와가 존재하며, 보내진 창조주 아버
지가 있다 말했으며 그는 보내진 자라
겸손한 자세로써 나의 아들이라 말했
거늘,
30 너희가 그를 뒤집어 삼위일체라 말하
며 나의 아들과 내가 똑같다는 그와
같은 역사를 하고 가르치는 자들이 지
금 세상을 지배하고 있지 않으냐?
31 그 죄가 얼마나 무섭고 두려운지를 모
르는 자들이 그와 같은 말을 하고 있
음이니라.
32 그리하여 또 그것이 '맞소, 옳소' 박수
하며 종교 집단의 지도자들에게 재물
을 갖다 바쳐 힘을 실어 준 사탄의 종
이 된 그들 또한 용서받지 못할 것을
너희는 알아야 할 것이니라.
33 나의 아들이 죽어 가면서 그 말한 의
미를 모르는가?
34 그 제자들이 실망과 낙담 속에서 그
길을 선택하지 않도록 바랐으나 나의
아들은 절대 그 길을 갈 수 없다고 말
함이니라.
35 육의 어머니 또한 그를 붙잡고 애원하
나 그 또한 뿌리치고 그는 이 길을 가
는 길밖에 다른 길이 없으며, 이는 창
조주 아버님의 뜻이라 그리 말하며 그
는 그 길을 선택하여 갔거늘, 너희는
나의 아들의 순종이요, 그 고고한 마
음을 보며 어찌하여 삼위일체요, 나와
같다 그리 말하는가?
36 나의 아들이 나의 성령이 임하여 그
모두를 역사했으나 그는 내가 아니며
내가 그가 아니며 그는 나의 아들이
요, 나 여호와는 그 아들을 보낸 창조
주요, 어버이라는 것을 너희는 알아야
할 것이거늘,
37 이제 그러고도 삼위일체라는 잘못된
그것을 계속 부르짖으며 그와 같이 나
의 피조물 만백성들을 지옥으로 이끌
어 가는 그와 같은 행위를 하는가?
38 그 또한 나의 뜻이 아니요, 내가 원하
는 것이 아니거늘, 너희는 그와 같은
형국으로 지금 모든 백성을 현혹하여

끌고 가는 것이 너희니라.
39 그러니 그 믿음에서부터 탈피하는 자,
그 믿음에서 벗어나는 자, 그것이 정
녕 잘못되었음을 아는 자는 구원을 받
을 것이며, 그렇지 못한 백성은 나로
부터 구원을 절대 받을 수 없음을 너
희는 알아야 할 것이니라.
40 다만, 그와 같은 속에 있는 자, 그와
같은 말을 믿고 가는 자는 죄목만 더
늘어나고 있다는 것을 알아야 할 것
이니라.
41 그리고 남이 너희 죄를 대신 지고 갔
다는 그 얄팍한 기다림, 그리고 그 희
망 그 사악한 욕심 그것 또한 같이 버
려야 할 것이니라.
42 너희가 짓고 짓는 그 수많은 죄요, 과
거, 미래, 현재요, 또 너희 후손까지도
어찌하여 나의 아들이 너희 죄를 대
신 지고 갔다고 그리 말하는가?
43 삼위일체라 말하는 자, 나의 아들이
모든 죄를 지고 갔으며, 너희를 사랑
하니, 어떠한 사악한 짓을 해도 용서
를 받는다고 가르치는 사악한 자들,
너희가 그 죄를 어찌 다 받으려 하며
그를 어찌 용서를 받을 수 있다고 생
각하는가?
44 이제 나의 아들을 따르는 제자들이요,
나의 법전을 읽고 깨우친 백성 너희는
이를 너희 머릿속에서 지우도록 그리
하라, 사랑하는 나의 아들딸들아!
45 감히 생각해서도 아니 되며 그를 기억
하고자 해서도 아니 되는 무서운 죄임
을 알라.

7,005 번째 하나님 말씀

2003년 8월 5일 21시 33분

1 사랑하는 나의 아들아!
2 "네, 아버님! 말씀하옵소서."
3 나의 피조물 만백성을 위하여 나 여호
와가 나의 아들 예수를 그와 같이 어
렵고 힘든 그 죽음의 길로 그를 놔두
며 그가 그리 애원하는 것을 손을 놓
고 바라보기만 했던 내 마음의 아픔을
너희는 아는가?
4 그 아픔을 인내하는 내가 어떠했으며
나의 아들 예수의 그 고통을 보면서
그를 보는 나 여호와의 마음은 어떠했
으며 나의 뜻을 전하고자 그 고통을
마다하지 아니하며 순종하는 나의 아
들의 그 가슴은 얼마나 저리고 아팠는
지 알겠는가?
5 이는 나 여호와가 만백성 너희를 사랑
하는 그 뜻을 전하고자 하였으며, 그
리하여 그를 전하여 사랑을 실천하는
백성이요, 나 여호와의 사랑에 감사하
며 나 여호와의 사랑의 그 길을 따라
사랑을 베푸는 백성으로 만들어,
6 죄 없는 이 세상을 만들고 죄 없는 백
성이 사는 세상을 만들고자 내가 그렇
게 어렵고 힘든 고통의 역사를 나의
아들과 내가 진행하는 한 프로그램이
지나가듯 그와 같은 역사를 이루었거
늘, 너희는 과연 그를 어찌 보는가?
7 그와 같은 나의 가슴 아픔이요, 나의
아들의 가슴 아픔을 너희가 과연 얼
마나 아픔으로 느끼고 있는가?
8 너희를 대신하여 나의 아들이 죄에 대
해 속죄하고 죽었다면, 너희를 대신하

여 죽어 간 나의 아들 예수의 그 저리
고 고통스러운 그 아픔이요, 그리고
그를 바라보는 나 여호와의 저려 오는
아픔을 먼저 생각하고 깨우치고 피부
로 느끼는 그와 같은 경건한 마음의
자세로 살아가야 할 것이거늘,
9 너희는 수없이 사악한 죄들을 짓고 또
지으면서 하는 말이 무엇이더냐?
10 그저 너희 죄를 대속하여 예수가 죽
었으며, 그리고 예수가 너희 죄를 모
두를 안고 갔으며 그리 죽어 간 것은
너희를 사랑한 것이요, 독생자라 하여
세상에 그를 내보내어 죽게 놔 둔 것
은 나 여호와가 왜 그랬냐?
11 너희를 사랑하기 때문이라 하여, 내가
너희를 사랑하며 나의 아들 예수가
너희를 사랑함이니, 너희는 어떠한 사
악한 죄를 짓고 지어도 그 사랑으로
다 용서를 받는다는 그와 같은 말도
안 되는 사악한 행위를 하고 있음이니,
12 그를 가르치는 종교 지도자요, 집단들
이 얼마나 사악한 자들이더냐?
13 그들의 말에 더 이상 현혹되어 너희가
더 지옥으로 끌려가는 것을 막으려고
내가 나의 아들을 통하여 이 대역사를
지금 이루고 있음을 너희는 알아야
할 것이니라.
14 너희는 예수의 이름으로써 그리고 그
를 찬양하며 '주여, 주여, 주 예수를
찬양합니다.' 하고 울고불고하는 것으
로써, 나의 이름을 부르며 아버지라
부르는 것으로써 지금 얼마나 많은 나
의 피조물 만백성들을 살육하고 도륙
하고 있는지 알고 있는가?
15 너희가 나의 아들 예수의 이름으로써
나의 이름을 부르는 그것으로써 그를
앞세워 나의 피조물 만백성을 살육하
고 도륙하는 그와 같은 살인자 역할을
하고 있다는 것을 잊지 말라.
16 창조주 나 여호와가 존재함을 너희에
게 알려 주려고 나의 아들 예수가 그
길을 갔으며, 창조주 내가 너희를 얼
마나 사랑하는 것인지 그 사랑을 보여
주기 위하여 나의 아들이 그 죽음의
길을 마다하지 아니하고 그 길을 갔거
늘,
17 너희는 그와 같은 아프고 괴로움을
너희가 이해하며 그 고통을 이해하고
직접 체험하는 아픈 마음으로써 그 뜻
을 이해하고 깨우쳐 너희 것으로 만들
어 죄 없는 세상을 만들려고 하는 것
이 아니요,
18 그 이름과 내 이름으로 사악한 짓 혹
독한 짓, 인간으로 할 수 없는 그와 같
은 너희를 위해 나의 피조물 만백성을
우롱하여 재물을 갈취하며 시간을 갈
취하며 노예처럼 그들을 부려 먹고
있음이니라.
19 그것뿐이던가?
20 코를 걸고 귀를 걸어 끌고 다니는 것
처럼 그와 같이 나의 피조물 만백성을
그리 끌고 이끌어, 그들이 정신을 차
리지 못하며 인간의 소중함까지 말살
당하고 사는 그와 같은 형국으로 만들
어, 그들이 결국 살다 육이 죽었을 때
지옥으로 보내는 그와 같은 행위를 하
고 있음이니,
21 내가 너희를 이제 단죄하고자 하며
너희를 다스리고자 하며 교회라는 곳
을 문을 닫게 하며, 그곳에서 지금까

지 너희가 했던 그 모든 죄의 대가를
내가 이제는 불로써 다스릴 때가 되었
으며,
22 그리하여 거미줄을 칠 것이며 문을 닫
게 할 것이며 너희가 발붙이고 설 수
없는 세상을 내가 만들어 감이니 그리
알라.

부 록

【하나님께서 가르쳐 주신 운동】

천재지변이 일어날 때, 동물이나 미물들은 미리 알고 대피하지만, 인간은 알지 못하고 큰 화를 당합니다. 하나님께서 인간에게 가장 높은 지혜를 주시고 완벽하게 창조해 주셨기에 동물들보다 더 잘 알 수 있지만, 욕심으로 마음이 혼탁해져서 한 치 앞을 보지 못하는 것입니다.

마찬가지로, 인간은 누구나 스스로 필요한 운동을 해서 건강을 지킬 수 있도록 하나님께서 만들어 주셨습니다. 우리의 머리에서 우리 몸에 필요한 동작을 해 달라고 끊임없이 신호를 보내지만, 인간이 혼탁하게 살아서 그 신호를 알아채지 못합니다. 그러니 자연스럽게 자기 몸이 원하는 그 신호를 따라서 운동하는 것이 하나님께서 가르쳐 주신 운동 방법입니다. 바로, 우리의 영이 육을 이끄는 운동입니다.

▶ 하나님 운동법

1. 눈을 감고, 발을 어깨너비로 벌리고 바르게 선다.
2. 몸에 힘을 풀고, 허리를 숙이면서 손과 머리를 아래로 내린다.
3. 허리를 펴고 싶을 때, 천천히 펴면서 하고 싶은 동작을 하면 운동이 시작된다. (사람마다 다르다.)
4. 멈추지 말고, 어떤 동작이든지 자기 몸의 느낌대로 계속 이어서 한다.

▶ 참고 사항

① 눈을 감은 상태로 아무 생각 하지 않고, 자기 몸의 느낌대로 움직입니다.

② 마음을 비우고, 욕심을 버리고, 지난날의 잘못을 반성하면서 몇 차례 시도하다 보면, 자기도 모르게 하고 싶은 동작이 끊임없이 생깁니다.

③ 운동 장소는 방 안이든 운동장이든 관계없으며, 걷거나 달리고 싶을 때는 눈을 떠도 됩니다.

④ 매일 40분 이상, 주 4회 이상, 3개월 이상 하면 음식 조절에 들어갑니다.
- 음식으로 생긴 병은 음식으로 치료하게 되며, 어떤 음식을 먹어야 하는지 스스로 알게 됩니다.
(자기 몸에 필요한 음식만 먹고 싶어집니다.)

⑤ 사랑하는 사람과 함께 운동하면 서로 치료해 주기도 합니다.

⑥ 운동을 하다가 몸의 어느 한 부분을 계속 손으로 자극한다면 그쪽에 이상이 있는 것이니, 의사에게 상담을 받고 적절한 치료를 받으면 됩니다.

⑦ 다이어트 및 기타 건강관리에 효과적입니다.

⑧ 꾸준히 운동하여 영이 맑아지면, 자신의 과거와 미래를 스스로 보게 됩니다.

누구나 스스로 하실 수 있습니다.

간 행 사

《새로운 성경》은:

· 새로운 성경은, 하나님께서 선량하고 선한 자를 선택하여 십계명을 암송하도록 하시고, 십계명을 암송한 다음에 음성으로써 들려주시는 말씀을 듣고 그대로 카세트테이프에 녹음해서 받아쓴 책입니다.

· 90분짜리 녹음테이프 700여 개에 달하는 말씀으로, 1999년 8월부터 2004년 7월까지 총 160권(권당 288쪽)을 완성하였으며, 그 이후에도 현재까지 계속 말씀을 내려 주고 계십니다.

· 새로운 성경은 "하늘을 두루마리 삼고 바닷물을 먹물 삼아 쓰고 써도 다 못 쓴다"는, 끝없이 방대한 하나님의 말씀이 두루마리로 직접 내려오는 것입니다. 이러한 새로운 성경은 구약과 신약을 폐하려는 것이 아니라 "인봉된 성서의 비유의 뜻"을 상세히 설명하여 완성하고자 하나님께서 직접 내려 주신 말씀입니다.

《새로운 성경》의 구성:

· 제 목: 2013년, 160권 모음집을 발간하면서, 본 도서의 제목을 "하나님! 말씀하옵소서"에서 《새로운 성경》으로 명해 주셨습니다.

· 단행본: 각 권당 288쪽(신국판) 책이 160권까지 시리즈로 출판됩니다.
(모음집은 단행본을 16권씩 묶어서, 총 10부로 구성됩니다.)

《새로운 성경》의 성경적 근거:

· 신약 성경 [요한복음] 16장 13절에 "진리의 성령이 오시면 그가 너희를 모든 진리 가운데로 인도하시리니 그가 자의로 말하지 않고, 오직 듣는 것만을 말하며" 하신 말씀처럼 하나님의 음성을 들은 것만 기록하였으며,

· "장래 일을 너희에게 알리시리라" 하신 말씀과 같이 개인, 나라, 인류의 "장래"일을 하나님께서 알려 주시는 것만 기록하여 책으로 만들었습니다.

《새로운 성경》의 기록 방법:

· 1999년 8월부터 하나님께서 저에게 들려주시는 음성을 기록하였습니다. 처음에는 제가 들은 말씀을 불러 주면 저의 아내가 기록하여, 2000년 1월 29일에 1권 초판이 세상에 나왔습니다. 2000년 4월부터는 주시는 말씀을 받아 녹음기에 기록하여 시리즈로 출간하기 시작하였습니다.

· 녹음을 시작하면서 하나님의 말씀을 받는 데 가속도가 붙었고, 2001년 5월 3일에 1부(1~16권까지)를 인쇄하여 출판하였으며, 2004년 7월까지 총160권 분량의 말씀을 받아 기록하였습니다.

하나님께서 저에게 주신 것은:

· 첫째, 만백성을 상대로 내려 주시는 "기도", 둘째, 수시로 내려 주시는 "묵상", 셋째, 개인의 과거, 현재, 미래를 알려 주시는 "개인 기도", 넷째, 개인의 건강을 위해서 내려 주시는 "음식 처방", 다섯째, 하나님께서 가르쳐 주신 "운동"등이 있습니다. 이 중에 첫 번째, "기도"를 책으로 편찬하였습니다. 사람의 생사, 개인의 미래에 관한 천기는 수록하지 말라 하셨습니다.

강론 안내:

· 하나님께서는 지금도 매일 저에게 새로운 하늘의 비밀의 말씀을 내려 주고 계십니다. 수시로 내려 주시는 말씀을 정리해서 제자를 육성하라는 말씀에 따라 매주 강론을 하고 있습니다. 누구나 무료로 들으실 수 있습니다. (book160.com)

《새로운 성경》을 읽는 분들에게 드리는 선물:

· 개인 기도: 개인의 과거, 현재, 미래에 관하여 말씀을 내려 주십니다.

· 음식 처방: 사람은 음식을 먹고살다가 건강을 잃으니, 음식과 운동으로 건강을 되찾는 방법을 알려 드립니다. 단, 하나님이 계심을 믿고, 십계명을 지키겠다고 진실로 서약하는 분들께 알려드립니다.

《새로운 성경》의 은혜와 기적:

· 새로운 성경 전160권은 16권씩 묶어서 총 10부의 모음집으로 구성됩니다. 모음집 한 부를 읽고 깨우치는 자에게 하나님께서 다음과 같은 기적이 있다고 하셨습니다.

· "첫째, 그가 죽어 하늘에 갔을 때 그의 죄를 묻지 아니하며, 구원을 받는 위대한 은혜가 있으며, 둘째, 그의 소원과 소망이 이루어지고, 셋째, 죽은 자(부모, 형제, 자식, 사랑하고 은혜 입은 분)의 이름으로 구입한 책을 읽고 누군가 한 사람이 깨우칠 때, 그 죽은 자가 지옥에서 천국으로 구원을 받게 되며, 넷째, 유산, 중절 수술 등으로 태어나지 못한 아이를 위하여 구입한 책을 보고 한 명이 깨우쳤을 때, 그 아이가 사람으로 다시 한 번 태어나는 은혜를 받는다."

· "새로운 성경"을 3회 이상 정성을 다해 정독하는 자, 성서의 비밀을 알게 되고, 세상의 이치를 알게 되며, 세상을 지배하고 통제할 수 있는 지혜를 다 얻게 된다고 하셨습니다. 이 책은 만백성이 정독하고 이웃에게 전하여, 평생 가슴에 묻은 슬픔과 고통의 짐을 벗고 미래를 위한 힘찬 삶을 살아가도록 하는 책입니다.

끝으로

· 하나님께서는 흰 눈이 세상을 덮듯이 새로운 성경을 온 세상에 전하라고 하셨습니다. 《새로운 성경》을 각국어로 번역해서 온 인류에게 구원의 길을 깨우쳐 주고, 그 수익으로 가난하고 어려운 백성을 구제하여, 만백성의 영과 육을 함께 구원하는 선지자의 임무를 수행하라고 저에게 명하셨습니다.

· 하늘에서 내려 주신 말씀의 보화를 만백성에게 나누어 주는 것이 선지자의 임무라고 하셨습니다. 새로운 성경을 통해서 얻는 재물을 사용할 곳도 하나님께서 일일이 명해 주십니다. 모든 재물은 저의 자의로 쓸 수 없고, 하나님께서 명하시는 대로만 쓰여집니다.

· 어떤 명분으로든 십일조나 각종 헌금을 거두어들이지 말라 하셨으며, 국내뿐 아니라 각국에 성전과 단독 서점을 운영하며, 한국의 많은 젊은이들을 전 세계에 지도자로 내보내라고 하셨습니다.

· 우리는 세계적으로 새로운 성경을 보급하며 어려운 이들을 돕는 역사를 해 나갈 것입니다. 지금까지 비록 몇 명 안 되는 제자들과 함께 이러한 일을 역사했지만, 앞으로도 계속 하나님께서 기뻐하시는 일들을 해 나갈 것입니다. 부족한 저희에게 여러분들의 지혜와 성원을 보내 주시기를 바랍니다. 많은 분들의 참여와 도움을 간절히 기다립니다. 감사합니다.

한국어로 내려온 《새로운 성경》 단행본을 출간하며
2016년 4월 10일

발행인 **김 용 철**

한국어로 내려온

새로운 **성 경** · 6부 · 제96권

지은이 하나님 말씀
대역자 김용철

초판인쇄 1쇄 2017년 4월 3일

펴낸 곳 도서출판 하얀마음
등록번호 제 10-2107호 (2001년 2월 14일)
주소 서울시 노원구 덕릉로86길5, 2층
전화번호 02) 313-1114
팩스 02) 393-5554
전자우편 book160@hanmail.net
편집위원 조나영 김미향 이석교
제작지원 김홍숙 이미숙 이미란

도서상담 1600-7527
ISBN 978-89-5875-196-0 (04230)
978-89-5875-100-7 (세 트)

값 10,000원
잘못된 책은 구입하신 곳에서 바꾸어 드립니다.

※이 책은 10부로 제작되며, 각 부 16권씩 총160권으로 구성됩니다.※

1부	2부	3부	4부	5부	**6부**	7부	8부	9부	10부
1권	17권	33권	49권	65권	81권	97권	113권	129권	145권
2권	18권	34권	50권	66권	82권	98권	114권	130권	146권
3권	19권	35권	51권	67권	83권	99권	115권	131권	147권
4권	20권	36권	52권	68권	84권	100권	116권	132권	148권
5권	21권	37권	53권	69권	85권	101권	117권	133권	149권
6권	22권	38권	54권	70권	86권	102권	118권	134권	150권
7권	23권	39권	55권	71권	87권	103권	119권	135권	151권
8권	24권	40권	56권	72권	88권	104권	120권	136권	152권
9권	25권	41권	57권	73권	89권	105권	121권	137권	153권
10권	26권	42권	58권	74권	90권	106권	122권	138권	154권
11권	27권	43권	59권	75권	91권	107권	123권	139권	155권
12권	28권	44권	60권	76권	92권	108권	124권	140권	156권
13권	29권	45권	61권	77권	93권	109권	125권	141권	157권
14권	30권	46권	62권	78권	94권	110권	126권	142권	158권
15권	31권	47권	63권	79권	95권	111권	127권	143권	159권
16권	32권	48권	64권	80권	96권	112권	128권	144권	160권